《中国非公有制经济人士统战研究基地丛书》
主编　范柏乃

国家自然科学基金项目资助（项目号：71673239）

市场经济体制对地方政府职能转变的影响机理研究

范柏乃　金洁　著

中国财经出版传媒集团
中国财政经济出版社

图书在版编目（CIP）数据

市场经济体制对地方政府职能转变的影响机理研究 /
范柏乃，金洁著. --北京：中国财政经济出版社，
2020. 12

（中国非公有制经济人士统战研究基地丛书 / 范柏
乃主编）

ISBN 978-7-5223-0140-2

Ⅰ. ①市…　Ⅱ. ①范…　②金…　Ⅲ. ①市场经济体制
-影响-地方政府-政府职能-职能转变-研究-中国
Ⅳ. ①D625

中国版本图书馆 CIP 数据核字（2020）第 214291 号

责任编辑：牛婧丽　　　　责任校对：胡永立
封面制作：孙俪铭　　　　责任印制：张　健

中国财政经济出版社 出版

URL：http：//www. cfeph. cn

E-mail：cfeph@ cfemg. cn

社址：北京市海淀区阜成路甲 28 号　邮政编码：100142

营销中心电话：010-88191522

天猫网店：中国财政经济出版社旗舰店

网址：https：//zgczjjcbs. tmall. com

北京财经印刷厂印刷　各地新华书店经销

成品尺寸：170mm×240mm　16 开　13. 75 印张　209 000 字

2021 年 3 月第 1 版　2021 年 3 月北京第 1 次印刷

定价：52. 00 元

ISBN 978-7-5223-0140-2

（图书出现印装问题，本社负责调换，电话：010-88190548）

本社质量投诉电话：010-88190744

打击盗版举报热线：010-88191661　QQ：2242791300

《中国非公有制经济人士统战研究基地丛书》

编　委　会

总 序

党的十九大报告指出，“必须坚持和完善我国社会主义基本经济制度和分配制度，毫不动摇巩固和发展公有制经济，毫不动摇鼓励、支持、引导非公有制经济发展，使市场在资源配置中起决定性作用，更好发挥政府作用”。

截至2018年年末，全国拥有各类市场主体1.1亿户，其中，企业有3474.2万户。在1.1亿户市场主体当中，90%以上归属于非公有制经济。据测算，非公有制经济贡献了50%以上的税收、60%以上的国内生产总值、70%以上的技术创新成果、80%以上的城镇劳动就业、90%以上的企业数量。非公有制经济为中国经济社会发展作出了巨大贡献，在促进经济增长、激发创新、扩大就业和增加税收等方面发挥了重要作用。

在中国经济加快转型发展和进入新常态的背景下，非公有制经济的发展形态正由传统工业化向新型工业化转变，发展动力由资源消耗为主向创新驱动为主转变，发展体系由外向型经济向统筹内外、内外结合转变，发展业态由传统集聚为主向现代产业集群为主转变，管理体制由家族管理为主向现代管理为主转变，发展目标由商品输出为主向资本输出为主转变。

非公有制经济的转型发展离不开非公有制经济人士的智力支持。中国的非公有制经济人士是适应社会主义初级阶段解放和发展生产力的需要，在改革开放、发展社会主义市场经济过程中出现的一个新的社会群体。经过40多年的发展，非公有制经济人士的构成主体发生了巨大变化：由过去的主要以农民和城镇待业人员为主，发展到包括从党政机关、国有企事业单位、大专院校、科研单位分流出来的行政干部、中高级知识分子以及海外归国人员在内的庞大队伍，并且这支队伍仍处于不断发展壮大和变化之中。非公有制经济人士具有较强的社会责任感，为经济建设和社会发展作出了很大贡献，已成为我国社会主义现代化建设的一支积极力量、统一战线的重要成员。

非公有制经济的蓬勃发展以及非公有制经济人士的健康成长、队伍壮大都离不开围绕非公有制企业、人士的体制机制和制度环境的建设，尤其是政府职能的转变、行政体制的改革以及法治、市场和资本等环境的优化。2015 年 5 月，习近平总书记在中央统战工作会议上指出："促进非公有制经济健康发展和非公有制经济人士健康成长，要坚持团结、服务、引导、教育的方针""引导非公有制经济人士特别是年轻一代致富思源、富而思进，做到爱国、敬业、创新、守法、诚信、贡献"。2016 年 3 月 4 日，习近平总书记在看望出席全国政协十二届四次会议民建、工商联界委员并参加联组讨论时强调："非公有制经济要健康发展，前提是非公有制经济人士要健康成长。"

中国创造了世界经济发展奇迹，最根本的原因是改革开放，最重要的动力是民营经济的发展壮大。针对"民营经济离场论""新公私合营论""加强企业党建和工会工作是要对民营企业进行控制"等错误言论，2018 年 11 月 1 日，习近平总书记在民营企业座谈会上再次强调："非公有制经济在我国经济社会发展中的地位和作用没有变！我们毫不动摇鼓励、支持、引导非公有制经济发展的方针政策没有变！我们致力于为非公有制经济发展营造良好环境和提供更多机会的方针政策没有变！我国基本经济制度写入了宪法、党章，这是不会变的，也是不能变的""民营企业和民营企业家是我们自己人""我国民营经济只能壮大、不能弱化，不仅不能'离场'，而且要走向更加广阔的舞台"。

《中国非公有制经济人士统战研究基地丛书》正是基于以上背景，在中国统一战线理论研究会非公有制经济人士统战工作理论浙江研究基地的出版资助下，吸收宁波大学、浙江大学等省内高校和科研机构，长江三角洲地区乃至全国范围内的非公有制经济和非公有制经济人士中的专家学者以及实际工作部门人员，精心组织并撰写了本套丛书。丛书主要围绕非公有制企业、非公有制人士、体制机制改革和政府职能转变等重要问题进行深入的系统研究，包括非公有制企业的市场拓展、技术创新、企业传承、文化建设、社会责任，非公有制经济人士的成长环境、成长动力、成长瓶颈、成长机制，政府职能转变以及相关的政府服务环境、法治环境、市场环境和资本环境等一系列重要内容。

《中国非公有制经济人士统战研究基地丛书》的出版可以为非公有制经济企业转型发展提供咨询服务，为党和政府决策提供事实依据，为促进非公有制经济健康发展和非公有制经济人士健康成长提供实际指导。

前 言

社会主义市场经济体制是中国特色社会主义的重大理论和实践创新。改革开放40多年来，中国成功实现了从计划经济体制到社会主义市场经济体制的历史性转变，粮票、布票、肉票等计划经济时代百姓生活曾经离不开的票证已经进入了历史博物馆，换之而来的则是遍地开花的经济主体形式，非公有制经济贡献了50%以上的税收、60%以上的国内生产总值、70%以上的技术创新成果、80%以上的城镇劳动就业、90%以上的企业数量。中国实现了经济总量持续高速增长，2019年GDP总量接近100万亿元，人均GDP突破1万美元，成为世界经济增长最大的贡献者，创造的经济奇迹世所罕见。

当然，中国奇迹不仅仅体现在经济领域。一直以来，“增进民生福祉”与“促进经济增长”两个优先事项常常让政策决策者左右两难，其实，这两者之间可以构建出一个互利互益的良性循环。“中国奇迹”“中国现象”“中国模式”就是以市场化改革为方向的经济体制转型与以政府职能转变为主线的行政体制改革相互促进、相互协调的结果。习近平总书记在党的十九大报告中指出，要“转变政府职能，深化简政放权，创新监管方式，增强政府公信力和执行力，建设人民满意的服务型政府”。近年来，中国政府在扶贫攻坚、基础设施建设、公共服务等领域同样取得了非凡成就，1978年年末农村贫困发生率约97.5%，到2019年年末，贫困发生率下降到0.6%，中国农村贫困人口减少超过7.6亿人，全面奔向小康社会。而2020年，面临突如其来的新冠肺炎疫情，中国用一个多月的时间初步遏制了疫情蔓延势头，用三个月左右的时间取得了“武汉保卫战”“湖北保卫战”的决定性成果，交出了满意答卷，彰显了中国特色社会主义制度的优越性和生命力。

中国特色社会主义进入新时代，社会主要矛盾发生变化，经济已由高速增长阶段转向高质量发展阶段。面对严峻的国际形势和社会经济转型压力，尚不健全的市场经济体制和仍不完善的政府职能体系越来越不能适应经济社会的发展需要，把握和处理好政府和市场关系成为中国经济当前迫切需要深入推进改革的特定领域。2020 年 5 月 18 日，中共中央、国务院印发《中共中央 国务院关于新时代加快完善社会主义市场经济体制的意见》，对新时代加快完善社会主义市场经济体制的目标、方向、任务和举措进行系统设计，为在更高起点、更高层次、更高目标上推进经济体制改革提供行动指南。同时，也要求政府更加尊重市场经济规律，更多地采取市场化、法制化的办法，来推动供给侧结构性改革，找准政府角色定位，寻找适应市场经济体制要求的新型政府职能模式。

基于对政府与市场改革实践的观察，似乎存在如下规律：从时间维度纵向追踪改革开放 40 多年来经济改革与政府改革的轨迹，不难发现每一轮政府机构重大改革都发生在市场经济体制改革与理论突破之后；从区域间横向比较发现，在市场经济体制发展较快的东部沿海地区，政府创新与政府改革更为活跃，政府管理和服务水平也获得了相对更高的评价。那么，为什么在市场经济体制发展较快的地区，政府职能转变得更好？市场经济体制究竟如何推动政府职能转变？有何玄机？

为了回答以上问题，本书基于现代治理理论、组织变革理论，构建了“环境—行动者—绩效”的分析框架，从理论上探讨了市场经济体制影响政府职能转变的逻辑，随后采用“时空演进—影响效应—影响路径”层层深入的实证策略，对市场经济体制与政府职能转变的演变规律和协调关系进行重新审视，并进一步剖析市场经济体制对地方政府职能转变的影响机理，最后在实证研究的基础上，为实现市场经济体制与政府职能转变的良性互动提出可操作性的优化路径。

本书是教育部哲学社会科学研究重大课题攻关项目（项目号：14JZD005）的研究成果。本书能够顺利完成，非常感谢浙江大学公共管理学院王诗宗、吴金群、蔡宁等各位同仁，感谢他们从研究选题、指标体系设计、实证方法的选择等各个方面给予的诚恳建议；感谢全国各地参与问卷调查的各位专家、政府工作人员，为本书的实证研究提供了丰富的资料；感谢出版社编校人员为本书出版所付出的辛勤劳动；书中引用了很多研究文献和数据资料，在此对相关单位和作者一并表示真挚谢意！

市场经济体制究竟如何影响政府职能转变，需要更全方位和更深层次的追踪和观察，本书存在诸多不足，恳请广大读者不吝赐教、批评斧正。

范柏乃　金洁

2020 年 6 月 18 日

目　　录

第 1 章
绪　论

1.1 研究背景与意义

1.1.1 研究背景

改革开放 40 多年以来，中国经济总量实现了持续高速的增长，2018 年 GDP 总量为 91.928 万亿元，折合约 13.89 万亿美元，世界第二大经济体的地位无人撼动；与此同时，中国经济发展增速全球领先，1978—2018 年国内生产总值年平均增长率高达 9.5%（以 1978 年不变价格计算），成为世界经济增长最大的贡献者，这种经济“超常”发展的现象被称为“中国奇迹”。而“中国奇迹”不仅仅局限在经济领域，近年来，在扶贫攻坚、基础设施建设、公共服务等领域同样取得了非凡成就（方茜，2018），为破解社会主义基本制度与市场经济结合的世界性难题提供了实践基础。“中国奇迹”“中国现象”“中国模式”成为研究的热点问题，以市场与政府关系为重点的最新研究形成了一些解释性的重要成果，包括"有效市场"与"有为政府"的有机结合[①]（林毅夫，2017）、"官场＋市场"的发展模式[②]（周黎安，2018）等。可以说，"中国奇迹"是以市场化改革为方向的经济体制转型与以政府职能转变为主线的行政体制改革相互促进、相互协调的结果。政府职能转变随着市场经济体制发展而深入，与此同时，政府职能转变为市场经济体制发展提供了制度红利。

市场经济体制改革是中国经济改革最重要的举措。改革开放以来，中国围绕建立社会主义市场经济体制不断推进经济体制改革，成功实现了从计划经济体制到社会主义市场经济体制的历史性转变。随着市场经济体制发展的深入，城镇非公有制经济就业人员占比稳步提升，市场活力迸发，市场在资源配置中发挥着越来越重要的作用，为中国带来了举世瞩目的经济成就，如图 1－1 所示。

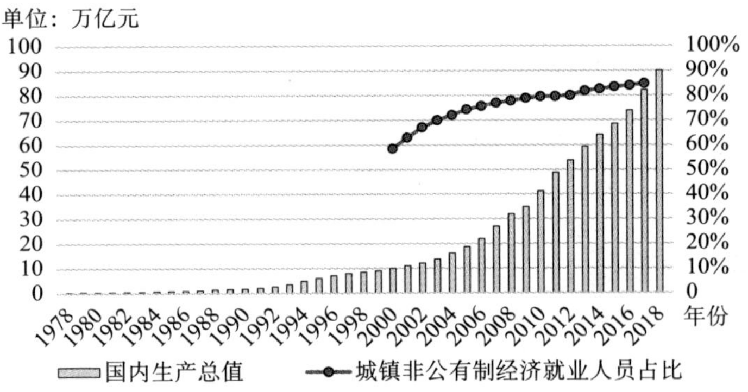

图 1－1 1978—2018 年城镇非公有制经济就业人员占比与国内生产总值

注：统计年鉴中未找到 2000 年之前非公有制经济就业人数数据。

在市场经济体制改革不断深化的同时，政府职能转变亦实现了突破。

---

① 2015 年 11 月，习近平总书记在十八届中共中央政治局第二十八次集体学习时的讲话中提到，"在社会主义基本制度与市场经济的结合上下功夫，把两方面优势都发挥好，既要'有效的市场'，也要'有为的政府'，努力在实践中破解这道经济学上的世界性难题"。林毅夫（2017）认为绝大多数的发展中国家陷入低收入或中等收入陷阱的原因在于照搬西方国家主流理论，而未能处理好政府与市场的关系；中国道路成功的秘诀是政府与市场的有机结合，同时用好了"看得见的手"与"看不见的手"。

② 周黎安（2018）认为，中国独具特色的"官场＋市场"模式为政府与市场的有效合作提供了内部的政治激励、外部的市场约束、必要的信息反馈和引导机制，使政治精英与经济精英紧密合作，成就了中国经济增长奇迹。

自1988年中国首次提出大力推进政府职能转变以来，针对市场经济体制发展带来的新形势、新要求以及面临的问题与挑战，政府改革不断推进，先后开展了八次较大规模的行政管理体制和政府机构改革，实现从计划经济条件下的政府职能体系向社会主义市场经济条件下的政府职能体系的历史性转变。特别是党的十八大以来，各级政府正加速向服务型政府转变，政府财政中公共服务支出显著增加，财政公共服务支出占总财政支出比重稳步增长，如图1－2所示。政府在推动经济社会、人民福祉、公共服务等领域取得了诸多成就，人民获得感、幸福感不断提高。

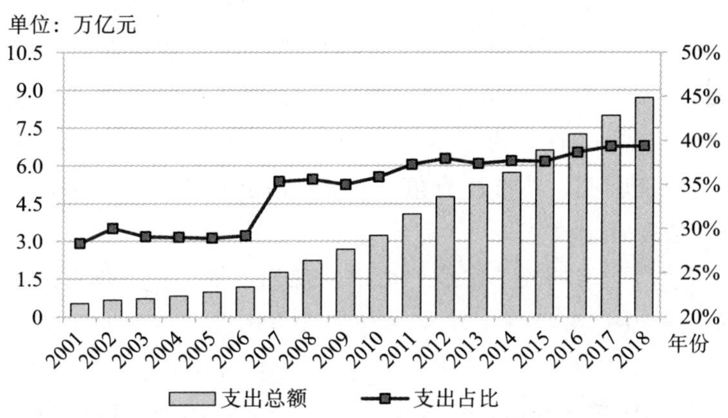

图1－2 2001—2018年财政公共服务支出总额及其在财政总支出中的占比

注：参考何艳玲等（2014）对公共服务支出的计算，按照2001—2006年财政支出项目分类标准，公共服务支出数据主要包括文教、科学、卫生支出和社会保障支出；按照2007年新财政支出项目标准，2007—2018年公共服务支出数据主要包括教育支出、科学技术支出、文化体育与传媒支出、社会保障和就业支出、医疗卫生支出等五项。其中，2018年文化体育与传媒支出数据采用同比增长法补全。数据来源：《中国统计年鉴》（2002—2018年）、国家统计局。

近年来，以“最多跑一次”“四单一网”为代表的“放管服”改革模式全面推广，各领域改革“撬动”效应已初步显现，但政府职能范围过宽、管制过度等问题依然存在（范柏乃等，2016）。总体来看，政府职能尚未实现根本转变，与实现国家治理体系和治理能力现代化、完善社会主义市场经济体制还有很大差距，主要表现为：①经济职能越位，政府与市场职能界限不清，政府管了一些本该由市场自主运行的、政府“不该管”和“管不了”的事，对微观经济活动的直接干预依旧存在；②服务职能缺位，“该管的没管好”，公共服务、社会保障、医疗卫生、食品安全等政府该管的事却没管好、没管到位；③行政管制过度，行政强制手段在政府职能执行中仍占主导。

"改革是由问题倒逼而产生，又在不断解决问题中得以深化"①。面对严峻的国际形势和社会经济转型压力，尚不健全的市场经济体制和仍不完善的政府职能体系越来越不能适应经济社会发展的需要，社会发展不平衡、民生短板等问题突出，把握和处理好政府与市场之间的关系成为中国经济当前迫切需要深入推进改革的特定领域（张杰，2018）。党的十九届三中全会提出"破除制约使市场在资源配置中起决定性作用、更好发挥政府作用的体制机制弊端"以及"建设人民满意的服务型政府"的改革目标。党的十九届四中全会进一步强调了"构建职责明确、依法行政的政府治理体系"以及"坚持和完善社会主义基本经济制度，推动经济高质量发展"的重要性。为了推进国家治理体系和治理能力现代化，必须加快政府职能转变，找准政府角色定位，寻找适应市场经济体制要求的新型政府职能模式。

观察政府与市场改革实践，可以发现如下规律：根据时间维度纵向追踪改革开放40年来经济改革与政府改革的轨迹，不难发现每一轮政府机构的重大改革都发生在市场经济体制改革与理论突破之后（洪银兴，2018）；根据区域间横向比较发现，在市场经济体制发展较快的东部沿海地区，政府创新与政府改革更为活跃，政府管理和服务水平也获得了相对更高的评价。② 那么，为什么在市场经济体制发展较快的地区，政府职能转变得更好？市场经济体制对地方政府职能转变的影响关系是否成立？市场经济体制对地方政府职能转变产生了什么影响？存在什么样的影响机理？为了回答以上问题，必须对市场经济体制与地方政府职能转变的演变规律和协调关系进行重新审视，并进一步剖析市场经济体制对地方政府职能转变的影响机理。

---

① 引自2013年9月17日习近平总书记在中共中央召开的党外人士座谈会上发表的讲话。

② 《中国法治政府评估报告（2018）》显示，深圳、青岛、广州、苏州、杭州、上海等地区在法治政府建设方面名列前茅；《省级政府网上政务服务能力调查评估报告（2018）》显示，浙江、江苏、贵州网上政务服务能力分列前三位；《中国城市政府公共服务能力评估报告（2016）》对19个副省级以上城市的公共服务能力进行全面测评，结果显示杭州、南京、北京、广州、深圳居测评前五位。

1.1.2 研究意义

面对经济发展与社会转型的双重压力，实现政府职能与市场经济体制的协调发展是推动经济社会高质量发展的关键。以往研究多从政府系统的内部关系探讨地方政府职能转变，很少研究市场经济体制对地方政府职能转变的影响，抑或认为中国市场经济体制改革是地方政府主导的经济改革，而忽视了市场对政府的作用。与市场经济体制发展初级阶段不同，在市场经济体制日益完善的今天，市场改革已逐步领先于政府改革，并越来越多地影响地方政府职能转变，市场力量对政府改革的影响已无法忽视。在此背景下，市场经济体制对地方政府职能转变影响机理的研究尤为重要。

（1）理论意义。一是为市场经济体制与地方政府职能转变的良性互动提供解释性框架。将地方政府置于不断发展变化的治理环境之中，基于组织环境与组织战略理论，构建市场经济体制对地方政府职能转变影响机理的分析框架，揭示在市场化进程中地方政府职能转变的逻辑，为理解市场经济体制与地方政府职能转变的关系提供理论基础。二是为市场经济体制与地方政府职能转变提供量化评价方案。在市场经济体制、地方政府职能构成要素分析的基础上，分别构建市场经济体制、地方政府职能转变的评价指标体系，同时，针对统计资料的局限性，开发具有信度和效度的市场经济体制发展、地方政府职能转变测量问卷，为市场经济体制、地方政府职能转变的定量分析提供参考。三是揭示市场经济体制对地方政府职能转变的影响机理。从纵向动态变化、横向静态关系两个方面，利用定量分析方法，立体化地剖析市场经济体制对地方政府职能转变的影响机理，从研究方法上对该问题研究进行深化。

（2）实践意义。一是有助于把握市场经济体制与地方政府职能转变的关系。本书在对以往文献进行系统梳理和比较分析的基础上，论证在市场经济体制发展过程中地方政府职能转变的行为逻辑，有助于进一步认识地方政府职能转变的内在规律，把握市场经济体制与地方政府职能转变的关系。二是有利于寻找市场经济体制发展与地方政府职能转变的突破口。通过时空演进与协调关系研究，探寻市场经济体制与地方政府职能转变的发展规律与地区差异，为实现政府职能优化的针对性改进提供现实依据。市场经济体制对地方政府职能转变影响机理的探索与验证有利于寻找政府职能转变的突破口，有助于减少改革造成的震荡、提高改革成功率。

1.2 研究内容与方法

1.2.1 研究内容

本书拟解决以下几个重要问题：一是在市场经济体制改革背景下，地方政府职能转变的行为逻辑是什么？二是改革开放以来，市场经济体制与地方政府职能转变如何演变？存在什么联系？三是市场经济体制的发展对地方政府职能转变产生了什么样的影响？这种影响通过什么路径来实现？四是如何实现市场经济与地方政府的良性互动？为了解决以上问题，本书按照“分析框架—实证分析—政策建议”的研究逻辑，重点围绕市场经济体制对地方政府职能转变的影响机理进行研究，除第1章绪论、第2章文献述评外，具体研究内容安排如下。

第3章论述了市场经济体制影响政府职能转变的逻辑框架。对在市场经济体制改革进程中地方政府职能转变的文献进行调研和深入访谈基础上，强调地方政府职能转变的动态性，构建“环境—行动者—绩效”的地方政府职能转变分析框架，从环境、行动者、绩效三个维度，深入探讨市场经济体制对地方政府职能转变影响机理的理论基础。

第4章论述了市场经济体制与政府职能转变的时空演进与协调关系。时空演进特征与协调关系的审视是影响机理研究的前提，作为“预备性”检验，为进一步实证研究奠定基础。为了研究市场经济体制与地方政府职能转变的时间、空间特征，选取统计数据进行描述性分析。首先，基于市场经济体制的构成要素，构建市场经济体制的评价指标体系；从“投入—产出”视角，构建地方政府职能转变的评价指标体系。其次，收集1987—2017年30个省份相关数据进行综合评价，从时间趋势、发展梯队、区域差异与空间分布等方面揭示市场经济体制、地方政府职能转变的时空演化特征。最后，采用“市场—政府”组合矩阵与耦合协调度分析，通过事实数据考察市场经济体制与地方政府职能转变的关联，为进一步研究影响机理奠定基础。

第 5 章论述了市场经济体制对政府职能转变的影响效应研究。由于市场经济体制与地方政府职能转变的概念十分复杂，很难采用统计数据进行准确衡量，本书采用各个时间点市场经济体制与地方政府职能的发展状态作为代理变量，研究两者的影响效应，即“存在什么样的影响”。本书收集 1997—2017 年 223 个地级及以上城市的面板数据，构建面板固定效应模型，检验市场经济体制对地方政府规模、政府职能执行绩效的影响效应；运用面板向量自回归模型，通过脉冲响应分析与方差分解，研究市场经济体制发展与地方政府规模调整的双向影响效应。

第 6 章论述了市场经济体制对政府职能转变的影响路径研究。在前述分析框架基础上，建构市场经济体制对地方政府职能转变影响路径的概念模型。设计具有较高信度、效度的“市场经济体制对地方政府职能转变的影响机理”测评问卷，通过实证调查收集第一手数据，以地方政府职能转变为内生潜变量，以市场主体成长、市场要素发育、市场环境优化为外生潜变量，以社会组织发展、上级战略调整为中介变量，构建市场经济体制与地方政府职能转变的结构方程模型，揭示“政府—市场—社会”三者关系，即“影响通过什么路径实现”。

第 7 章是主要结论与政策建议。在总结市场经济体制与地方政府职能转变的时空演进、影响效应、影响路径研究结果的基础上，提出市场经济与地方政府良性互动的实现路径，并对未来研究进行展望。

1.2.2 研究方法

按照管理学研究的经典范式，理论与实证相结合、定性与定量相补充，结合管理学、经济学、政治学等学科研究成果，尝试构建市场经济体制对地方政府职能转变影响机理的分析框架，从理论上剖析两者的影响机理；利用文献调研、问卷调查、统计数据等多种资料采集方法，采集丰富的数据资料，通过面板数据分析、结构方程模拟等多种实证研究方法，从纵向动态分析与横向静态分析两个方面，揭示市场经济体制对地方政府职能转变的影响机理，对数据进行深度挖掘，以保障研究结论的可靠性。

（1）数据（资料）采集方法。一是文献调研。以演进过程、变迁逻辑与评价体系为视角，从市场经济体制、地方政府职能转变以及市场经济体制对地方政府职能转变的影响研究三个方面对现有研究进行梳理，为进一步研究奠定理论基础。二是深度访谈。针对市场经济体制与地方政府职能转变的测量、影响机理等关键问题进行深度访谈，为开展统计分析与问卷调查打下基础。三是头脑风暴。采用头脑风暴法，建立市场经济体制发展与地方政府职能转变的理论识别指标。四是专家咨询。针对遴选的理论指标，向相关专家征询意见，进行实证筛选，构建评价指标体系。五是统计数据。收集省、市两级相关数据，对市场经济体制与地方政府职能转变的演进特征、协调关系与影响效应进行分析。六是问卷调查。编制具有较高信度、效度的“市场经济体制对地方政府职能转变的影响机理”调查问卷，收集第一手数据对关键变量进行测量。

（2）数据（资料）处理方法。一是描述性统计分析。对 1987 年以来 30 个省份市场经济体制、地方政府职能转变相关数据进行描述性统计分析，揭示两者时空演化规律。二是耦合协调分析。测算省级区域市场经济体制发展与地方政府职能执行绩效的耦合协调度，揭示两者互动协调关系。三是面板数据分析。运用 Stata 15.0，以 223 个地级及以上城市为研究对象，收集 1997—2017 年数据，分析市场经济体制对地方政府职能转变的影响机理。四是面板向量自回归。选用 2000—2017 年 170 个地级及以上城市的面板数据，运用 Stata 15.0，采用连玉君（2009）编写的 pvar2 指令对模型进行估计，揭示市场经济体制发展与政府规模调整的双向关系。五是结构方程模型。以 Amos 20.0 为工具，构建市场经济体制发展与地方政府职能转变的结构方程模型。

1.3 研究技术路线

本书遵从“分析框架—实证分析—政策建议”的研究路径，按照“时空演进—影响效应—影响路径”步步深入的实证研究策略，第 3 章构建分析框架，第 4 章至第 6 章是实证研究，通过面板数据分析、结构方程模拟等方法，从省、市、县三个层面，揭示了市场经济体制对地方政府职能转变影响的内在机理。研究技术路线图如图 1－3 所示。

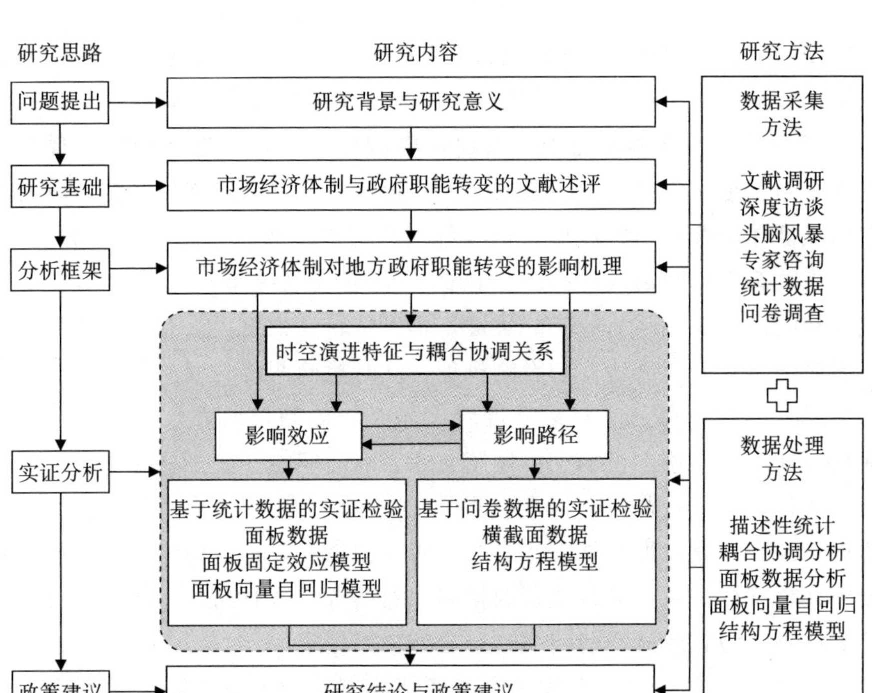

图 1－3 技术路线图

1.4 可能的创新点

本书在理论研究、事实经验的基础上，构建市场经济体制对地方政府职能转变影响机理的分析框架，并通过统计数据、问卷调查采集数据，从纵向变化、横向关系两个方面，探索与检验市场经济体制对地方政府职能转变的影响机理，可能的创新点主要包括以下几点：

（1）从环境因素出发对地方政府职能转变分析框架进行补充。以往对于地方政府职能转变的研究多从政府纵向关系、政府间横向竞争、政府内部结构等政府系统内部视角展开，较少深入研究环境因素与地方政府职能转变的关系。本书将市场经济体制作为关键环境变量，引入地方政府职能转变研究，构建了“环境—行动者—绩效”的地方政府职能转变分析框架，着重分析了市场经济体制对地方政府职能转变的影响机理。

（2）市场经济体制与地方政府职能转变研究视角进行切换。现有理论探索与实证研究多聚焦于政府干预对市场经济体制发展的影响、政府在市场经济体制改革中的作用，但有许多研究者认为，市场经济体制先行、以经济改革带动政治改革稳步推进的“渐进式”改革道路是中国经济高速发展的同时保持政治稳定的关键。本书将转变视角，重点研究市场经济体制对地方政府职能转变的影响机理，同时检验两者的双向关系。

（3）从时间与空间双重维度对市场经济体制与地方政府职能转变的演化特征进行考察。市场经济体制与地方政府职能转变是复杂概念，很难通过统计数据进行全面、精准的测量，以往研究采用历史事件分析，实现对市场经济体制发展与地方政府职能转变的考察。本书构建具有信度、效度的评价指标体系，通过统计数据和问卷调查，从时间和空间维度对市场经济体制、地方政府职能转变进行全方位的考察。

（4）采用多种实证方法对市场经济体制对地方政府职能转变影响机理进行全面考察。市场经济体制与地方政府职能转变的影响关系研究大多停留在应然层面的理论研究，实证研究相对匮乏。本书依托统计数据通过耦合协调分析、面板数据固定效应模型和面板向量自回归模型，对市场经济体制对地方政府职能转变的影响机理进行了实证检验。研究发现市场经济体制发展对地方政府职能转变产生影响，地方政府规模对市场经济体制发展也产生反向影响。同时，采用问卷数据结合结构方程模型的方法，从横向的静态比较分析对市场经济体制对地方职能转变的影响路径进行实证检验，全面考察了市场经济体制对地方政府职能转变的影响机理。其中，市场主体直接影响地方政府职能转变，而市场要素与市场环境通过社会组织、上级政府产生间接影响。

第 2 章

文献述评

市场经济体制与政府职能转变一直是经济学、管理学、政治学、社会学等学科研究的重点与核心，取得了大量研究成果。特别是中国经济高速发展和社会长期稳定并存的现象更使国内外学者对中国市场机制与政治制度变迁产生了浓厚兴趣，众多学者开始探索市场经济体制、政府职能的变迁过程与转变逻辑，探讨市场经济、国家治理、政治制度之间的内在联系与互动机理。

研究市场经济体制对地方政府职能转变的影响机理，要把握市场经济体制与政府职能经历了怎样的发展/转变，为什么如此发展/转变，发展/转变的成效如何，即市场经济体制、政府职能转变的演进过程、变迁逻辑、评价体系。因此，本书围绕演进过程、变迁逻辑与评价体系三个方面，对市场经济体制、政府职能转变以及市场经济体制对政府职能转变的影响研究进行梳理，为进一步研究奠定基础。

2.1 市场经济体制研究

North（1990）指出：制度是理解政治与经济之间的关系以及这种相

互关系对经济成长（或停滞、衰退）之影响的关键。对于中国经济的解读众说纷纭，而主要研究均是制度分析（徐勇，2010），市场经济体制研究是核心议题。对于市场经济体制研究的梳理主要从三个方面展开：①市场经济体制的历史演进；②市场经济体制的变迁模式；③市场经济体制的评价体系。

2.1.1 市场经济体制的历史演进

市场经济体制演进伴随着制度、技术、劳动力、生产方式的发展，体现经济总量从低到高、经济结构从简单到复杂、发展水平从量变到质变的阶段特征。国内外学者主要依据经济总量、经济结构、生产技术等特征划分经济发展阶段（陈刚、金通，2005；齐元静等，2013；王琨、闫伟，2017），产生了众多具有影响力的理论，对中国经济发展的理论与实践产生了重要影响。

根据划分依据不同，经济发展阶段理论分为以下四类。①以经济结构划分经济发展阶段。持这一观点的学者主要有李斯特、罗斯托、霍夫曼等，他们依据主导性生产部门划分经济发展阶段，李斯特和柯尔韦尔（1856）在斯密“狩猎、游牧和农耕”划分的基础上进行拓展，加入了工农、农工商两个阶段，形成了经济发展的五阶段论；“罗斯托起飞模型”（罗斯托，1961，1993）则更详细地分析了经济主导部门的特征；霍夫曼（1958）设置了结构性指标“霍夫曼系数”[①] 来划分经济发展阶段。②以经济总量划分经济发展阶段。钱纳里、库兹涅茨等学者根据人均国民生产总值结合三产比例划分经济发展阶段，形成了钱纳里标准模式（钱纳里等，1986）、库兹涅茨阶段表（库兹涅茨，1966）。该理论较多为国内学者采纳，并整理形成中国工业化划分标准（陈佳贵等，2006；王小刚、鲁荣东，2012）。③以劳动力转移划分经济发展阶段。Fei 和 Ranis（1997）根据剩余劳动力在传统部门与现代部门的边际生产率对刘易斯的二元经济理论进行拓展，将经济发展阶段划分为三个子阶段（王琨、闫伟，2017）。④以综合观点划分经济发展阶段。蔡昉（2013，2015，2016）将人类历史存在过的经济增长类型或状态概括为马尔萨斯式的贫困陷阱（M 类型增长）、刘易斯式的二元经济发展（L 类型增长）、刘

① 消费品部门与资本品部门之间净产值之比。

易斯转折点（T 类型增长）和索洛式的新古典增长（S 类型增长）四种增长类型。经济发展阶段划分如表 2－1 所示。

表 2－1　　经济发展阶段划分

划分标准	基本指标	经济发展阶段划分基本结论	代表学者
经济结构	经济主导部门	狩猎时期、游牧时期、农耕时期、工农时期、农工商时期	李斯特
		传统社会、起飞准备、起飞、走向成熟、大规模消费、追求生活品质等六个阶段	罗斯托
	霍夫曼系数	根据霍夫曼系数划分四个阶段	霍夫曼
经济总量	人均 GDP、城镇化率	前工业化阶段、工业化实现阶段（初期、中期、后期）、后工业化阶段	钱纳里
	制造业增加值占比		库兹涅茨
劳动力转移	剩余劳动力转移	第一阶段：边际生产率为 0； 第二阶段：边际生产率大于 0，但小于不变制度工资； 第三阶段：边际生产率大于不变制度工资	刘易斯等
综合观点	经济增长特征	马尔萨斯式的贫困陷阱（M 类型增长）、 刘易斯式的二元经济发展（L 类型增长）、 刘易斯转折点（T 类型增长）、 索洛式的新古典增长（S 类型增长）	蔡昉

改革开放以来，市场经济体制转型给中国带来了举世瞩目的经济成就（樊纲等，2011）。市场经济体制改革进程成为研究的热点问题之一。

农村是中国市场经济体制改革的发源地。城乡关系、农村问题是中国市场经济体制研究的主要视角，蕴含了中国改革的渐进性特征、内在逻辑推进过程和利益博弈关系（蔡昉，2008；蔡昉、王美艳，2016）。一般认为中国市场经济体制改革是一个渐进式的改革过程（桂大一，2011），根据不同划分依据对市场经济体制改革进行阶段划分。①根据改革深化程度划分改革阶段。陈宗胜等（2009）将市场经济体制改革划分为两大阶段，即实验性、探索性破坏旧体制的感性发展阶段（1978—1991 年）与系统性、主动性制度创新的理性推进阶段（1992—2020 年）。同时，根据改革阶段特征进行细分，感性发展阶段划分为以农村改革为重点时期（1978—1983 年）、以城市改革为重点时期（1984—1991 年）；理性推进阶段划分为建立新体制框架时期（1992—2002 年）、完善新体制框架时期（2003—2020 年）。②根据市场完善程度划分改革阶段。将市场经济体制改革进程划分为四个阶段：第一阶段是市场经济体制改革的起步阶段（1978—1984 年）；第二阶段是社会主义市场经济改革的初步尝试阶段（1985—1992 年）；第三阶段是社会主义市场经济体制的初步建立阶段（1993—2001 年）；第四阶段是社会主义市场经济体制的不断完善阶段（2002 年以来）（桂大一，2011；薛胜利，2012）。③根据城乡关系划分改革阶段。蔡昉（2008，2016）和王美艳（2016）、许经勇（2018）以农村改革与城乡关系为重点，将市场经济体制改革进程划分为以家庭承包制为主的农村经济改革为特征的第一阶段，以国有企业为对象的城市经济改革为特征的第二阶段，以及调整城乡关系的全面改革的第三阶段。④根据供求关系划分改革阶段。中国市场经济体制经历了计划经济主导下的供求调节（1978—1991 年）、供求管理的市场化转型（1992—2001 年）、需求刺激拉动经济快速增长（2002—2012 年）、供给侧改革与需求侧创新相结合（2013 年以来）等四个阶段的演变与发展（张瑀，2017）。

尽管学者对市场经济体制各阶段特征的概括有所不同，但可以注意到阶段划分的节点基本一致，这些节点具体如下。①1978 年：改革起点，以家庭联产承包责任制诞生为标志；②1984 年：社会主义经济理论的探索，以社会主义有计划的商品经济理论第一次明确提出为标志；③1992 年：市场经济体制的提出，标志性事件是党的十四大明确提出建立社会主义市场经济体制的经济体制改革目标；④2002 年：改革目标的深化，以党的十六大提出"以人为本"的科学发展观和构建社会主义和谐社会为标志；⑤2012 年：全面深化阶段的开端。

综合以上观点，参考陈宗胜等（2009）对改革大阶段、小阶段的划分，本书将市场经济体制变迁划分为三个大阶段，即市场经济体制改革探索阶段（1978—1991 年）、全面推进阶段（1992—2011 年）、全面深化阶段（2012 年以来），并进一步细分为五个小阶段，如表 2 -2 所示。

表 2－2　　市场经济体制演进阶段划分

大阶段	改革探索阶段		全面推进阶段		全面深化阶段
小阶段（年份）	初步探索（1978—1983）	全面探索（1984—1991）	全面展开（1992—2001）	综合推进（2002—2011）	深化改革（2012 年以来）
改革标志	家庭联产承包责任制	有计划的商品经济提出	确立社会主义市场经济体制	完善社会主义市场经济体制	新时代中国特色社会主义经济
重点领域	农村、乡镇企业、经济特区	企业自主权、利改税等	国有企业股份制改革、分税制	金融、财税、社会保障政策全面支持	全面深化改革
城乡关系	农村经济改革	城市经济改革	城乡关系调整		
供求关系	计划经济主导下的供求调节		供求管理的市场化转型	需求刺激拉动经济快速增长	供给侧改革与需求侧创新相结合

2.1.2　市场经济体制的变迁模式

以 North 为代表的制度变迁理论学派从制度变迁的动力、内在机制、过程与轨迹（路径依赖与锁定状态）等角度成功地阐释了经济史中重大事件的经济逻辑（林红玲，2001；韦森，2009）。根据制度变迁的动力类型可将制度变迁方式划分为以下五类：一是将经济增长视作制度变迁动力的经济增长推动说；二是从主体利益博弈出发的利益格局调整说；三是以技术为推动制度变迁主要动力的技术决定说；四是从动态视角出发，认为经济发展具有自我循环机制的自我循环累积论；五是将制度变迁视作技术变迁和制度变迁互动结果的技术与制度互动论（史晋川、沈国兵，2002）。

制度变迁是研究市场经济体制发展的一个重要视角，学者们对中国经济体制变迁过程本身进行了系统、全面的考察，并提出了代表性理论假说，包括“制度变迁的二元并存论”“制度变迁方式转换三阶段论”和“制度变迁主体角色转换假说”。①制度变迁的二元并存论。林毅夫等（1994）根据制度的供给与需求原理将制度变迁方式分为诱致性制度变迁与强制性制度变迁，他认为诱致性制度变迁是制度不均衡所引发获利机会时，行为主体的自发性变迁；而强制性制度变迁则是由政府法令等强制执行的。②制度变迁方式转换三阶段论。杨瑞龙（1998）、杨瑞龙和杨其静

（2000）根据市场经济制度变迁中“第一行动集团”主体的不同，将计划经济向市场经济过渡过程划分为“供给主导型制度变迁”“中间扩散型制度变迁”和“需求型诱致性制度变迁”三个阶段，并构建了中央、地方和微观主体的三方博弈模型。③制度变迁主体角色转换假说。黄少安（1999a，1999b）从行为主体的角色来分析制度变迁的动力来源，他认为不同利益主体都会参与制度变迁，根据各个利益主体对制度变迁的支持程度，区分为“主角”和“配角”，而这些主体在制度变迁中会发生可逆性的角色转换。

综合上述研究，经济制度变迁的主要动力有外生的环境因素（经济增长、技术进步、环境因素引发的利益格局变化、制度变迁的新要求等）以及内生的利益分配、文化、信念、意识形态与偏好等因素。同时，可以从以下几个方面考察市场经济制度变迁方式：制度变迁动力来源的外生性与内生性（周雪光、艾云，2010）、引导变迁关键性力量的强制性与诱致性（林毅夫等，1994；丰雷等，2013；薛曜祖、张平，2013）、变迁发生时段的长期性与短期性（周其仁，1995a，1995b；庄子银、邹薇，1996；陆静超，2008）以及变迁的轨迹是否与行动者的意图相契合等（马雪松，2015；马雪松、张贤明，2016）。

2.1.3 市场经济体制的评价体系

市场经济体制的测度指标选择与评价体系构建是市场经济体制实证研究的基础与关键。市场经济体制改革对经济增长、经济波动、产业结构调整、社会发展、政治改革等的影响是学界广泛关注的重要问题，也不乏一些实证分析（De Melo 等，2001；Babetskii、Campos，2007；闫磊、刘澈元，2008；詹新宇，2012；王军等，2016；Athukorala 等，2018）。然而，现有研究对市场经济体制的指标选择存在一定的主观性，测评方法与标准也不尽相同，尚未形成一致的评价体系与评价标准。学界与实践中多从市场经济体制发展状态对市场经济体制进行衡量，应用较为广泛、影响力较大的测度指标有国际贸易实务中的市场经济地位、美国传统基金会（The Heritage Foundation）和加拿大弗雷泽研究所（Fraser Institute）的市场自由度指数以及国民经济研究所开发的市场化指数等。

（1）市场经济地位。在国际贸易实务中，采用市场经济地位（Market Economy Status）来判断一国市场经济状况，将其区分为市场经济国家或非市场经济国家，用于确定倾销幅度。尽管市场经济地位的概念与评价标准存在争议，但标准所指方向也不乏指导意义，目前主要通行的标准有美国设定的市场经济六大标准、欧盟关于完全市场经济地位的五大标准。

（2）市场自由度指数。美国传统基金会自 1995 年开始编制经济自由度指数（Index of Economic Freedom，IEF），已连续发布 20 余年。将经济自由定义为政府允许劳动力、资本和货物自由流动，并且在保护和维护自由本身的程度上避免强迫或限制自由（Olson，2014）。《2018 年全球经济自由度指数》报告对全球 186 个国家与地区的四个维度 12 项经济自由度进行了测量，即法治、政府规模、监管效率和市场开放（Miller 等，2018）。加拿大弗雷泽研究所构建世界经济自由度指数（Economic Freedom of the World，FEW）用于衡量各国政策和机构支持经济自由的程度，2017 年发布的《世界经济自由度》报告通过 42 项具体指标来衡量五个维度的经济自由度，包括政府规模、法制与产权、健全的货币、国际贸易的自由度、规制（Gwartney 等，2017），不少研究利用该研究成果来研究经济自由度与其他变量间的关系（Ahmad，2017；Bennett、Nikolaev，2017；Harding，2018；Jackson，2017）。

（3）市场化指数。国内学者从不同角度构建市场化程度的评价体系，进行了有益探索。卢中原、胡鞍钢（1993）最早对中国市场化指数进行探索，设计关于投资、价格、工业与商业四个单项市场化指数，并拟合为综合市场化指数，反映市场经济运行特征。江晓薇、宋红旭（1995）从企业自主度、市场国内开放度、市场对外开放度和宏观调控度四个方面测度市场化进程。刘澈元、闫磊（2005）从市场活动的主体、客体和载体三个维度构建了区域市场化测度的指标体系，涵盖 7 项二级指标、47 项三级指标，但未对各项指标的含义、测度方法与过程进行分析。樊纲等（2003，2011）的市场化指数最具影响力，他们将市场体系视作一个不断发育、完善的系统，市场化即市场体系发育、完善的过程，从政府与市场的关系、非国有经济的发展、产品市场的发育程度、要素市场的发育程度、市场中介组织发育和法律制度环境等方面衡量市场化进展。王永兴、景维民（2014）在市场有效性与经济发展测度中通过商业自由、贸易自由、产权评价及 M2 与 GDP 比值 4 项“核指标”对市场机制有效性进行评价。胡鞍钢等（2015）根据《关于完善社会主义市场经济体制若干问题的决定》从市场主体多样性、城乡统筹、市场体系有效性、宏观调控和法律体系等市场制度环境、社会保障制度和可持续发展机制等方面将定性目标转化为定量标准，对中国经济体制改革进行评价。

国内众多学者采用国民经济研究所樊纲、王小鲁等人构建的市场化指数模型，研究市场经济体制/市场化程度对其他变量（如经济增长、技术创新效率、并购、资本结构调整）的影响（Wu、Song，2014；陈志斌、范圣然，2015；冯宗宪等，2011；贺光烨、吴晓刚，2015；江若尘等，2013；姜付秀、黄继承，2011；吕朝凤、朱丹丹，2016；孙早等，2014；王晶，2013）。

表 2－3 整理了现有研究对市场经济体制评价体系的探索，通过市场经济体制发展状态来评价市场经济体制取得了许多成果，但指标体系较为复杂，可操作性存疑。

表 2－3　　　　市场经济体制的评价体系

<table>
<tr><th>指标类型</th><th>评价维度与指标</th><th>数据来源</th><th>来源</th></tr>
<tr><td rowspan="2">市场经济地位</td><td>货币流通程度；工资谈判的自由；合资经营或外资进行其他投资的自由程度；政府对生产资料所有与控制程度；政府对资源配置及价格和产出机制的控制；等等</td><td>—</td><td>美国标准</td></tr>
<tr><td>企业依靠市场定价；企业有适用于多种目的的、明确且符合国际会计标准的记账准则和独立审计；企业运营不受非市场经济体制扭曲；企业有破产法及财产法；汇率按市场价格进行兑换</td><td>—</td><td>欧盟标准</td></tr>
<tr><td rowspan="2">市场自由度</td><td>法治：产权、司法效力和政府完整性；
政府规模：税收负担、政府支出和财政健康；
监管效率：商业自由、劳动自由和货币自由；
市场开放：贸易自由、投资自由和金融自由</td><td>统计数据
研究报告</td><td>美国传统基金会</td></tr>
<tr><td>政府规模：政府消费、转移和补贴、政府企业和投资、最高边际税率；
法制与产权：司法独立、法庭公正性、产权保护、法治与政治的军事干涉、法律完整性、合同的法律执行、不动产买卖的管制成本、警察可靠性、犯罪商业成本；
货币政策合理性：货币增长、通货膨胀的标准偏差、最近一年的通货膨胀、拥有外汇银行账户的自由；
国际贸易自由度：关税、管制贸易壁垒、黑市汇率、资本和人口流动的控制；
规制：信贷市场规则、劳动力市场规则、商业规则</td><td>研究报告</td><td>弗雷泽研究所</td></tr>
</table>

续表

指标类型	评价维度与指标	数据来源	来源
市场化指数	**投资市场化**：全社会固定资产投资中利用外资、自筹资金和其他投资的比重； **价格市场化**：农产品收购价格中非国家定价的比重； **工业市场化**：工业总产值中非国有工业产值的比重； **商业市场化**：社会商品零售总额中非国有商业零售额比重	统计数据	卢中原等（1993）
	企业自主度：企业的 14 项自主权； **国内开放度**：农业生产、工业生产、物资流通、商业流通、价格调节、投资管理； **对外开放度**：进口依存度、非关税壁垒、直接投资实际额； **宏观调控度**：税负负担、政府补贴、贸易管理、社会消费、信贷管理	问卷调查 统计数据	江晓薇、宋红旭（1995）
	市场主体：政府部门、企业部门、居民部门； **市场客体**：市场体系、产业发展； **市场载体**：市场软件、市场硬件	—	刘澈元等（2005）
	政府与市场关系：市场分配经济资源比重、减轻农村居民税费负担、减少政府对企业干预、减轻企业税外负担、缩小政府规模； **非国有经济的发展**：非国有经济在工业总产值中所占比重、非国有经济在全社会固定资产总投资中所占比重、非国有经济就业人数占城镇总就业人数的比重； **产品市场的发育程度**：价格由市场决定的程度、减少商品市场上的地方保护； **要素市场的发育程度**：金融业的市场化、引进外资的程度、劳动力流动性、技术成果市场化； **市场中介组织的发育和法律制度环境**：市场中介组织的发育、对生产者合法权益的保护、知识产权保护、消费者权益保护	统计数据 问卷调查	樊纲等（2003，2011）
	商业自由、贸易自由、产权评价、M2 与 GDP 比值	统计数据	王永兴等（2014）
	完善公有制为主体、多种所有制经济共同发展的基本经济制度； 建立有利于逐步改变城乡二元经济结构的体制； 建设统一开放竞争有序的现代市场体系； 完善宏观调控体系、行政管理体制和经济法律制度； 健全就业、收入分配和社会保障制度； 建立促进经济社会可持续发展的机制	—	胡鞍钢等（2015）

2.2 政府职能转变研究

2.2.1 政府职能转变的历史演进

政府职能在不断摸索中前进，无论是西方国家还是中国，政府职能转变都经历了政府、市场和社会边界的不断调整并逐渐达到平衡的过程。纵观西方国家政府职能转变历程，可以概括为“自由放任—政府规制—放松规制—再规制”否定之否定的试错性演变过程（薛澜、李宇环，2014），政府职能经历了以下五个转变。①17—19 世纪初的自由资本主义时期，自由市场的经济主张逐渐替代重商主义时期国家强力干预的经济政策，“守夜人”成为该时期政府职能的定位，推崇自由放任的保护型政府职能模式（辛向阳，1995；薄晓杰，2011；蒋永甫、谢舜，2008）。②19—20 世纪初，自由资本主义向垄断资本主义过渡，伴随自由放任政策的长期实施，“市场失灵”导致了严重后果，西方国家开始出现周期性经济危机，政府职能模式逐步向加强管控转变（薛澜、李宇环，2014）。③20 世纪 30 年代，为解决“市场失灵”现象，“政府干预理论”应运而生，“凯恩斯革命”热潮涌现，政府经济职能扩张（童颖华、刘武根，2007；杨述明，2014）。④20 世纪 70 年代以后，在“政府干预”模式下，政府低效、浪费等问题涌现，凯恩斯主义受到挑战，政府重新开始采用自由主义策略，减少政府对经济社会的干预（杜创国，2000；张洁珺、陈国权，2000；齐桂珍，2007；刘磊，2010）。⑤20 世纪 90 年代以来，“新公共管理”“新公共服务”“第三条道路”“治理理论”“政府再造”和“公共价值”等新型政府管理理论不断涌现（Moore，2000；Bozeman，2002；Stoker，2006；Alford、Hughes，2008；Talbot，2009），政府与市场、社会、公民之间的互动加强，一种融合政府、市场、社会的多中心治理模式开启了政府职能的重大转变（薛澜、李宇环，2014），掀起了“整体性治理”的改革浪潮（Christensen、Lægreid，2007；曾维和，2008；

2010），政府开始更多地借助于市场与社会的力量（何显明，2013）。

在西方国家政府职能转变的借鉴之下，中国政府职能实现了从全能政府到有限政府、从管制型政府到服务型政府的转变（何颖，2008；2010）。由于机构改革具有较高的可见性，学者们对政府职能转变的研究多通过机构改革的分析与讨论展开，总体来看，学界对政府职能转变的演进阶段与演进特征的研究基本达成共识（李文钊、毛寿龙，2010；何颖，2008；叶克林、侯祥鹏，2011；蓝煜昕，2013；周志忍、徐艳晴，2014）。改革开放以来，我国政府职能的重心经历了“政治职能—经济职能—社会管理和公共服务职能”的转变（何颖，2010），再由服务型政府向整体型政府转变。可从以下三个视角研究中国政府职能的转变。

（1）政府职能转变的权力视角。竺乾威（2017）认为改革开放以来，中国政府职能经过了从以政府权力为中心到以政府运作流程方式为中心，再从以流程方式为中心回到以权力为中心的改革历程。第一次职能转变以1988年第二次机构改革为标志，机构改革从着眼于精简机构、人员转向适应经济体制改革要求；第二次职能转变以2003年第五次机构改革为标志，将政府职能的重心从经济发展转向公共服务；第三次职能转变以2013年第七次机构改革为标志，通过“放管服”为标志的行政审批改革实现资源配置从政府主导到市场主导的转变。

（2）政府职责体系视角。吕同舟（2017）侧重对政府职能具体内容和着力点的分析，认为政府职能转变基本遵循着“国家职能—政府职能—政府职责—职责体系”的演化逻辑。第一阶段（1978—1997年），将政府职能从国家职能中脱离出来，以经济管理职能为核心，重点重塑政府与企业的关系；第二阶段（1998—2006年），将政府职能和政府职责分离，将政府职能重心转向提升公共管理和社会服务；第三阶段（2007年以来），着力于理顺职责关系，将政府工作重点从事前审批转向事中、事后监督，让市场发挥决定性作用，同时发挥社会的积极性。

（3）政府职能转变理论与实践重点视角。20世纪70年代末—80年代，理论和实践重点是从政治职能到经济职能的转变；20世纪90年代，政府职能转变的重点是减少对经济的直接管理，转向对经济的间接管理；21世纪初，政府职能转变的重点由经济职能转为公共服务职能，建设“服务型政府”，并由“全能政府”转向“有限政府”（齐桂珍，2007）。

2.2.2 政府职能转变的动力因素

那么，谁在推动政府职能转变？哪些因素推动政府职能转变？这些因素从何而来？目前，政府职能转变动力因素的研究主要从以下视角展开。

（1）政府职能转变相关主体。政府职能转变的成功取决于相关利益主体的博弈，政府职能转变的动力可以来源于上级政府、地方政府本身、企业、社会组织和公众。已有研究从不同角度探索相关主体在政府职能转变中的作用。一是从综合性视角。姜国俊（2009）通过对行政改革的观察，构建了以执政党的中央政治权威为核心动力主体、以决策智囊和公共学者为辅助动力主体、以部门官僚和地方官僚为执行动力主体、以公众为基础动力主体的政府行政改革的动力体系。操世元（2010）以杭州市为例研究了地方政府职能转变的动力因素，指出政府职能转变主要受到党的政策要求、社会舆论的压力、党政领导个人因素的影响。二是从主要动力识别视角。蓝煜昕（2013）指出，尽管改革开放以来，经济社会变迁推动了政府机构改革，但中央政府仍然是地方政府机构改革的主要动力来源；Andersen（2008）通过研究丹麦地方政府改革样本，得到相似结论。但在Walker提出政府改革动力的四个模型（公众压力模型、学习模型、竞争模型和纵向影响模型）中，公众压力被认为是最为重要的（Walker，2006；周志忍，2010）。三是从政府转变阻力视角。张凤阳（2015）从政府纵向间关系、“政府—市场—社会”横向间关系、政府履职站台方位间关系对政府职能转变进行分析，发现政府职能转变实践存在来自上级政府、市场与社会、政府自身的三重梗阻。

（2）内部动力与外部动力。组织变革被视为组织内部因素与外部因素共同作用的结果（张婧、段艳玲，2013），部分学者根据动力来源是否来自政府内部，将地方政府之职能转变动力划分为内部动力与外部动力（操世元，2010；罗峰，2011）。“外部压力情境”决定改革的方向，“内部激励机制”决定改革的力度（周志忍，2010）。对政府创新的动力研究发现，来自政府内部的“自觉意识”、政府治理绩效提升、官员晋升、个人声誉等是政府改革的直接动力，而改革的根本动力是来自外部的公众需求与环境变化所带来的压力（吴建南等，2007；周志忍，2010）。国外一些学者认为政府改革是“财政驱动”的改革，财政分权的压力、效率以及对政治利益和公民利益的管理等要素对政府职能转变有重要作用（Bel 等，2007；Kwon，2013）；同时，他们发现经济社会环境（包括公共机构合法性、公民素质、经济社会现实等）、政治环境（包括民族宗教因素、社会政治碎片化、法院角色、政党对地方政治的参与等）对政府职能转变的重要影响（Ray，1999；Razin，2010；Razin、Hazan，2014）。

综合以上研究，学者们通过行政改革、地方政府创新等地方政府职能转变相关行为的观察，认为政府职能转变动力的来源有两种划分方式。①根据行为主体视角划分。该视角的研究认为相关主体的认知和行为是推动政府职能转变的重要动力来源，地方政府职能转变的动力来自：上级政府的压力（Andersen，2008；姜国俊，2009；操世元，2010），地方政府间竞争的压力（赵晨，2012），政府决策者的推动（操世元，2010），公民、市场、社会的推动力（姜国俊，2009）。②根据动力来源的内外部性划分。政府职能转变的内部动力主要包括政府考核压力、政府组织内在需求，同时也包括政府主要决策者个人因素，如干部的自身利益、决策者的政治追求等（吴建南等，2007；张锐昕、杨国栋，2012）；政府职能转变的外部动力主要涉及经济社会发展、制度结构、市场质量、社会组织等（罗峰，2011）。政府所处的政治、文化、经济、国际环境等社会生态环境的变化均能够推动政府职能转变（吴建南等，2007；张锐昕、杨国栋，2012）。

2.2.3　政府职能转变的行动模式

与政府职能转变的动力机制研究相似，政府职能转变行为研究主要从中央与地方纵向关系、同级政府的横向竞争关系、“政府—市场—社会”横向博弈关系以及政府自身激励等维度展开，形成了一些具有影响力的政府行为理论。①中央与地方的关系。从中央与地方的关系视角对中国地方政府行为的研究主要有两种具有竞争性的理论：“中国式财政联邦主义”（Montinola 等，1995）聚焦于分权的财政体制对地方政府行为的影响，认为改革开放后的地方分权重构了央地权力关系，将市场经济体制发展与地方发展型政府建设归功于分权的财政制度下地方政府的相对自主空间（何显明，2007a；陶然等，2009；郁建兴、高翔，2012）；与此相对的是“分权化权威”（Landry，2008），强调中央政府对地方政府控制的有效性，强调中央政府对推动市场改革及引导地方政府在发展经济中的作用，认为建立在人事权基础上纵向问责制为中央政府实际控制地方政府行为提供了可能（唐睿、刘红芹，2012；郁建兴、高翔，2012）。②横向的政府间竞争关系。地方政府间竞争被认为是中国现象、中国奇迹产生的关键（周黎安，2007；周业安等，2004），对地方政府职能定位与行为逻辑产生了重要影响，特别是对招商引资、经济建设的高度热情，同时也促使了地方保护主义的产生（关爽，2015）。③政府与市场、社会的互动关系。关于地方政府与市场关系的代表性描述主要包括“地方法团主义”（Oi，1995）、“地方政府即厂商”（Walder，1995；丘海雄、徐建牛，2004）、“官场 + 市场”（周黎安，2018）；“社会中的国家”（Migdal，2001）、“嵌入性自主”（Evans，1995）、“国家与社会共治”（Evans，1997）则从不同程度描述了国家与社会互动的重要性。④政府自身因素。一些学者从地方官员的晋升激励角度研究中国政府内部治理特征，认为身处行政系统中的地方官员可能更为关心自身职务的晋升，地方政府领导的相关特征被认为是解读政府行动的关键（耿曙等，2016；唐睿、刘红芹，2012）。

聚焦到政府职能转变的行动模式，学者们开展了一些有益的探索。①地方政府职能变迁的三重逻辑。从权力、利益和注意力出发，揭示地方政府职能变迁的权力再分配、利益再分配和注意力再分配的三重逻辑（李挽霞，2011）。②政府转型的综合分析框架。吕志奎（2013）认为政府转型是对市场经济和社会发展适应的过程，从发展目标、政府职能、政策工具、政府机构和财政结构五个方面构建了中国政府转型的综合分析框架，阐释了发展目标从速度发展到科学发展，政府职能从“两手抓”到“五位一体”，政策工具从指令性到混合型，政府机构从精简机构到优化组织结构，财政结构从国家财政到公共财政的政府转型路径。③地方政府治道变革的分析框架。地方政府职能转变是地方政府掌权者、上级政府掌权者、所辖区公民及其公民组织三者互动的结果，从单中心秩序走向多中心秩序（李文钊，2007；李文钊、毛寿龙，2010）。④政府组织内制度变迁与组织外制度变迁。锁利铭（2007）从制度变迁视角出发，将政府视作制度变迁需求者，把政府转型划分成政府组织内制度变迁与政府组织外制度变迁，构建政府转型分析框架，探讨领导者、官僚机构和市场之间的关系，如图 2 - 1 所示。

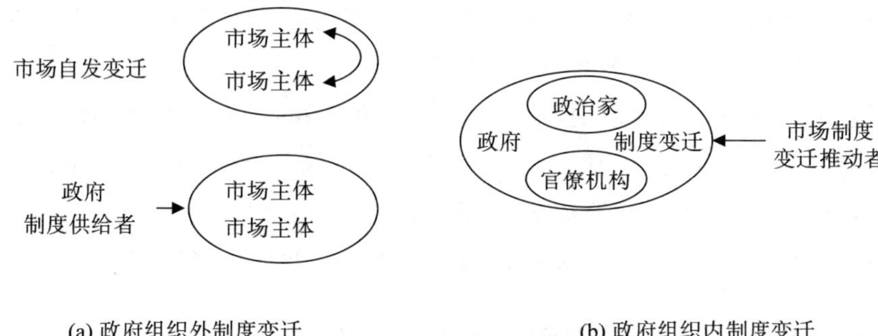

图 2-1　政府组织内制度变迁与组织外制度变迁

资料来源：锁利铭. 基于制度变迁的政府转型动力与实施机制研究［D］. 博士学位论文，西南交通大学，2007.

2.2.4　政府职能转变的评价体系

政府职能究竟多大程度上得到了转变，效果又如何？政府职能转变的评价有助于对政府职能转变实际效果进行控制、监管，有利于政府职能转变的进一步推进。与评价公共服务、机构改革等政府行为相比，评价政府职能转变并不容易，主要存在两个方面的难点。①职能界限的模糊性。治理主体的多元化使政府与市场、社会的界限可能随时变化，增加了政府职能的界定难度（范柏乃等，2016；朱光磊、于丹，2008）；②政府职能观察的困难性。与机构改革、公共服务等相比，政府职能转变的可视性较差且很难进行量化（周志忍、徐艳晴，2014），增加了对政府职能审查的难度。

尽管如此，学者们对政府职能转变的评价仍进行了许多尝试，得到了一些成果，如表 2-4 所示。①从适应性的视角。汪承亮（2005）通过政府财政支出占 GDP 比重、产权保护力度、市场秩序维护状况、市场纠纷处理情况、市场环境公平程度、政府对违约裁定执行情况、企业主要管理者与政府打交道所花时间、环境保护力度、基础设施的供给情况等对政府角色适应市场化程度进行了测度，通过主成分分析方法拟合形成政府角色适应市场化程度的综合评价指数。②从过程与结果的视角。Connor 等（1988）认为对组织变革的评价不能忽视对过程的关注，周志忍、徐艳晴（2014）从变革管理的全过程出发，通过机构改革的战略筹划、改革设计、实施过程与效果评价等四个改革环节构建机构改革的考察框架。③从转变成效的视角。Walker、Boyne（2006）、Sun（2008）、Askim 等

(2010) 分别从产出与效率、回应性、服务效果，政府规模、腐败、绩效评价以及操作、流程、系统效果，对英国、中国台湾、挪威的公共部门改革成效进行衡量。④从政府职能内容的视角。Rosa、Morote (2013) 将政府职能分为内部和外部职能，内部视角下的决策效率和外部视角下的透明性、责任性、公众参与等成为衡量政府职能转变的要点；De Peuter 等 (2011) 从司法、经济、社会或政治三个方面对政府职能转变进行评价。

表 2－4　　政府职能转变的评价体系

视角	评价维度与指标	数据来源	文献出处
适应性	政府财政支出占 GDP 比重、产权保护力度、市场秩序维护状况、市场纠纷处理情况、市场环境公平程度、政府对违约裁定执行情况、企业主要管理者与政府打交道的时间、环境保护力度、基础设施的供给情况	统计数据 问卷调查	汪承亮 (2005)
过程与结果	**变革结果**：与最初变革目标的对比、对未来的预测以及变革制度化的进展情况； **变革过程**：变革速度、成本以及变革引起的意外行为和事件	—	Connor 等 (1988)
	战略筹划：环境匹配性、战略定位、战略目标、推进机制； **改革设计**：目标具体性、方案系统性、进程精细化、推进机制； **实施过程**：目标群体参与状况监测、主管部门履职状况监测、改革进展状况监测反馈、改革中间效果监测反馈； **效果评价**：目标实现状况综合评价、目标低于预期的诊断与解释、改革的成本收益分析、对未来改革的启示与借鉴	—	周志忍等 (2014)
转变成效	**产出与效率**：质量、经济价值、效率、满意度； **回应性**：顾客满意度； **服务结果**：有效，公平，提高民众的社会、经济、环境福利	问卷调查	Walker、Boyne (2006)
	政府规模：人员、财政； **腐败**：反腐败行动、民众感知、腐败案件及人数绩效； **评估**：地方认同和服务提升、行政长官绩效	调查数据	Sun (2008)
	操作效果：效率的提升，即提高效益、降低成本； **流程效果**：加强协同、服务导向、一站式服务； **系统效果**：提高政治控制、增加机构和专业自主性	案例分析	Askim 等 (2010)

续表

视角	评价维度与指标	数据来源	文献出处
职能内容	**外部视角**：透明性、责任性、公民参与情况； **内部视角**：决策执行及资金利用效率情况	调查数据	Rosa、Morote（2013）
	经济建设、政治建设、文化建设、社会建设、生态文明建设	文本	邓雪琳（2015）
	职能重点、职能方式	文本	陈天祥等（2016）

此外，部分研究侧重以某些特定方面来选择政府职能转变的代理变量，主要包括以下三个方面。①财政支出。财政资源提供方式决定了政府的基本职能和定位，万如意（2011）通过新中国成立以来财政支出结构来观测不同类型经济系统下中国政府职能转变的脉络和趋势。②政府规模/政府干预。政府规模决定政府作用和功能的范围和大小，不少学者采取政府规模/政府干预（政府支出占生产总值的比重）作为代理变量来探讨政府角色转变的方向（刘金科，2012；张同斌、刘琳，2017）。③文本分析。也有部分学者通过对政策文本、相关报告的分析，从政府职能重点、职能方式两个维度，根据政府工作报告的词频变化、重点占比、关键词分析研究政府职能转变的轨迹与特征（邓雪琳，2015；陈天祥、何蕓茹，2016；陈天祥、李倩婷，2015；陈天祥、杨蕊，2017）。

根据表 2－4 总结的已有研究所构建的政府职能转变评价体系，从政府职能转变评价的数据采集手段来看，政府职能规范文本、有关政府财政支出的统计资料、问卷调查与访谈都为政府职能转变的评估提供了丰富的资料。政府机构职能规范文本能够帮助我们较为全面地认识政府职能，明白政府需要干什么；财政支出统计资料帮助我们全面把握政府工作的重点与范围，反映了政府实际干了些什么；而问卷调查与访谈则能够帮助我们理解政府在社会经济生活中的实际角色，反映政府干的结果怎么样，给人们留下了什么印象和影响（汪承亮，2005）。

2.3
市场经济体制对政府职能转变的影响研究

2.3.1 市场与政府关系的历史演进

市场经济体制改革、政府职能转变以及市场与政府关系的演进几乎是同步进行的。市场与政府的关系研究一般以政府角色为划分标准，对其演进阶段的划分与政府职能转变的演进过程基本同步。

按照市场与政府的力量对比，可以将西方国家15世纪末期以来的市场与政府关系演进过程划分为五个阶段（庞明川，2013）：①第一阶段（15世纪末—17世纪中叶）是政府干预的萌芽阶段，重商主义的国家干预理论诞生，政府干预开始萌芽；②第二阶段（17世纪中叶—20世纪30年代）是完全自由市场阶段，主张经济自由主义，国家在经济社会发展中扮演“守夜人”的角色，几乎不对市场进行任何干预；③第三阶段（20世纪30—70年代）是政府干预确立阶段，市场万能的观点受到普遍质疑，西方各国纷纷在凯恩斯主义的指导下走上了国家全面干预经济的道路；④第四阶段（20世纪70年代—20世纪末）是政府与市场分工均衡阶段，滞胀、财政赤字大面积发生，国家干预让步于新自由主义，市场与政府共同作用，形成了“强市场—强政府”共存的利益均衡；⑤第五阶段（1998年以来）政府干预重新占据主导地位。

学者们对我国政府与市场关系整体演进基本达成了共识（曹文宏，2014），新中国成立以来，政府与市场的关系可以划分为四个阶段：①过渡时期“政府与市场并存”（1949—1952年），政府与市场基本处于一种“良性替代”关系；②计划体制下的“政府对市场的侵蚀”（1953—1978年），政府开始大规模干预市场，试图取代市场，使市场走向“消亡”，该阶段又分为两个小阶段，从限制市场到消灭市场时期（1953—1955年）以及全能政府体制的形成时期（1956—1978年）；③探索时期的“计划为主与市场为辅”（1978—1992年），为了扶持市场的发育，政府开始清除一切障碍，为市场创造良好的成长条件；④新时期“市场与政府的良性互动”（1992 年以来），政府积极为市场发展提供良好的环境。

尽管市场经济体制改革与政府职能转变在全国范围推行，但市场经济体制发展水平与政府职能转变却存在较大区域差异。一些学者对市场经济活跃地区的政府与市场关系进行研究，以期得到市场经济发展的先进经验（何显明，2018；金祥荣，2000；马力宏，2008；姚先国，1999）。马力宏（2008）对浙江 30 年来市场经济体制与政府职能转变进行观察，总结处理政府与市场间关系的经验，提炼了政府与市场关系的浙江模式，即“活跃市场 + 有为政府，市场与政府合作互补”。浙江改革开放 30 年历史进程大致分为三个阶段：①市场经济启动时期，政府对自发的市场行为视而不见的默认和放任；②市场快速发展时期，各地政府采取积极主动的措施推动市场发展；③市场相对成熟时期，政府加强自身改革力度，加快机构改革、审批制度改革，保障市场的有序运行。

总体来说，政府与市场关系变迁可以理解为基于所处区域的不同市场环境，政府与市场组合模式不断调整，互相替代寻找平衡的过程，市场与政府的关系在以政府为横轴、市场为纵轴的反比例函数曲线上运行（见图2－2（a））（曹文宏，2014）。在经济持续变迁过程中，当受到外部突发性冲击而导致市场机制断层（见图 2－2（b）），政府与市场关系的动态演进路径可能发生改变，需要政府迅速介入以弥补市场不足，待市场机制恢复后再次回归长期趋势（陈雨露，2014；马勇、陈雨露，2014）。

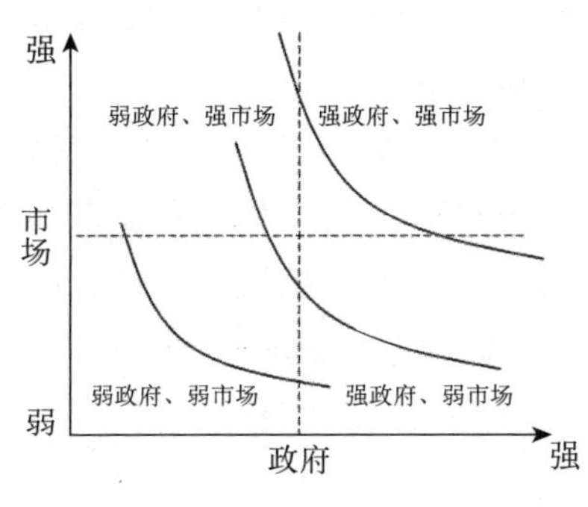

(a) 市场与政府关系的动态演进

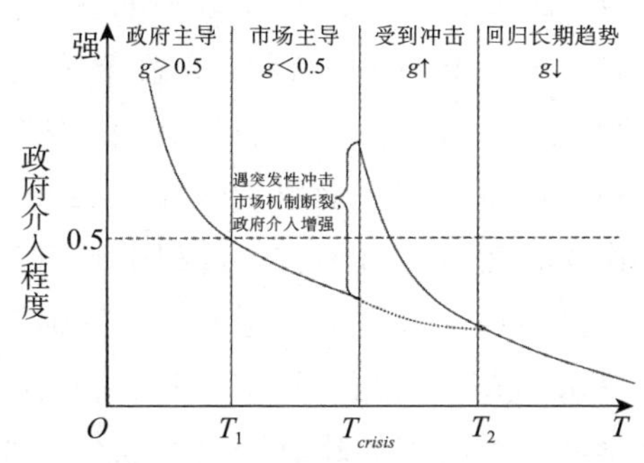

(b) 经济持续变迁与“政府—市场”关系

图 2－2　市场与政府关系演进

注：在图 2－2（b）中，x 轴表示市场发展阶段；g 表示政府介入程度；*Tcrisis* 表示突发经济冲击。

资料来源：图 2－2（a）：曹文宏．建国以来政府与市场关系：基于政治和经济的二维解读［J］．东南学术，2014（06）：52—58；图 2－2（b）：马勇，陈雨露．金融发展中的政府与市场关系：“国家禀赋”与有效边界［J］．财贸经济，2014（03）：49—58.

2.3.2 市场经济体制与政府职能转变的影响关系

中国渐进式的社会主义市场经济改革使经济持续增长、社会相对稳定，激发了国内外的学者对中国经济增长之谜的研究热潮（Gilli、Li，2013；2014；Jiang、Nie，2014；Romero - Ávila，2013；White，2009；Yang，1996；Dulbecco、Renard，2003；Jora 等，2017；Li，2005；Yeo，2009；Zhao，2010），产生了众多强调地方政府在经济发展中作用的理论。依据视角不同，理论分为两类：一是从微观个体视角，认为掌握国家权力的个体会将权力用于市场之中以获得回报，如罗纳塔斯的“权力变形论”、边燕杰和罗根的“权力维续论”；二是从宏观结构视角，认为国家政治过程对社会不同阶层的影响表明，权力依然维持着高回报，如白威廉的“政治市场理论”、魏昂德的“政府即厂商论”、周雪光的“政治与市场共变”模型（付光伟，2014；梁玉成，2007a；丘海雄、徐建牛，2004）。

对于政府在市场经济中的作用，学者们提出了无为之手（Invisible Hand）、援助之手（Helping Hand）和攫取之手（Grabbing Hand）三种基本观点（Frye、Shleifer，1996；于蔚，2013）。①无为之手。该观点认为市场应具备自主性，无须政府干预便能实现正常运行。经济领域的资源配置应由市场自发完成，政府只需扮演“守夜人”角色，一些学者对改革开放初期浙江经济改革中政府行为进行分析，认为地方政府“睁只眼闭只眼”式的默许是浙江经济改革成功的关键（何显明，2018；姚先国，1999）。②援助之手。该观点的代表理论有“地方政府法团主义”（Oi，1985，1995）、“企业家型政府”（Duckett，1998）等，强调政府在市场中的作用，政府在市场转型过程中既当官员又当企业家，积极参与地方的市场经济活动（丘海雄、徐建牛，2004）。③攫取之手。政府干预的本意是解决市场失灵问题，但实际情况并不总是很理想，持“攫取之手”观点的学者认为过多的政府干预可能会导致政府的寻租和腐败。

学界对中国地方政府在市场化进程中的作用进行了大量探索。薛澜、李宇环（2014）根据政府在市场化进程中作用由强变弱，划分为建立市场、监督市场、引导市场和参与市场四个功能，形成一种宝塔形结构（见图 2 -3），并认为随着市场化程度提升，参与市场的职能会逐步减弱，交由市场自发运行。曹伟（2013）按照理查德·鲍姆等人的研究将市场化进程中地方政府（官员）的角色归为四类：一是制度发展型，政府通过改善制度环境实现地方经济发展；二是政治企业家型，政府像企业家一样直接介入经营活动；三是庇护型，地方政府与企业形成一种权钱交易的庇护关系；四是掠夺型，政府利用权力对所辖企业进行掠夺。

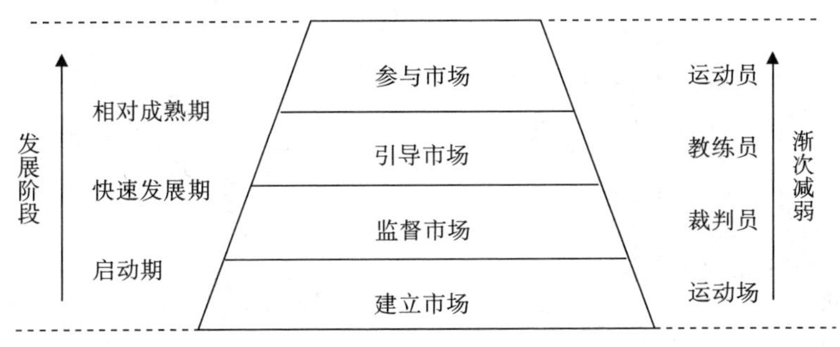

图 2－3　市场化进程中的政府角色

资料来源：薛澜，李宇环．走向国家治理现代化的政府职能转变：系统思维与改革取向［J］．政治学研究，2014（05）：61—70.

部分研究认为，像中国这样自上而下进行改革的国家，政府在创建市场经济体制过程中起到核心作用，如果没有有效的政府，经济社会的可持续发展是不可能的（世界银行，1997）。但政府在经济发展中的地位和作用正因为经济体制转变而改变，如何根据市场经济规律、社会转型需求和市场经济国家普适性的政府角色规范重新定位地方政府职能，是深化中国行政体制改革的关键（马斌、徐越倩，2010）。

郑小强（2013）将政府职能转变的动因细化为内生结构性动力、内源性自主动力、功能性效用动力和外源性促进动力，分别对应物理学意义上的支撑力系统（涉及经济体制改革和政治体制改革）、推动力系统（包括经济、社会、技术和全球化等四大要素）、牵引力系统（包括行政范式和管理水平两大要素）和自我更新力系统（涉及政府职能的自我扩张和自我收敛）。政府职能转变既可能来自政府的自我扩张或收敛，也可能是受到经济体制和政治体制改革等外部力量的推动，同时，还可能来源于公共管理范式转化与内部优化产生内部拉动力。陈庆（2013）从博弈论的角度分析政府与市场的委托代理关系，揭示了政府决策背后财事权平衡的内在逻辑，在不同条件下，集权化、自由化和折中化均可能成为最优制度安排。周黎安（2018）构建了“官场＋市场”理论（见图 2－4（a）），以官场竞争与市场竞争的双向嵌入关系揭示中国经济增长机制以及政府与市场的互动模式。周颖（2019）将市场经济体制改革与行政体制改革的互动机制比作基因链的“双螺旋”结构（图2－4（b）），在彼此轮动中螺旋上升，形成地方政务服务范式的跃进。

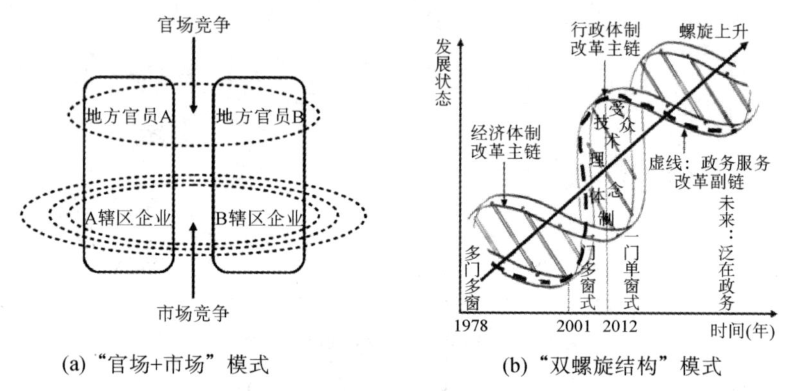

图2－4 市场经济体制与地方政府职能的互动模式

资料来源：图2－4（a）：周黎安．“官场＋市场”与中国增长故事［J］．社会，2018（02）：1—45；图2－4（b）：周颖．改革开放以来地方政务服务范式的跃迁——基于“双螺旋”模型的研究视角．广东行政学院学报［J］．2019（02）：1—9.

其他一些学者从不同角度对市场与政府的关系进行了实证研究，包括地方政府竞争和市场秩序关系对经济增长的影响（周业安等，2004）；政府干预、市场化进程对于经济增长的影响（梁玉成，2007b；张同斌、刘琳，2017）；市场与国家对劳动力寿命的影响（梁玉成，2007a）；金融产业中的政府与市场关系（李义超、王翔，2013）。遗憾的是，这类研究将政府与市场分割考虑，分别研究市场与政府对相关变量的影响，而未能对政府与市场的关系进行深入研究。

2.4 已有研究述评与研究切入点

通过对文献的梳理发现，国内外学者以演进过程、变迁逻辑和评价体系为视角，对市场经济体制、政府职能转变以及市场经济体制对政府职能转变的影响三个方面进行了大量研究与探索，取得了许多有价值的研究成果，为进一步研究提供了坚实的基础，同时也存在一些不足之处。作者对以往研究的主要结论以及存在的不足进行归纳总结，在此基础上，提出本书的切入点。

2.4.1　主要结论

通过对文献的归纳总结，以往研究的主要结论包括以下几点：

（1）市场经济体制的历史演进、变迁模式与评价体系。现有研究从改革的深化程度、市场经济体制的完善程度、改革进程中的城乡关系、供求关系等角度对市场经济体制改革进程进行了划分，对市场经济体制的演进规律与特征进行全方位诠释，并在时间节点上达成共识，较好地归纳总结了市场经济体制演进阶段、演进规律和演进特点。同时，研究从制度变迁动力来源的外生性与内生性、引导变迁的关键性力量的强制性与诱致性、变迁发生时段的长期性与短期性，以及变迁的轨迹是否与行动者的意图相契合的角度分析市场经济体制变迁方式，形成了“制度变迁的二元并存论”“制度变迁方式转换三阶段论”“制度变迁主体角色转换假说”等理论。剖析中国市场经济体制改革的制度变迁方式，形成了一些比较具有影响力的市场经济体制改革评价指标体系如市场化指数、经济自由度指数等，为市场经济体制的量化研究提供了条件。

（2）政府职能转变的历史演进、行动逻辑与评价体系。已有研究总结了西方国家政府职能转变“自由放任—政府规制—放松规制—再规制”的试错性演变过程。从政府职能转变的权力、职责体系、理论和实践重点等角度刻画了我国政府职能转变的演进轨迹；从相关利益主体以及组织内外部因素对政府职能转变的动力进行研究；从央地关系、政府间竞争、政府与市场、社会关系以及政府自身因素出发构建了地方政府职能转变相关理论，为地方政府职能转变的行为逻辑研究奠定了基础；从政府职能转变适应性、过程与结果、转变成效、职能内容等视角为地方政府职能的定量评价提供了参考。

（3）市场经济体制对政府职能转变的影响研究。现有研究从市场与政府关系的现实出发研究市场与政府关系的演变过程，认为两者关系的演化是市场与政府寻找平衡点的过程。在市场化进程中，对政府角色的研究形成了无为之手、援助之手和攫取之手三种基本观点，并对中国市场化进程中地方政府的角色定位与变迁进行剖析。同时，将市场经济体制与政府职能结合起来解释中国现象，为市场经济体制对政府职能转变的影响机理研究奠定了研究基础。

2.4.2 存在的不足

现有文献围绕市场经济体制改革、政府职能转变的主题进行了丰富、扎实且富有意义的研究，为本书奠定了坚实的理论基础，提供了科学的研究指引，但在以往研究中至少存在以下几点不足，对应本书拟突破的重点问题。

（1）市场经济体制、政府职能转变的评价体系尚不成熟，体系庞杂、存在交叉，可操作性存疑。现有文献对市场经济体制改革、政府职能转变的评价体系进行了有益探索，但指标选取存在主观性，测评方法与标准也不尽相同，尚未形成一致的评价体系与标准。同时，通过市场经济体制与政府职能转变评价体系的对比发现，以往研究市场经济体制的评价包括对政府干预行为的考察，而政府职能转变的测量中也包含部分市场特质的变量，存在着交叉，不利于进行相互关系研究。此外，市场经济体制、政府职能转变的评价体系指标庞杂，数据获取也存在困难，可操作性存疑。

（2）市场经济体制、政府职能转变的演进过程研究视角和研究方法相对单一，缺乏时间、空间双重维度的研究。市场经济体制、政府职能转变的演进研究虽然已有许多有价值的共识性成果，但主要采用回顾式的纵向案例分析方法，研究视角和研究方法相对单一，忽视了空间维度。市场经济体制、政府职能转变是时间、空间双重维度的演进过程。从时间维度看，不同时间点市场经济发展、政府职能存在不同状态；从空间维度看，不同区域市场经济体制与地方政府职能可能存在差异。从时间、空间双重维度考察市场经济体制、地方政府职能转变的演进过程有助于更全面、准确地把握两者的演进轨迹、演进阶段、演进规律。

（3）市场经济体制对政府职能转变影响机理的实证研究缺失。市场经济体制对政府职能转变的影响机理研究相对匮乏，实证研究更甚。一些实证研究将市场与政府割裂，未能对影响机理进行研究。市场经济体制与地方政府职能转变有关联吗？市场经济体制对地方政府职能转变的影响显著吗？若显著，具体体现在哪些方面？通过哪些路径影响？有哪些中介变量或调节变量？这些问题都需要进一步研究。

2.4.3　研究的切入点

当前，我国处于经济社会转型期，政府职能亟待转变，以适应经济社会发展的实际需要。在此背景下，迫切需要对市场经济体制对地方政府职能转变的影响机理进行深入的理论探索与实证研究。在以往相关研究基础上，针对已有研究存在的不足，本书试图在以下几个方面有所突破：一是对市场化进程中地方政府职能转变逻辑进行分析，构建地方政府职能转变的分析框架，从理论上探讨市场经济体制对地方政府职能转变的影响机理；二是构建市场经济体制发展水平、地方政府职能转变的评价指标体系，对两者的时空演进与协调关系进行研究，立体展示其演进路径与特征，探讨两者间耦合协调关系；三是利用统计数据，通过面板数据模型研究市场经济体制对地方政府职能转变的影响效应；四是开发市场经济体制发展量表、地方政府职能转变量表，通过问卷调查收集第一手数据，研究市场经济体制对地方政府职能转变的影响路径。

第3章

市场经济体制影响政府职能转变的逻辑框架

"市场与政府"关系是现代经济学和公共管理学研究的永恒主题。政府是一个国家经济社会发展、社会公正和社会价值实现的重要制度安排（黄庆杰，2003），政府的一切行为都嵌入特定的社会经济环境之中。市场经济体制对地方政府职能转变的影响机理研究必须将地方政府置于市场经济体制改革背景下，来剖析地方政府职能转变的行动逻辑、行动过程与行动结果。本章以"情境—过程"为视角，试图构建"环境—行动者—绩效"的分析框架，将市场经济体制变迁纳入地方政府职能转变的逻辑框架，从理论上探究市场经济体制对地方政府职能转变的影响机理。

3.1 "环境—行动者—绩效"：一个分析框架

3.1.1 核心概念界定

1. 市场经济体制

市场经济体制是以市场机制配置资源的一种经济体制，已成为当今世界的主要经济体制。从所有制、资源配置方式看，西方国家现代市场经济体制具有两大特征：私有制是市场经济活动主体的主要所有制形式；发达的市场体系和健全的市场机制是资源配置的基础。现代市场经济体制与古典市场经济体制的区别在于对政府作用的认识，现代市场经济体制将政府的宏观调控视作市场经济得以正常运行的保障（罗卫东、许彬，1994）。社会主义市场经济体制将社会主义与市场经济结合，是中国特色社会主义政治经济学最重要的理论贡献（张宇，2016）。中国特色社会主义市场经济理论从市场经济体制改革的目标与实践出发，对社会主义市场经济体制的基本概念与运行方式进行界定，探讨社会主义市场经济的基本经济制度、宏观经济理论、微观企业基础，为经济学研究与实践提供了众多贡献（王诚、李鑫，2014）。党的十九大报告明确了市场经济体制改革目标是“着力构建市场机制有效、微观主体有活力、宏观调控有度的经济体制”，既对改革目标进行具体化，也从市场机制、微观主体和宏观调控三个方面对市场经济体制进行了界定。

本书沿用党的十九大报告对社会主义市场经济体制的界定，为了避免与地方政府职能转变领域过多重叠、交叉，更好地研究两者的影响关系，本书将市场经济体制概念限定在市场领域。[①] 需要特别指出的是，本书未将政府宏观调控纳入市场经济体制范畴，是一种狭义的市场经济体制概念。同时，由于市场经济体制是动态发展、不断完善的，本书采用某个时间点的市场经济体制发展水平和市场经济体制发展水平的变化对市场经济体制进行考察，根据市场经济体制的微观企业基础、资源配置机制和宏观经济特征，将市场经济以市场体系构成要素划分为市场主体、市场要素和市场环境三个方面。

2. 地方政府职能转变

学界对政府职能的概念有不同理解，但在研究基本内容上达成了共识，政府职能即政府做什么，是政府依法对国家社会生活诸领域进行管理所担负的职责和功能（张洁珺、陈国权，2000）。政府职能的内涵涉及政

---

① 胡鞍钢等（2013）以《中共中央关于完善社会主义市场经济体制若干问题的决定》为依据，将宏观调控体系、行政管理体制和社会保障制度等纳入了市场经济体制改革的范畴。为了避免与地方政府职能转变领域产生交叉，研究所涉及的市场经济体制改革为狭义范围内市场领域的改革，不包含政府宏观调控、社会保障制度等，主要涉及公有制为主体、多种所有制经济共同发展的基本经济制度、统一开放竞争有序的现代市场体系等改革目标。

府职能的定位（该做什么）、政府职能的重心（侧重什么）、政府职能的行使方式（怎么做）等三个问题（竺乾威，2017）。①政府职能的定位。政府职能定位从应然的角度明确政府该做什么、不该做什么，界定政府行为的范围是政府职能的核心问题。政府职能一般包括四个方面，即政治职能、经济职能、社会职能和文化职能（沈荣华，1999）。②政府职能的重心。在特定时期，政府众多职能中存在相对更重要的职能，政府职能重心体现了该时期政府的工作重点与价值偏好。政府在“统治型—管理型—服务型”演进过程中，其职能重点相应地发生了变化与调整（陆永娟，2014；竺乾威，2017）。③政府职能的行使方式。履行同一项职能可以有不同行使方式，如直接管理和间接管理、行政手段和法律手段等，而政府职能的行使方式体现了政府的理念。

任何时期的政府职能都无法脱离其所处环境，政府职能必须与其赖以生存的经济基础相适应，并随着政治、经济、社会环境不断变化而变化和调整（万如意，2011；张电电，2016），这就涉及政府职能转变的范畴。政府职能转变就是从一种特定结构、有所侧重的政府职能组合转向另一种状态下的政府职能组合的动态过程（闫坤、于树一，2016；余钧，2016）。相应地，政府职能转变涉及政府职能定位的调适变化（包括政府与市场、与社会诸多关系中政府职能界限与范围的变化）、政府职能重心的调整（包括政治职能、经济职能和社会职能之间侧重点的调整）以及职能行使方式的改变（包括行政手段、经济手段和法律手段，直接管理和间接管理之间的取舍）。

地方政府职能是指由地方政府实现的政府职能，即地方政府依法对地方经济社会诸领域进行管理所担负的职责和功能。地方政府职能与中央政府职能的基本内容大体相同，但职能重心有所不同。根据宪法规定，中央政府职能包括：编制和执行国民经济和社会发展计划和国家预算；领导和管理经济工作和城乡建设、生态文明建设；领导和管理教育、科学、文化、卫生、体育和计划生育工作；领导和管理民政、公安、司法行政等工作；管理对外事务；领导和管理国防建设事业；领导和管理民族事务；保护华侨的正当的权利和利益等；县级以上地方政府职能包括“管理本行政区域内的经济、教育、科学、文化、卫生、体育事业、城乡建设事业和财政、民政、公安、民族事务、司法行政、计划生育等行政工作”等。一般认为，中央政府的政治职能居于首要地位；而对于地方政府，组织和调控地方经济建设、维持当地稳定、保护社会公平、为公众提供社会管理和公共服务更为重要（刘兴鹏，2014）。地方政府作为地方经济、社会治理的具体执行者，其政府职能定位、重心与行使方式必须根据所处地区的经济发展水平有所调整，具有一定自主性，并体现出区域差异，因此，将研究范围限定在地方政府职能转变更为合适。

本书将政府职能转变的研究考察范围限定在地方政府。将地方政府职能转变定义为地方政府在不断变化、充满不确定性的治理环境之中，根据所辖区域的客观条件、主观因素等对其职能定位、重心和行使方式进行调整，以适应不断变化的治理环境的行为。对地方政府职能转变的考察主要包括地方政府职能规模与结构的调整、地方政府职能转变所带来的职能执行绩效变化以及一段时期内由职能转变引起的地方政府组织内部优化及对外部环境适应性的提升。

3.1.2　研究视角的转换：从内部关系到外部环境

现有研究以“中央—地方”纵向关系、地方政府间横向竞争、地方政府内部流程等为重点，从政府系统内部关系与特征出发，通过权力结构、激励机制和内部特征等视角对地方政府职能转变的行动逻辑进行阐释，形成了颇具解释力的政府行为理论，认为地方政府职能转变是行为主体间互相作用的结果。然而，政府系统的内部因素并不是解释地方政府职能转变的唯一变量，还必须考虑其所处的治理环境。

在公共管理实践中，无法找到一个能够适用于任何情境、任何组织的“万能”良方。地方政府职能领域亦是如此，一个成功的改革案例无法轻易地从一个地区复制到另一个地区，并获得成功。为什么同一“配方”的政府职能方案总在不同地区表现出不同的实践形态、取得不同的实施效果？地方政府职能转变的制度环境或许是解释这一现象的关键。地域广阔、民族多元的中国，区域经济社会发展程度不同、文化差异明显，同一“配方”的政府职能转变方案往往不会得到统一的答案，根据区域环境特征对“施政纲领”进行适应性调整才能体现其精髓，获得所辖地区民众的支持。

以政府系统为核心的地方政府职能转变研究将外部环境作为“背景”，而这种“背景”恰恰可能是破解地方政府职能转变行动逻辑的另一个关键。那么，外部环境如何影响地方政府职能转变？为了进一步研究外部环境对地方政府职能转变的影响，必须将研究视角从政府系统内部关系转向对外部环境的关注，将环境因素纳入地方政府职能转变研究的分析框架。关于社会生态系统诊断模型、嵌入性理论、新制度经济学、组织环境与组织战略关系的研究，学者们从制度环境对制度变迁、组织环境对组织变革的影响机制方面进行探索，为市场经济体制对地方政府职能转变的影响机理研究提供了坚实的理论基础。

（1）社会生态系统诊断模型。制度环境的复杂性和重要性决定了在公共决策中不能照搬任何理论或实践，必须针对其所处的社会、经济、政治环境进行诊断，埃莉诺·奥斯特罗姆（2007）提出社会生态系统（Social - Ecological Systems）诊断模型，帮助研究者和实践者分析诊断复杂、多元、跨领域且不断变化的系统，如图 3 - 1 所示。

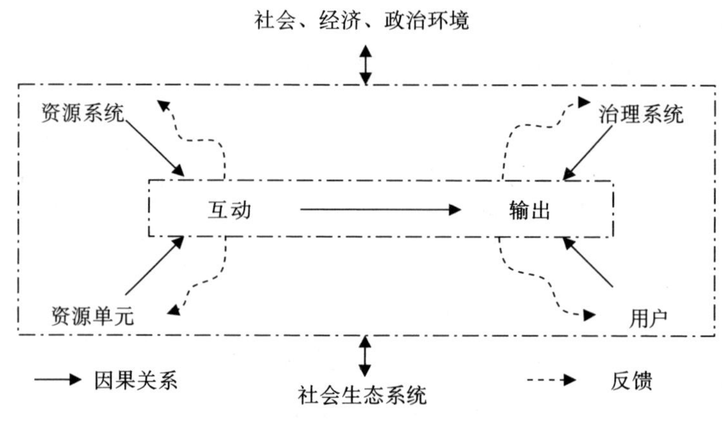

图 3 - 1　社会生态系统诊断模型

（2）嵌入性理论。嵌入性理论的代表学者包括卡尔·波拉尼、哈里森·怀特、马克·格兰诺维特等，他们将“嵌入”的概念引入经济社会研究，使用“嵌入性”来定位经济和社会的关系。在嵌入性视角下，制度变迁过程深受制度环境制约。格兰诺维特将市场经济行为与社会关系结合到一起，认为市场行为嵌入社会结构之中，受到复杂社会关系的影响（符平，2009），使制度环境成为制度变迁研究中的一项重点（李文钊、蔡长昆，2012）。李汉林等（2005）将嵌入性理论运用到组织和制度变迁的研究中，认为制度创新的意图在于对组织关系和制度安排的重新调整，而任何一种制度都必须成功地嵌入经济环境和社会文化之中，否则再合理的制度设计在制度环境中都将遭受强烈的“排异反应”，无法实现最终的目标和效果。这种“嵌入”需要经历“制度变通”和“制度适应”两个环节：制度变通是根据自身所处的制度环境对原有制度/外部制度的修订，其主要动力来自外部环境的压力及其所带来的改革需求；而制度适应则是当新的制度嵌入制度环境之后，人们对其的适应。

（3）新制度经济学视角。新制度经济学对制度环境对制度变迁的作用研究做了重要探索。North（1990，2005）认为经济学是一种选择的理论，选择发生“背景”（环境）以及解释这种环境的方式恰恰可能是制度可持续性的潜在源泉。新制度经济学关注人类提出的解释自身环境的信念以及人类为塑造自身环境所创立的政治的、经济的、社会的制度。制度环境特别是市场经济环境构建了最基本的激励和约束机制，从而作用于制度变迁，同时，也因沉没成本而存在“路径依赖”（蔡长昆，2018）。Nee（2010，2018）构建了经济社会制度变迁的基本分析框架，如图 3－2 所示，将制度环境作为制度选择的重要因素，分析制度环境、治理机制和个人相互之间的嵌套关系和影响机理，制度环境变化使地方政府战略调整，而地方政府治理变迁同样会对制度环境进行反馈。

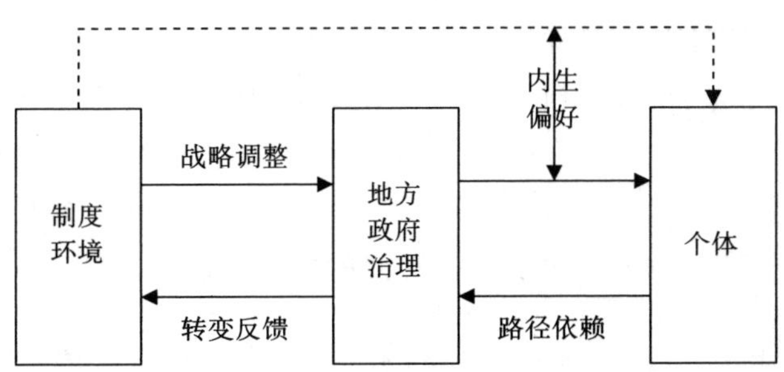

图 3－2　经济社会制度变迁的分析框架

（4）组织环境与组织战略。组织环境与组织战略的研究更强调环境对组织战略的影响，认为组织必须更加关注如何适应环境的动态性和不确定性，更加详细地阐释了环境对组织行为的影响机理，特别是对战略选择的主导作用（何铮等，2006）。Greenwood、Hinings（1996）认为组织变革是外部环境和内部环境共同作用的结果，并阐释了外部环境对组织变革的影响机理，即市场环境、制度环境的变化会使组织现行模式出现问题（包括组织内部各主体对利益分配不满、价值冲突等），影响组织正常运行，进而产生组织变革的压力。Jacobs 等（2013）在 Greenwood 等研究的基础上提出了一个组织变革的综合模型，将外部环境的变化作为模型的输入变量，通过组织识别、领导等一系列组织战略调整进而实现组织绩效、组织合法性的输出，如图 3－3 所示。

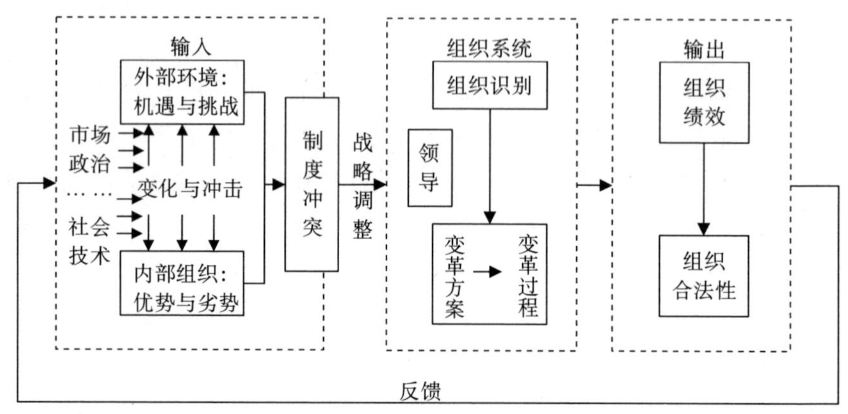

图 3－3 调整后的组织变革综合模型

3.1.3 “环境—行动者—绩效”：一个分析框架

地方政府职能转变是地方政府在治理环境变化中寻求新的组织结构与功能状态的不断尝试，必须将外部环境纳入地方政府职能转变的分析框架。本书借鉴 Jacobs 等（2013）的组织变革综合模型，结合地方政府职能转变行动主体间关系，构建“环境—行动者—绩效”分析框架，重点研究市场经济体制对地方政府职能转变的影响机理，如图 3－4 所示。

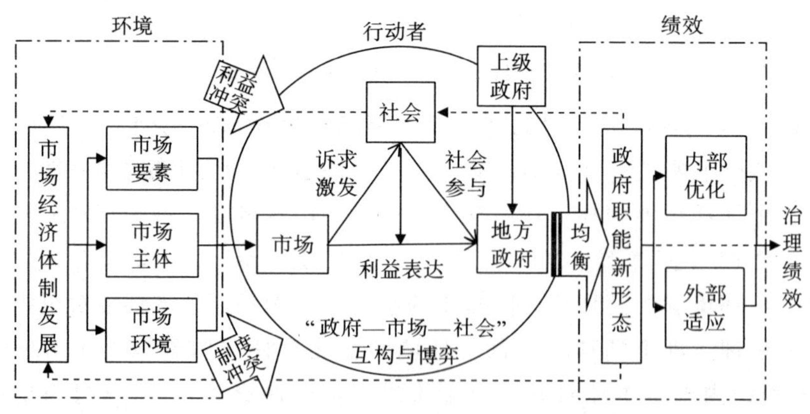

图 3－4 “环境—行动者—绩效”分析框架

在此分析框架下，市场经济体制作为关键环境变量，是地方政府职能转变的前置情境，市场经济体制改革引发的制度与利益冲突以及其自身的制度优势与效率原则倒逼地方政府职能转变。政府、市场、社会构成地方政府职能转变的三个关键行动者，地方政府受到自上而下的压力，同时，也受到自下而上的推动，多方博弈形成地方政府职能的新状态。地方政府职能转变的最终结果是政府职能转变绩效的输出，是对特定时期职能转变效果的衡量，包括地方政府内部优化与外部适应，同时，也是地方政府职能转变对市场经济体制改革的回应。框架分为以下三大部分。

（1）环境输入：市场经济体制。改革开放以来，市场经济体制改革引发了中国经济发展方式、社会分工模式、社会交往模式和社会价值规范系统等方面的巨大转变（李友梅，2018），为经济、社会、政治制度发展带来了巨大的制度红利，成就了中国发展的奇迹。市场经济体制可以说是中国地方政府职能转变面临的最为关键的环境变量。

根据本书对市场经济体制的界定，将市场经济体制以市场体系的构成要素划分，包括市场主体、市场要素和市场环境三个方面。①市场主体。市场主体是市场经济体制的重要构成要素，“积极发展混合所有制经济，推动国有企业完善现代企业制度，支持非公有制经济健康发展”是社会主义市场经济体制发展的重要目标。市场主体多样性、活跃性、责任心提升能够提高市场主体参与公共事务的积极性，增强其与政府博弈中的议价能力，进而影响地方政府职能转变。②市场要素。成熟的要素市场能够提升劳动力、资本、技术的流动性，进而提高资源配置效率。随着市场经济体制改革的不断深化，市场资源配置效率不断提升，对地方政府提出了更高的要求，推动地方政府改革。③市场环境。市场环境是市场经济体制的宏观属性，产权有效激励、要素自由流动、价格反应灵活、竞争公平有序、企业优胜劣汰的市场环境是市场经济体制改革的目标与特征。市场开放性、竞争性、法制性能够为地方政府职能转变提供良好的条件。

（2）行动者：“政府—市场—社会”。政府、市场、社会是地方政府职能转变的三大行动主体。在不同改革阶段、不同情境模式下，上级政府、地方政府、市场主体和社会组织不同程度地扮演着地方政府职能转变的关键行动者。地方政府职能的最终状态是上级政府、地方政府、市场主体和社会组织博弈的结果，地方政府既受到来自中央/上级政府的压力，同时也受到市场、社会的推动，必须处理好两者之间的关系。①地方政府。地方政府是政府职能转变的核心主体，任何形式的政府职能转变行为都离不开地方政府。尽管上级政府、市场、社会的各种压力会左右地方政府行为，但地方政府职能转变的最终落脚点仍是地方政府。②中央政府/上级政府。“中央—地方”关系是地方政府职能转变研究的重点，中央政府/上级政府被认为是地方政府职能转变的主导者，“对上负责”的纵向关系使“上级授权”的地方政府改革模式较为保险，往往更能够成功。③市场。企业等市场主体是地方政府职能转变的重要推动者。在市场经济体制发展过程中，不断发展壮大的市场主体在与政府的博弈中议价能力提升，希望从烦琐的事务中解脱，对政府形成改革压力，推动政府组织发展。④社会。社会组织是地方政府职能转变的重要行动者。随着市场经济体制不断发展，社会公众的权利意识、民主意识不断增强，社会组织越来越多地参与地方治理，推动政府改革与优化。

（3）绩效输出：地方政府职能转变。地方政府职能转变是地方政府根据所辖区域的客观条件、主观因素等对其职能进行调整，以适应市场经济体制改革的行为。地方政府受到所处治理环境变化的冲击，进而转变政府职能，以期达到最优状态。地方政府职能转变的绩效表现为一段时期内由职能转变引起的地方政府内部流程的优化以及对外部环境适应性的提升程度。①内部优化。政府组织的内部优化是地方政府职能转变最直接的结果，是政府运行经济性、效率性、效益性和公平性的提升。②外部适应。地方政府职能转变的成功与否还取决于其与市场、社会关系的处理，即地方政府职能对其所处治理环境的外部适应性，包括企业营商环境的优化、社会问题解决方式转变等。

3.2 地方政府职能转变的环境因素：市场经济体制

中国发展与转型是在国家改革开放和经济体制改革总体战略框架下逐步展开和形成的（张瑀，2017），为经济社会发展带来了举世瞩目的成就。那么，市场经济体制究竟如何影响地方政府职能转变呢？从市场经济体制与地方政府职能的历史演进来看，两者演进过程呈现一种适应性逻辑，而聚焦于市场经济体制对地方政府职能转变的影响，则表现为一种市场倒逼政府的改革逻辑。

3.2.1　市场经济体制与地方政府职能转变的适应性逻辑

改革开放以来，政府职能转变始终遵循与市场经济体制相适应的行为逻辑（曹伟，2013；何显明，2007b，2013）。从历史纵向发展视角看，政府职能转变始终与市场经济体制相适应；从地方政府间横向比较可以发现，地方政府职能转变往往需要对上级下达的“改革方案”加以“调试”，以适应所辖区域市场经济体制发展水平。在市场经济发达地区，地方政府职能转变往往更活跃、更有效。

（1）市场经济体制与政府机构改革：纵向适应发展。为了适应改革与发展需要，国务院前后进行了八轮政府机构改革，以推动市场经济体制改革，保障市场经济体系正常运行。从改革开放以来八轮政府机构改革与市场经济体制改革的互动关系看，政府职能转变始终依照与市场经济环境相适应的逻辑，在适应市场经济体制发展带来的需求调整的同时，为市场经济体制改革提供政策供给与组织保障。地方政府职能机构改革往往在国务院政府机构改革指导下进行，对于政府机构改革逻辑的梳理，能够体现地方政府职能转变的发展思路与改革逻辑。

表3－1梳理了历次政府机构改革的主要任务及其面临的市场经济体制改革背景。根据市场经济体制发展阶段与政府机构改革目标，可以将政府机构改革划分为三个阶段：①市场经济发展初期，政府机构改革主要围绕“破旧”展开，力图消除政企不分的组织基础，“破除”计划经济下不利于市场经济体制发展的机构设置，包括1982年、1988年、1993年、1998年四轮政府机构改革；②市场经济体制全面建设时期，政府机构改革的主要目标是建立市场经济体制下的机构框架，随着市场经济体制不断发展，政府机构改革主要围绕宏观调控、市场监管开展，并开始更多关注社会管理、公共服务等职能，涉及2003年、2008年两轮机构改革；③市场经济体制健全期，政府机构改革以职能转变为核心，塑造有利于市场经济体制发展的机构框架，建设人民满意的政府，包括2013年、2018年的机构改革（左然、左源，2018）。从时间维度的纵向发展轨迹来看，地方政府职能转变始终与市场经济体制改革的目标、进程相适应。

表 3－1　　　　市场经济体制与政府机构改革

年份	市场体制改革背景	政府机构改革主要任务
1982	以计划经济为主、市场调节为辅	较大幅度撤并经济管理部门
1988	在公有制基础上有计划的商品经济	调整和减少工业专业经济管理部门，弱化专业经济部门直接干预企业经营活动的职能
1993	确立市场经济体制的改革目标	把属于企业经营自主权范围的职能切实还给企业；把配置资源的基础性职能转移给市场；把经济活动中社会服务性和相当一部分监督性职能转交给市场中介组织
1998	建立社会主义市场经济体制	消除政企不分的组织基础，结束专业经济部门直接管理企业的体制
2003	加入世界贸易组织	深化国有资产管理体制改革，完善宏观调控体系，健全金融监管体制，继续推进流通体制改革，加强食品安全和安全生产监管体制建设
2008	不断完善社会主义市场经济体制	探索实行职能有机统一的大部门体制，合理配置宏观调控部门职能，加强能源环境管理机构，整合完善工业和信息化、交通运输行业管理体制，以改善民生为重点，加强与整合社会管理和公共服务部门
2013	加快完善社会主义市场经济体制	以职能转变为核心，继续简政放权、推进机构改革、完善制度机制、提高行政效能，加快完善社会主义市场经济体制，为全面建成小康社会提供制度保障
2018	全面健全社会主义市场经济体制	着力推进重点领域和关键环节的机构职能优化和调整，构建起职责明确、依法行政的政府治理体系，提高政府执行力，建设人民满意的服务型政府

资料来源：中国政法大学中国政府改革和发展研究中心．改革历程［EB/OL］．（2016－11－14）［2019－09－25］．http：//govreform. cupl. edu. cn/zfgggy/gglc. htm.

（2）市场经济体制与地方政府改革：横向适应调整。从地方政府间横向比较看，大体相同的政府体制改革纲领下呈现出不同特色的地方政府行为模式，便是各地根据所处市场经济体制等环境因素进行适应性调整的结果（李艳，2013）。“橘生淮南则为橘，橘生淮北则为枳”，市场经济体制发展等环境“土壤”是地方政府职能实然状态的决定因素。

地方政府通过创新和改革对“统一方案”进行调试以适应特定情境。地方政府创新是实现地方政府职能转变的重要形式，全国各地涌现了各具特色的地方政府创新案例。依据 2000—2015 年“中国地方政府创新奖”获奖项目数量的空间分布可以发现，东部沿海地区地方政府创新相对更为活跃。表 3－2 显示了“中国地方政府创新奖”入围案例统计情况，研究发现市场经济发展水平与地方政府创新有显著关联（韩福国，2012），市场经济体制发展较好的地区地方政府创新行为更为活跃，其中，浙江、广东、四川最为活跃。在创新类型方面，经济发展水平较高的地区更多地从行政改革方面展开政府创新，而经济发展水平较低的地区更多地从政治改革方面推动政府创新。

表 3－2　2000—2015 年“中国地方政府创新奖”入围案例统计

类别	东部地区	中部地区	西部地区
政治改革类	19	6	11
行政改革类	31	8	13
公共服务类	28	4	12
社会管理类	29	7	11
总计	107	25	47

进一步观察可以发现，即便是同样市场经济体制发展、地方政府创新走在前列的江苏、浙江，也因其所处市场经济发展的不同特征，在改革开放初期形成了政府角色迥异的“苏南模式”和“温州模式”。[①] 在改革开放初期，苏南地区由于国有企业、集体企业处于主导地位，政府角色经历了“直接接入—间接推动—外围提供服务”的转变过程；而在温州，因为自发形成的市场体系与民营经济占主导地位，政府角色从“顺势而为”向“积极有为”转变（李艳，2013）。从横向政府间比较来看，地方政府职能转变是地方政府根据所处市场经济体制环境适应性调整的结果。

3.2.2　市场经济体制对地方政府职能转变的倒逼机制

市场经济体制改革作为中国经济社会转型最重要的举措，对地方政府的冲击十分显著，中国体制改革呈现以市场领域改革来倒逼政治、社会等领域改革的规律。倒逼式改革是中国改革的一大特点，也是中国改革开放

① 苏南模式以“强政府”为第一行动主体，是一种自上而下的制度变迁；而温州模式是自发性的，以市场主体为第一行动主体，是一种自下而上的制度变迁。

能够取得巨大成就的一个重要经验（李友梅，2018）。那么，市场经济体制发展到底通过什么路径来倒逼地方政府职能转变呢？在“环境—行动者—绩效”的地方政府职能转变分析框架中，市场经济体制是最关键的环境变量，而地方政府则是职能转变的核心行动者，“环境→行动者”[①]的逻辑链呈现出一种市场对政府的倒逼机制。这种倒逼机制建立在理性选择的基础上，主要表现为市场经济体制变迁引发的对原有制度的冲击等，使政府与市场之间的新政治经济机会产生，倒逼政府对原有职能状态作出调整，破除原有职能结构形成的利益固化与制度弊病。

（1）市场经济体制发展引发的制度冲突倒逼地方政府职能转变：冲突—响应机制。从组织环境与组织战略关系理论以及制度变迁视角考察，市场经济体制发展所带来的变化会使“政府—市场”关系的现行模式出现问题（包括对利益、权利分配的不满及价值冲突等），现有的制度平衡可能被破坏（North，1990），影响市场与政府正常运行，进而产生政府职能转变的压力，即日益成熟的市场经济体制会对政府原有职能状态提出挑战，倒逼政府职能转变。与此同时，随着市场主体发展壮大，参与意识觉醒，使其在与地方政府博弈中拥有更多话语权，议价能力不断提升，进一步影响政府决策。

（2）市场经济体制的效率优势倒逼地方政府职能转变：效率逻辑。随着要素市场发育成熟，市场资源配置效率逐步提升，自由流动的要素资源更多流向了效率更高的市场，进而使政府交易成本不断提升，失去了相对优势。市场要素发育产生的这种资源流动效应倒逼政府精简队伍、提升效率，打造高效政府。此外，由于市场机制在资源配置的效率优势，促使政府向市场放权，倒逼地方政府减少对经济性资源配置的干预，将更多的职能转移至市场，形成新的地方政府职能体系。

（3）市场经济体制的制度优势倒逼地方政府职能转变：示范效应与补偿机制。随着市场经济体制发展，统一开放、竞争有序的市场环境逐步形成，对地方政府职能转变具有示范效应（李友梅，2018）。开放、法制思维深深植根于社会，潜移默化中影响政府执政策略调整，提升包容性、法治性，推动开放政府、法治政府建设。然而，市场开放性、竞争性会导致社会经济发展的不确定性和外部风险增加，为了抵御这种不确定性和外

① 环境影响行动者，→表示一种影响关系。

部风险，政府必须对其职能体系作出调整，对部分职能（如社会保障、就业服务等）有所侧重；通过政策调整、再分配等手段缓解这种不平等引致的社会矛盾与冲突，同时不断加强制度建设，确保市场竞争的公平性（周业安等，2004）。

总体而言，市场经济体制通过市场主体成长、市场要素发育和市场环境优化等方面对地方政府运行产生冲击，倒逼地方政府职能转变。地方政府职能转变是地方政府作为理性主体，在环境变迁中受“冲击—响应”机制、效率逻辑、市场示范效应与政府补偿机制等共同作用的结果，最终达到适应新市场环境的目标，如图 3－5 所示。

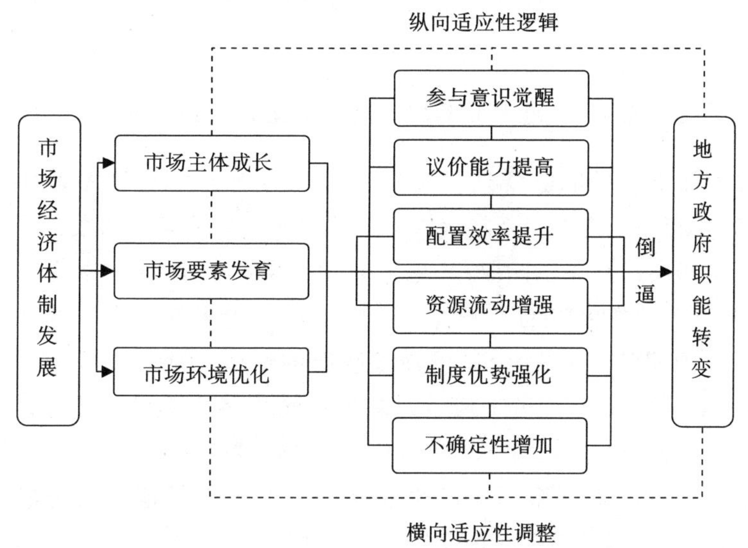

图 3－5　市场经济体制改革对地方政府职能转变的倒逼机制

3.3 地方政府职能转变的行动者博弈：“政府—市场—社会”互动

政府作为地方政府职能转变的关键行动者，在经济发展中的地位和作用因市场经济体制发展而转变，在适应环境变化的过程中，既需要整合市场、社会的能动性，又要保持政府对经济社会发展的适应与引导，对地方政府职能提出了更高要求（万如意，2011）。如何根据市场经济规律、社会转型需求重新定位地方政府职能、推进地方政府职能转变，成为深化中国行政体制改革、提升治理绩效的关键（马斌、徐越倩，2010）。

在对地方政府职能转变行动者的研究中，形成了许多具有影响力的理论观点，如“中国式财政联邦主义”“分权化权威”“行政发包制”“地方政府政治晋升锦标赛”“地方法团主义”和“地方政府即厂商”等，重点考察政府组织内部、同级政府间及不同层级政府间的关系。根据行动主体间关系，可以将地方政府职能变迁模式归纳为“自上而下”“自下而上”和“上下结合”三类。

3.3.1 “自上而下”：地方政府职能转变的上级政府指导

“自上而下”的职能变迁模式以“中央—地方”垂直关系为研究重点，认为政府体系内部上下层级关系是决定地方政府职能转变的重要因素（蓝煜昕，2013；马亮，2017），地方政府职能转变往往在中央政府机构改革、执政纲领变化带动下开展，形成一种“中央授权型”的变迁模式（杨瑞龙、杨其静，2000）。中国地方政府的运行长期处于一种“压力型体制”（张薇，2014；吕玉霞等，2016；杨雪冬，2012；叶托，2013），中央政府在政治上高度集权，同时，通过政绩考核与干部人事权建立“向上负责”的问责体系，并以此来保证中央政府对地方政府的有效控制，确保地方政府行为在允许范围之内（唐睿、刘红芹，2012；郁建兴、高翔，2012）。这种体制下的地方政府职能转变由地方政府根据中央政府、上级政府的文件精神与战略部署开展（郭明，2014），上级政府确定职能转变的战略部署与方案，分派给地方政府，自上而下地驱动地方政府改革。

在自上而下的制度变迁模式下，地方政府职能转变的动力来源于中央政府抑或上级政府，达成上级下达的指令是职能转变的目标，是一种“目标驱动型”变迁模式（见图 3－6）。在地方政府职能转变实践中，以“试点—推广”模式最为普遍，上级政府较高的支持力度和优惠政策使改革成功率大幅提升。“中央授权”的改革以中央治国者为第一行动集团，地方政府则是推动职能转变的执行者，往往具有更低的“试错成本”（杨瑞龙、杨其静，2000），地方政府更愿意在上级政府的指导下开展地方改革或者效仿已获认可的改革模式。不难发现，地方政府机构改革几乎都出现在国务院机构改革之后，这便是自上而下改革的例证。“中央—地方”关系无疑是地方政府职能转变的关键因素，但“自上而下”的变迁模式却容易忽视具体执政环境变化，也难以发挥地方政府的积极性和能动性。

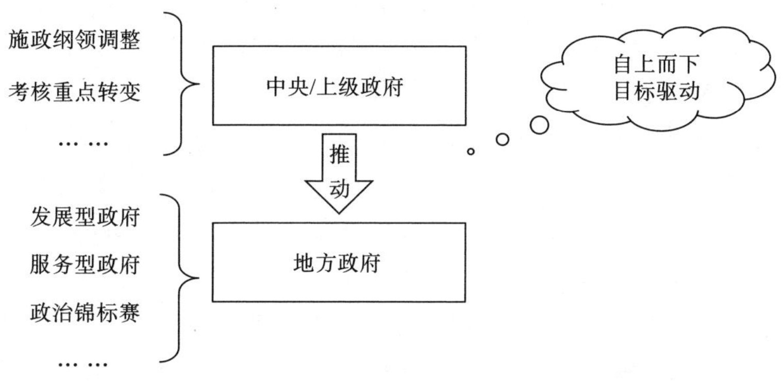

图 3－6　“自上而下”的地方政府职能转变模式

3.3.2　“自下而上”：地方政府职能转变的市场、社会驱动

“自下而上”的制度变迁模式以地方政府竞争、“政府—市场—社会”关系为研究重点，认为地方政府职能转变的动力主要来自市场与社会的驱动。地方政府职能转变是其根据区域治理、环境变迁所进行适应性调整的结果，发展壮大的市场主体与社会组织对地方政府治理能力和治理结构提出更高要求，形成改革压力，迫使政府转变职能，形成“问题倒逼”的改革模式，是一种“需求诱致型”变迁模式（见图 3－7）。市场主体成长、社会组织发育与地方政府角色的互动关系是理解地方政府职能转变内在逻辑的关键。

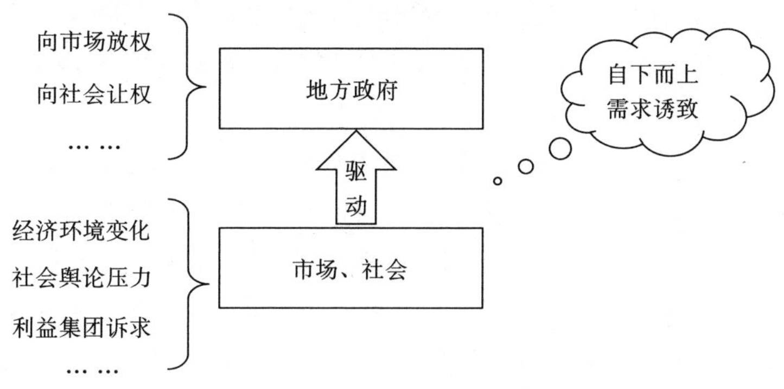

图 3－7　“自下而上”的地方政府职能转变模式

（1）地方政府职能转变的市场驱动：利益博弈。市场与政府的利益博弈为地方政府职能转变带来了“自下而上”的改革动力。地方政府作为区域治理的重要主体，任何行动都嵌入经济环境之中，一旦经济环境发生改变，对政府职能重点与定位的影响是显而易见的。市场环境的改变使政治互动的制度安排与制度过程发生转变，进而影响制度变迁（蔡长昆，2018）。企业等市场主体是市场经济发展的最大受益者，也是社会经济发展最重要的推动者，对现状的不满使其产生了改变利益分配、权利配置的需求，也对公共服务、基础设施建设等提出了更高要求，通过政治参与等形式“自下而上”地影响政府决策。地方政府职能转变是根据市场体系发育内在需求而形成的政府同市场良性互动、进退有据的角色调适。从浙江样本来看，从20世纪七八十年代默许个体私营经济发展到90年代积极引导、扶持、规范个体私营经济发展；再从积极探索“两只手”的协调关系到当下“最多跑一次”改革，地方政府的角色定位及其行为方式发生的深刻而持续的演变，均是顺应市场、回应市场的结果（何显明，2018）。

（2）地方政府职能转变的社会参与：利益表达与政策倡导。社会组织是地方政府职能转变的另一行动主体，通过利益表达、政策倡导和“倒逼”执行推动政府职能转变。随着经济社会发展、个体素质提升，公众参与意识觉醒，或以集群或以志愿结成的组织向政府部门进行制度内的和制度外的利益诉求（胡宁生，2014）。单一个体因共同利益集结成为多样化的社会组织，尤其互联网与新媒体的发展使社会组织的聚合突破了地域和时间限制，大大提升了社会的议价能力，意味着社会对政府决策的影响力大大提升。公众诉求通过社会组织进入政府系统，对政府形成压力和挑战（余钧，2016）；与此同时，部分社会组织通过政策报告的递送引导政府进行职能转变，成为地方政府职能转变的重要动力来源（郁建兴、沈永东，2017）。

总体而言，在“自下而上”的变迁模式下，地方政府职能转变的动力主要来源于市场与社会，其目标是对治理环境变化所带来的冲突的适应，是一种“需求诱致型”的制度变迁。“顺应民意”成为地方政府自主创新的合法性来源，“试错性”逻辑所决定的中央政府对地方政府自主改革的容忍性则使地方政府自主权得以发挥。在区域竞争愈演愈烈的今天，积极回应辖区内微观主体的利益诉求，并进一步转化为区域高质量发展，成为地方政府应对区域竞争的重要手段（马斌、徐越倩，2010）。尽管地方政府回应市场、社会的动力更多可能来自政绩考核的压力，但这种“自下而上”的影响不容忽视。然而，一方面“自下而上”的政府职能转变极大地调动了市场、社会的积极性和能动性，创造了中国发展的奇迹；另一方面却也由于其独特的地方特色、地方领导者的“个性标签”而难以复制，导致“昙花现象”“孤岛现象”不断出现（郭明，2014）。

3.3.3　“上下结合”：“政府—市场—社会”互动与博弈

地方政府作为政府职能转变的主要执行者，受到来自市场主体、社会组织、上级政府的作用（Hammer，2013），形成“政府—市场—社会”互动的地方政府职能转变逻辑。“上下结合”的变迁模式强调综合性，认为地方政府职能转变是中央、地方、市场和社会共同博弈实现利益均衡的结果。地方政府作为中央政府和人民群众的双重代理人，致使其在制度变迁中必须同时考虑中央或上级政府“自上而下”的改革指令和市场、社会团体“自下而上”的利益诉求，形成“上下结合”的制度变迁模式。

地方政府职能转变的上级指导、市场驱动和社会参与形成了一种基于“政府—市场—社会”互动的改革逻辑。首先，上级政府的改革指令为地方政府职能转变提供了重要依据，中央集权化的政治控制对地方政府的行为方向起主导作用，上级政府改革意图通过各种政策文件、战略部署下达至地方政府，对地方政府职能转变的整体方向进行指导。其次，市场经济体制发展为地方政府职能转变提供了外在动力，市场与政府的制度冲突倒逼地方政府职能转变；市场化解决方案为地方政府职能转变提供了便利。最后，社会组织参与为地方政府职能转变提供协调机制，社会组织通过对于多样性共同利益的联合与意志表达，实现市场、社会与政府的沟通，同时也承担了部分政府职能。

值得注意的是，在处理三者关系问题时，对政府、市场或社会中任何一种机制的过度相信都应极力避免，三种机制各有优劣，政府、市场、社会三者互相博弈，最终形成地方政府职能的新形态，如图 3－8 所示。

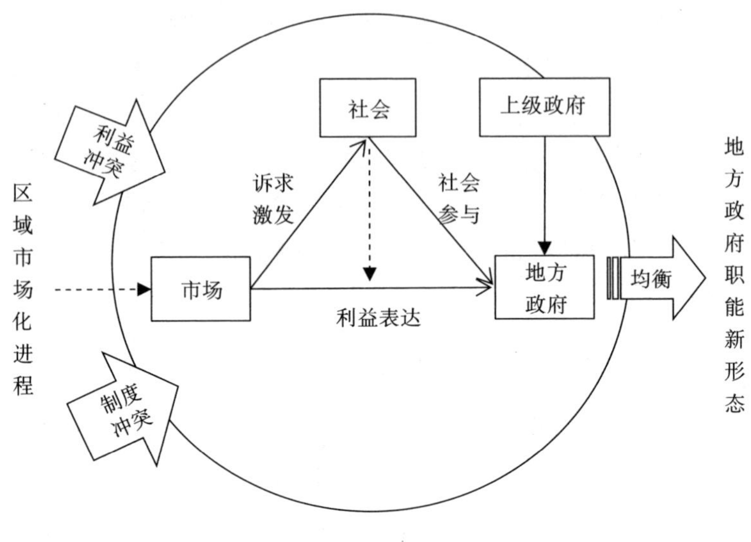

图 3-8 "政府—市场—社会"互构与博弈

3.4 地方政府职能转变的绩效输出：内部优化与外部适应

市场经济体制作为地方政府职能转变最关键的环境变量之一，对地方政府运行带来了极大的冲击，地方政府职能转变便是应对市场化挑战的一种响应。为了应对市场经济体制改革所带来的冲击，地方政府通过简政放权、行政审批制度改革、服务型政府建设等从政府管理理念、运行机制、施政规则、职能结构与重点等方面进行调整（俞可平，2018），实现政府组织的内部优化与外部适应。

3.4.1 政府组织的内部优化

政府组织的内部优化是地方政府职能转变最直接的结果，是政府运行经济性、效率性、效益性和公平性的提升，包括政府规模优化、政府工作效率提升以及过程公平性、结果有效性的提高，具体体现为从无限政府到有限政府、从低效政府到高效政府、从管制型政府到服务型政府、从人治政府到法治政府的转变。

（1）经济性：从无限政府到有限政府。面对日益完善的市场经济体制，经济社会发展要求政府更多地向市场、社会放权，让市场在资源配置中起决定性作用。政府在市场中的角色逐渐从“划桨者”向“掌舵者”转变（陈升等，2017），实现从“无限政府”向“有限政府”的转换，从直接参与市场转变为间接干预市场（任保平、宋文月，2015）。对社会管理事无巨细、对企业过度关照使政府角色缺位、错位（陈家喜、杨道田，2016），经济社会发展受限，同时也影响政府治理绩效。

“有限政府”的建设主要通过简政放权来实现，通过中央向地方放权、政府向市场放权、政府向社会放权来调动地方、市场、社会的积极性，充分激发市场活力，提高资源配置效率。“权力清单”改革是“有限政府”建设的重要途径，2014 年浙江省对 57 个省级部门 1.23 万项行政权力进行全面梳理，最终保留 4236 项行政权力，精简程度超过六成。[①]

（2）效率性：从低效政府到高效政府。市场经济体制的不断完善和市场配置资源效率的不断提升对政府治理能力和治理效率提出了更高要求。长期以来，各级政府工作存在“踢皮球”“打太极”和“乱收费、乱罚款”等现象，政府工作效率与市场经济体制的发展要求有很大差距，审批事项过多、审批程序繁琐等现象严重。

在从“低效政府”向“高效政府”转变过程中，行政审批制度改革成为职能转变的重点内容，减少行政审批事项，真正还权市场、放权社会，减少对微观事物的干预，管住管好政府该管的事成为政府职能转变的重要目标（周光辉，2018）。以“放得彻底、管得到位、服务得好”为基本要求的行政审批制度在全国展开，以“四张清单一张网”“最多跑一次”为代表的改革取得了重要进展，政府效率得到大幅提升。

（3）效益性：从管制型政府到服务型政府。市场经济体制改革的不断深化推动经济社会的迅速发展，特别是公民的主体意识、权利意识、参和意识觉醒使公众对优质公共服务的需求不断增长，快速增长的公共需求与供给严重不足、服务不到位的公共服务之间的矛盾愈发凸显（周光辉，2018）。特别是随着中国加入世界贸易组织后，在全球化的压力下，经济

---

① 魏皓奋．浙江今发布全国首张省级政府权力清单 瘦身幅度惊人［EB/OL］．（2014 - 06 - 25）［2019 - 08 - 30］．http：//zjnews. zjol. com. cn/system/2014/06/25/020102113. shtml.

快速增长与发展结构失衡、资源环境问题矛盾突出，再加上“非典”的爆发、环境和弱势群体问题的显性化，在2003年和2004年，我国开始提出建设服务型政府（朱光磊、于丹，2008）。

从“管制型政府”向“服务型政府”转变是根据市场经济体制发展阶段特定需求进行的重心调整和转移。在公共需求与公共服务供给之间矛盾激化的背景下，地方政府的职能重心转向公共服务，切实提高公共服务的能力和水平，逐步形成惠及全民、公正公平、水平适度、可持续发展的公共服务体系（刘金科，2012；刘雪华，2008）。

（4）公平性：人治政府到法治政府。市场经济体制改革是政府职能转变的关键环境变量，而支撑市场经济的核心制度体系是一套有效的法律制度体系（蔡长昆，2018），法治政府建设能够优化市场环境、打造竞争有序的营商环境。

党的十八届四中全会对法治政府提出了明确的目标定位：加快建设“职能科学、权责法定、执法严明、公开公正、廉洁高效、守法诚信”的法治政府（郑方辉等，2016）。党的十九届四中全会对“坚持和完善中国特色社会主义法治体系，提高党依法治国、依法执政能力”提出了新的要求：健全保证宪法全面实施的体制机制，完善立法体制机制，健全社会公平正义法治保障制度，加强对法律实施的监督。政府的一切工作必须在法治的轨道上进行，进而实现社会公平正义。一方面，法治政府建设可以确认企业的法律地位，从而有效制约政府的“掠夺之手”；另一方面，依法办事、依法行政，对于政府、企业、社会组织形成约束，形成公平公正的经济、社会环境。

3.4.2 政府组织的外部适应

政府组织的外部适应性是政府对外部环境的适应程度，主要涉及政府对市场、对社会环境的适应，可以看作对市场经济体制的回应。

（1）政府对市场的适应。政府对市场的适应有助于实现市场与政府功能的最优组合，实现市场与政府的和谐发展，进而实现治理绩效的提升。改革开放以来，地方政府逐渐退出微观经济领域，弱化对市场主体的直接干预，降低了企业制度性交易成本，改善了企业营商环境，政府与市场之间的关系不再“紧张”，逐步形成了一种良性互动关系，进一步激发了市场活力，实现了政府与市场的“共赢”。

近年来，“放管服”改革从体制机制层面切实解决企业办事门槛多、手续繁、成本高等问题，不断破除企业运营中的不合理束缚（中国行政管理学会课题组等，2019），致力于打造宽松的发展环境，营造便利的营商氛围。以浙江省“最多跑一次”改革为例，随着改革不断推进，企业审批流程大大缩减，降低了企业运行的制度性交易成本，营造了良好的营商环境，实现了对市场需求的回应。[①]

（2）政府对社会的适应。社会组织是社会建设的重要力量，社会公众的满意度和获得感则是地方政府一切行为的最终落脚点，对社会的适应是地方政府职能转变的重要部分。改革开放以来，政府与社会关系经历了“严格控制—局部发展—甄别性吸纳”三个阶段（陈天祥、杨蕊，2017），不断致力于政府与社会“共治”目标的实现。

党的十八大以来，地方政府通过“放管服”改革等职能转变方式为社会组织提供了良好的成长环境。《社会组织蓝皮书：中国社会组织报告(2018)》指出，近年来我国社会组织数量呈现快速增长态势，截至 2017 年年底，全国共有社会组织 80.3 万个，比上年增长 14.3%，增速创 10 年来最高。同时，地方政府更多开展与社会组织合作，向社会放权，借助社会力量解决政府无法解决的问题。社会组织正日益成为各类服务提供的重要力量，在社会救助、环保、法律援助等各个领域发挥着不可或缺的作用。

总体来看，地方政府通过有限政府、高效政府、服务政府、法治政府建设，实现政府职能转变，更好地适应现阶段市场经济体制发展要求。同时，完善市场经济体制，克服市场和政府自身缺陷，实现市场与政府的良性互动，激发市场活力，实现经济高质量、可持续发展（俞可平，2018），最终达到“繁荣市场”和“有为政府”共存的目标。

---

① 在 2016 年改革前，企业投资项目开工前审批全流程办理时间平均为 192 天，一般项目全程需要跑 2—20 次，复杂项目则需跑数十次。“最多跑一次”改革后，2018 年完成全流程办理时间平均为 92 天，并实现全流程网上办理，全程需要跑 0 次。例如，新开办药品批发企业全程办理时间从 145 个工作日缩短到 65 个工作日，所需材料从 33 个减少到 16 个，全程要跑的次数也从 7 次减少到 1 次。金春华．“最多跑一次”改革，两岁了［N］．浙江日报，2018－12－27（5）．

第4章

市场经济体制与政府职能转变的时空演进与协调关系

“环境—行动者—绩效”的分析框架从理论上揭示了市场经济体制对地方政府职能转变的影响机理。那么，市场经济体制与地方政府职能如何发展？两者是否存在关系？本章构建了市场经济体制、地方政府职能转变的评价指标体系，收集全国30个省份1987—2017年相关数据，分析市场经济体制、地方政府职能转变的时空演进特征，并探索两者的协调关系，重新审视市场经济体制与地方政府职能转变的关系，作为进行影响效应、影响路径分析的“预备性检验”，为后续影响机理研究奠定基础。

4.1 市场经济体制的时空演进特征

4.1.1 市场经济体制的评价指标体系构建

1. 指标理论遴选

市场经济体制的测度变量选择与评价体系构建是市场经济体制实证研

究的基础与关键，不乏一些研究与探索。现有研究主要从大市场的综合视角、市场经济体制的概念内涵、市场的构成要素出发评价市场经济体制的发展水平。与此同时，新时代中国特色社会主义市场经济理论同样为市场经济体制的评价提供了理论与实践基础，“着力构建市场机制有效、微观主体有活力、宏观调控有度的经济体制”“经济体制改革必须以完善产权制度和要素市场化配置为重点，实现产权有效激励、要素自由流动、价格反应灵活、竞争公平有序、企业优胜劣汰”（穆虹，2017）。这些论述既反映了市场经济体制改革的基本目标与任务，同时也为评价市场经济体制提供了标准。

需要特别说明的是，本书对市场经济体制评价主要是对市场经济体制发展水平的评价，表现某一时间点市场经济体制的发展状态。综合市场自由度指数、国民经济研究所市场化指数、江晓薇等设计的市场化进程测度体系，同时结合新时代中国特色社会主义市场经济的最新表述，遴选市场经济体制的评价指标。第 3 章在对相关概念解析中，将市场经济体制的结构要素划分为市场主体、市场要素和市场环境三个维度。

本章对于市场经济体制评价指标的遴选，根据市场主体、市场要素和市场环境三个方面进行：①市场主体，主要从非公有制经济发展、国有企业发展两个方面展开，衡量市场主体的多样性与活力；②市场要素，从资本、劳动力和技术三个主要生产要素相关市场的发育程度展开，考察的是市场要素发育的成熟度；③市场环境，从相关主体权益保护、开放度和中介组织发展三个方面展开，主要衡量市场环境的法制性、开放性和完备性。本书通过理论遴选，形成指标体系，如表 4 – 1 所示。

表 4 – 1　　市场经济体制评价指标的理论遴选

结构要素	二级指标	具体指标	依据
市场主体	非公有制经济发展	非公有制经济贡献率：非公有制经济在工业企业主营业务收入中所占比重	樊纲（2003，2016）、郝娟（2006）、康继军等（2007）
		非公有制经济固定资产投资比重：非公有制经济在全社会固定资产总投资中所占比重	
		非公有制经济就业人员占比：非公有制经济就业人数占城镇总就业人数的比重	
	国有企业发展	财政对国有企业亏损的补贴/GDP	
		国有亏损企业数/国有企业数	郝娟（2006）

续表

结构要素	二级指标	具体指标	依据
市场要素	资本	金融相关比率、非国有金融存贷款占比	赵楠（2016）、宋月明（2016）
	劳动力	就业人口比率、全员劳动生产率	《劳动力市场关键指标》（2010版）、赵伟等（2015）
	技术	技术市场成交额/GDP	樊纲等（2003，2011）、王小鲁等（2017）、赫娟（2006）
市场环境	主体权益保护	产权保护：每万人国内专利申请授权量、专利侵权案件立案数量、每万人律师数	孙晓华、李明珊等（2014），袁瑞（2018），唐保庆等（2018）
		劳动者保护：每万就业人口劳动争议案件受理数量	袁瑞（2018）
	开放度	外商直接投资占当地GDP比重、对外贸易依存度量	高翔、黄建忠（2017），周黎安等（2009），赵楠（2016）
	中介组织发展	租赁和商务服务业城镇单位就业人员/城镇就业人口	陈艳莹、游闽（2009）

2. 指标实证筛选

从数据可得性、指标指向确定性、指标相关性和指标鉴别力进行实证筛选，形成具有科学性、可行性的评价指标体系。

（1）数据可得性。对指标进行初步筛选，删除数据可得性较差的三项指标："财政对国有企业亏损的补贴/GDP"，2007年起财政收入数据中不再将"企业亏损补贴"单独列出，故将其剔除；"每万人律师数"，由于部分省市未能采集执业律师数据，故保留相对数据齐全的"租赁和商务服务业城镇单位就业人员/城镇就业人口"；"非国有金融存贷款占比"数据缺失。

（2）指标指向明确性。剔除指向较为模糊的"专利侵权案件立案数量""每万就业人口劳动争议案件受理数"等两项指标。尽管专利侵权案件立案数量、每万就业人口劳动争议案件受理数量能够反映市场经济体制下的产权保护力度和对劳动者权益的保护力度，但与"犯罪查处率"和"社会治安"的关系类似，专利侵权案件与劳动争议案件发生与处理的指向性较为模糊，很难明确指标反映的是相关机构监督与查处的力度抑或产权与劳动力市场的混乱，无法判断其与市场经济体制发展水平关系的正负方向，故将其从指标体系中剔除。

（3）指标相关性。利用收集到的 30 个省份市场经济体制指标体系各指标数据，对相同二级指标下的三级指标进行相关分析，相关分析发现在非公有制经济发展中，三项指标间相关系数较大，即三者反映的信息高度相关，需进一步筛选，如表 4－2 所示。

表 4－2　　相关分析

指标 1	指标 2	相关系数	显著性
非公有制经济就业人员占比	非公有制经济工业主营业务占比	0.854	<0.001
非公有制经济工业主营业务占比	非公有制经济固定资产投资占比	0.696	<0.001
非公有制经济就业人员占比	非公有制经济固定资产投资占比	0.693	<0.001
就业人口比率	全员劳动生产率	0.399	<0.001
对外贸易依存度	外商直接投资占比	0.440	<0.001

（4）指标鉴别力。利用变差系数比较指标的鉴别力，对相同二级指标下指标进行鉴别力分析，保留鉴别力相对较高的指标作为最终指标。在非公有制经济活力指标中，保留“非公有制经济就业人员占比”，在劳动力市场指标中选择“全员劳动生产率”作为最终指标，在开放度中选择“对外贸易依存度”作为最终指标，如表 4－3 所示。

表 4－3　　鉴别力分析

二级指标	具体指标	平均值	标准偏差	变差系数
非公有制经济活力	非公有制经济就业人员占比	0.361	0.310	0.859
	非公有制经济固定资产投资比重*	0.382	0.244	0.640
	非公有制经济贡献率*	0.534	0.214	0.401
劳动力	就业人口比率*	0.515	0.074	0.144
	全员劳动生产率	0.505	0.550	1.089
开放度	外商直接投资占比*	0.029	0.036	1.241
	对外贸易依存度	0.246	0.408	1.659

注：* 表示去除的指标。

经过四轮实证筛选，最终形成包括市场主体、市场要素和市场环境等三个方面、8 项具体指标的市场经济体制评价指标体系。所有指标数据从《中国统计年鉴》《中国劳动统计年鉴》《新中国六十年统计资料汇编》以及各省份统计年鉴获取。表 4－4 显示筛选后指标的计算公式和数据来源。

表 4-4 实证筛选后的市场经济体制评价指标体系

结构要素	具体指标	计算公式	单位	指向	数据来源
市场主体	非公有制经济就业人员占比（*NPSOE*）	1-（国有经济就业人数+城镇集体经济就业人数）/城镇就业人数	%	+	统计年鉴
	国有企业发展（*SOE*）	1-国有控股工业企业亏损企业单位数/国有控股工业企业单位数	%	+	
市场要素	金融相关比率（*FIR*）	（金融机构人民币年末各项存款余额+金融机构人民币年末各项贷款余额）/GDP	%	+	
	全员劳动生产率（*LPR*）	（GDP/居民消费价格指数（1978=100））/全体就业人数	万元/人	+	
	技术成果市场化（*TM*）	技术市场交易额/GDP	%	+	
市场环境	对外贸易依存度（*FTD*）	进出口总额/GDP	%	+	
	中介组织就业占比（*MIO*）	租赁与商务服务业就业人数/城镇就业人数	%	+	
	产权保护程度（*IPR*）	国内专利申请授权量/年末常住人口	件/万人	+	

注：+表示正向指标。

3. 信度效度检验

（1）无量纲化处理。由于统计口径与计量单位差异，统计指标间缺乏可比性，无法用统一标准进行比较，选用阈值法对数据进行无量纲化处理，为方便起见，将各单项指标的效用值范围设置为［0,10］。无量纲数据处理计算公式为：

$$X'_{ij}=\frac{X_{ij}-X_{imin}}{X_{imax}-X_{imin}}\times 10\text{（正效用指标）} \quad (4-1)$$

$$X'_{ij}=\frac{X_{imax}-X_{ij}}{X_{imax}-X_{imin}}\times 10\text{（负效用指标）} \quad (4-2)$$

式中，X_{ij}表示第i项指标在第j年度的原始数据；X_{imin}和X_{imax}分别表示第i项指标在所有年度中的最小值和最大值；X'_{ij}表示第i项指标在第j年度的效用值。

（2）信度检验。信度指对同一现象进行多次测量是否可以得到相同的资料。采用所收集的30个省份1987—2017年的统计数据，以SPSS软件为工具，采用克劳伯克 α 系数对评价体系相关指标进行内部一致性信度分析，克劳伯克 α 系数值为 0.857，说明指标体系具有良好的内部一致性信度。

（3）效度检验。内容效度是指标测量的内容与其所测量的目标内容之间密切程度，采用专家评价法，对市场经济体制评价指标体系的内容效度进行测量。邀请 25 位相关领域专家①对指标体系进行内容效度的评价，计算得到内容效度比为 0.72，符合高于 0.6 的标准（张维维，2014），指标体系具有较高的内容效度。

4. 指标权重确定

采用熵权法对指标进行赋权，形成综合评价模型。自熵的概念引入信息论以来，在社会科学、管理工程和科学领域得到大量应用。本章采用熵权法，根据指标变异性的大小确定综合评价指标的权重。熵权法赋权的基本步骤包括数据无量纲化、信息熵（E_i）的计算、指标权重（W_i）的确定。一般来说，指标信息熵越小，值变异程度越大，信息量越多，在综合评价中起到作用也越大，其权重也就越大。

信息熵的计算公式（4－3）为：

$$E_i = \frac{\sum_{j=1}^{n} p_{ij} \ln p_{ij}}{\ln n} \tag{4-3}$$

（4－3）式中，E_i表示第 i 项指标的信息熵；p_{ij}表示第 j 年第 i 项指标的指标占比。

$$p_{ij} = \frac{X_{ij}}{\sum_{j=1}^{n} X_{ij}} \tag{4-4}$$

（4－4）式中，X_{ij}表示第 i 项指标第 j 年效用值。

权重 W_i的计算公式为：

$$W_i = \frac{1 - E_i}{k - \sum E_i} \tag{4-5}$$

（4－5）式中，k 表示相关指标个数。

采用无量纲化后效用值数据，通过熵权法赋权，形成市场经济体制综合评价模型，如表 4－5 所示。

① 25 位专家包括浙江大学、浙江财经大学等浙江省内 5 所高校经济学、公共管理学等相关领域教师、研究生以及金融机构、企业、政府部门的相关工作者。

表 4-5　　市场经济体制综合评价指标体系及权重

维度	权重	具体指标	分项权重	整体权重
市场主体	1/3	非公有制经济就业人员占比（*NPSOE*）	0.788	0.263
		国有企业发展（*SOE*）	0.212	0.071
市场要素	1/3	金融相关比率（*FIR*）	0.124	0.041
		全员劳动生产率（*LPR*）	0.309	0.103
		技术成果市场化（*TM*）	0.567	0.189
市场环境	1/3	对外贸易依存度（*FTD*）	0.279	0.093
		中介组织就业占比（*MIO*）	0.247	0.082
		产权保护程度（*IPR*）	0.474	0.158

4.1.2 市场经济体制的时空演进特征

1. 综合评价得分的时空演进

根据市场经济体制改革综合评价指标体系及其指标权重，采用无量纲化后的效用值计算各省份 1987—2017 年市场经济体制综合评价得分。

（1）时间趋势。从时间趋势上看，市场经济体制发展整体呈上升趋势，市场经济体制改革取得了较好成效，从 1987 年平均 0.36 的综合得分，到 2017 年的 4.04 分，增长速度较快。图 4-1、表 4-6 显示了关键年度各省份市场经济体制发展水平的变化趋势，市场经济体制综合评价得分上升较快，从区域比较来看，东部地区部分省份领先优势较为明显。尤其是北京、上海、天津、江苏、浙江等地市场经济体制发展速度较快，在全国范围内处于领先地位。

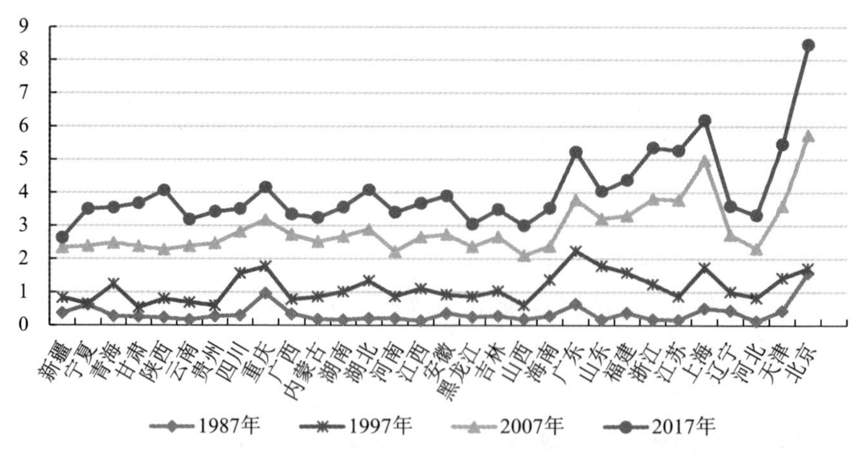

图 4-1　各省份市场经济体制综合评价得分的时间趋势

表 4－6　　市场经济体制综合评价得分

省份	1987 年	1997 年	2007 年	2017 年	省份	1987 年	1997 年	2007 年	2017 年
北京	1.58	1.72	5.74	8.47	河南	0.21	0.87	2.22	3.40
天津	0.44	1.43	3.60	5.47	湖北	0.21	1.34	2.89	4.08
河北	0.13	0.83	2.32	3.31	湖南	0.17	1.01	2.68	3.56
山西	0.19	0.61	2.11	3.00	广东	0.64	2.24	3.78	5.24
内蒙古	0.18	0.86	2.51	3.24	广西	0.34	0.78	2.73	3.34
辽宁	0.44	1.01	2.73	3.59	海南	0.28	1.38	2.38	3.53
吉林	0.28	1.04	2.66	3.49	重庆	0.97	1.77	3.18	4.16
黑龙江	0.25	0.87	2.37	3.05	四川	0.30	1.57	2.83	3.51
上海	0.51	1.74	4.98	6.19	贵州	0.27	0.60	2.47	3.42
江苏	0.17	0.88	3.77	5.27	云南	0.16	0.69	2.39	3.18
浙江	0.18	1.24	3.81	5.36	陕西	0.23	0.80	2.28	4.07
安徽	0.36	0.92	2.74	3.90	甘肃	0.25	0.54	2.38	3.67
福建	0.38	1.58	3.30	4.39	青海	0.28	1.24	2.48	3.54
江西	0.14	1.11	2.66	3.67	宁夏	0.62	0.65	2.39	3.50
山东	0.17	1.79	3.21	4.04	新疆	0.37	0.83	2.34	2.64

（2）发展梯队。根据关键年份各省份市场经济体制综合评价得分的平均值与标准差将 30 个省份划分为四个梯队[①]，如表 4－7 所示。具体来看，在改革开放初期，1987 年市场经济体制综合得分横向比较发现，得分最高的北京以 1.58 分遥遥领先于其他地区，成为第一梯队，紧随其后的广东、重庆、宁夏得分为 0.6—1.0，组成第二梯队，有些省份得分在 0.2 以下，包括浙江、江苏等得分仅为 0.17。1997 年随着改革开放的进一步深化，广东市场经济迅速发展，超过北京成为市场经济体制综合得分最高的省份，山东、上海等东部沿海地区后来居上，进入第二梯队。到 2007 年，北京、上海分别以 5.74、4.98 位列第一、第二，成为市场经济体制发展的第一梯队；浙江、广东、江苏、天津以 3.81、3.78、3.77 和 3.60 的得分位列第二梯队，东部沿海地区领先的形势已经较为明朗。2017 年市场经济体制发展，第一、第二梯队阵型基本稳定，北京作为经

① 将所有省份根据每年度市场经济体制综合得分的平均值＋标准差、平均值、平均值－标准差这三个分界点划分为四个发展梯队；由于市场经济体制发展指数综合得分标准方差较大，所以对梯度划分标准进行了一定的调整。

济、金融中心，市场经济体制发展优势进一步凸显，以 8.47 的得分领先其他地区，上海以 6.19 的得分紧随其后，天津、浙江、江苏、广东分别以 5.47、5.36、5.27 和 5.24 的得分位列第二梯队。

表 4-7　　市场经济体制的发展梯队

梯队	1987 年	1997 年	2007 年	2017 年
第一梯队	北京	广东	北京、上海	北京、上海
第二梯队	重庆	山东、重庆、上海、北京、福建、四川	广东、浙江、江苏、天津	天津、浙江、江苏、广东
第三梯队	广东、宁夏、上海、辽宁、天津、福建、新疆、安徽	天津、海南、湖北、浙江、青海	福建、山东、重庆	福建、重庆、湖北、陕西、山东
第四梯队	广西、四川、海南、吉林、青海、贵州、甘肃、黑龙江、陕西、湖北、河南、山西、内蒙古、浙江、山东、江苏、湖南、云南、江西、河北	江西、吉林、湖南、辽宁、安徽、江苏、河南、黑龙江、内蒙古、新疆、河北、陕西、广西、云南、宁夏、山西、贵州、甘肃	湖北、四川、安徽、辽宁、广西、湖南、吉林、江西、内蒙古、青海、贵州、云南、宁夏、海南、甘肃、黑龙江、新疆、河北、陕西、河南、山西	安徽、江西、甘肃、辽宁、湖南、青海、海南、四川、宁夏、吉林、贵州、河南、广西、河北、内蒙古、云南、黑龙江、山西、新疆

从关键年度市场经济体制综合评价得分发展梯队分布与变化来看，东部沿海地区市场经济体制发展走在前列，尤其是 1997 年以后，上海、浙江、江苏等地市场经济体制发展十分迅速，迅速崛起，进入第二梯队甚至第一梯队，并始终保持这种领先地位。北京则一直都是市场经济体制发展的领跑者，基本保持第一梯队地位不动摇。

（3）区域差异。根据东中西部地区的分类①，对市场经济体制综合评

① 将 31 个省份划分为东中西部地区：其中，东部地区包括北京、天津、河北、辽宁、上海、江苏、浙江、福建、山东、广东和海南等 11 个省份；中部地区包括山西、吉林、黑龙江、安徽、江西、河南、湖北、湖南等 8 个省份；西部地区包括内蒙古、广西、重庆、四川、贵州、云南、西藏、陕西、甘肃、青海、宁夏、新疆等 12 个省份。

价得分进行方差分析，如表 4－8 所示，发现存在显著的地区差异（$p<0.01$），1987 年东中西部地区间差异并不显著，1997 年、2007 年、2017 年区域差异均显著。图 4－2 能够直观呈现东中西部地区市场经济体制发展水平与趋势，东部地区发展较快，市场经济体制发展状况显著高于中西部地区（$p<0.01$），而中西部地区之间不存在显著的差异。

表 4－8　　市场经济体制综合评价得分的方差分析

维度	分析方法			1987 年	1997 年	2007 年	2017 年
市场经济体制发展水平	方差分析	F		1.351	5.826***	8.827***	8.404***
	两两比较	差值	东部—中部	—	0.468**	1.062***	1.468***
			东部—西部	—	0.501***	1.059***	1.510***
			中部—西部	—	0.033	－0.003	0.042

注：** 表示在 5% 的显著性水平下显著；*** 表示在 1% 的显著性水平下显著。

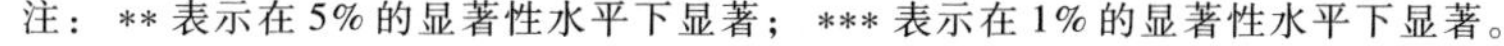

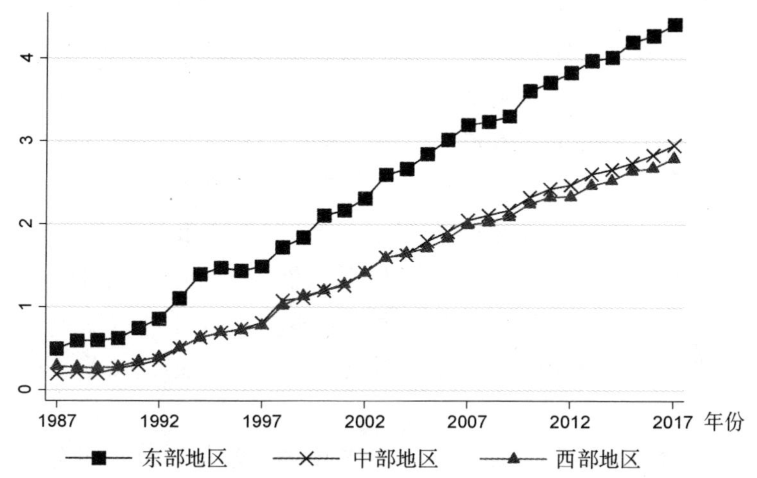

图 4－2　市场经济体制综合评价得分的区域差异

（4）空间分布。市场经济体制综合评价得分的空间分布特征：市场经济体制发展水平随时间推移得到了较为明显的提升，尤其是 1997—2006 年、2007—2017 年两个阶段发展速度较快；东部沿海地区市场经济体制改革成效尤其突出，东部沿海地区自 1997 年起崭露头角，处于领先地位，四川、重庆、湖北等地区也有不俗表现；2007 年起，市场经济体制发展“东部地区 > 中部地区 > 西部地区”的空间格局已基本成型。

2. 分项得分的时空演进

尽管分项得分数值并不具有直接的经济学意义，但能够体现市场经济体制在某个方面的整体性发展变化规律，有助于寻找各个省份在特定领域的优劣势。

市场经济体制综合评价由市场主体、市场要素和市场环境三个分项构成，对关键年度的分项指数进行分析，如图 4－3 所示。①1987 年市场经济体制各单项发展低迷。在改革开放初期，三个单项指数得分均处于较低水平，市场经济体制总体发展低迷；尽管如此，也有部分地区在某些单项指数中有不俗表现，如北京市场环境得分较高、重庆市场主体活跃性较为突出。②1997 年市场主体发育壮大。经过在改革开放时期的不断努力，民营经济主体地位得到确认，民营经济迅速发展壮大，相较于其他单项指数，市场主体活跃性在 1997 年已得到较好发展，上海、山东、广东、重庆、四川等地市场主体活跃性处于相对优势，而北京、天津、广东、海南对外开放水平较为突出。③2007 年市场主体普遍活跃、东部地区快速崛起。到 2007 年，市场主体活跃性整体达到较高水平，江苏、浙江、福建、山东、广东、重庆等地市场主体活跃性得分已达到 8 分以上，而市场要素、市场环境等单项指数在东部沿海地区快速崛起，较其他区域领先优势较为明显。④2017 年市场主体活跃，东部沿海地区优势显著。2017 年市场主体活跃性达到较高水平且发展均衡，大部分地区得分均达到 8 分以上；市场要素与市场环境指数得到较大提升，特别是东部沿海地区领先优势明显，北京、上海、江苏、浙江、广东十分突出。

如图 4－4 所示，进一步对东中西部市场经济体制分项得分进行比较发现：市场主体在所有要素中发展最快、程度最高，基本不存在显著区域差异（仅 2017 年差异显著，$p<0.1$）；市场要素与市场环境均呈现显著地区差异（$p<0.01$），其中，市场环境发展水平的差异在 1987 年便呈现；总体而言，市场要素与市场环境发展水平呈现东部地区大于中西部地区的特征，且中西部地区之间不存在显著差异。方差分析结果支持以上结论，如表 4－9 所示。

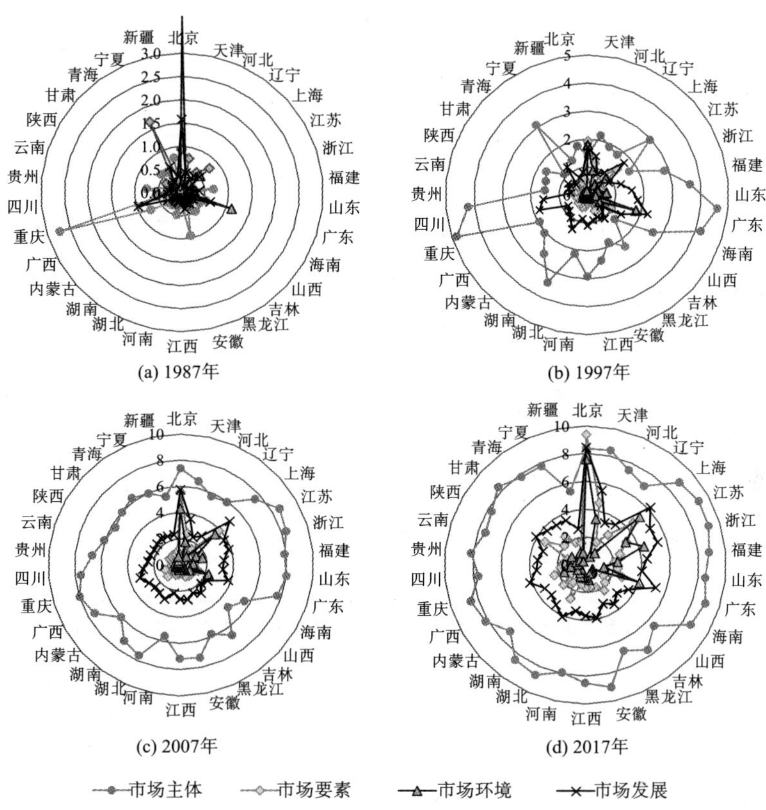

图 4-3　各省份市场经济体制分项得分

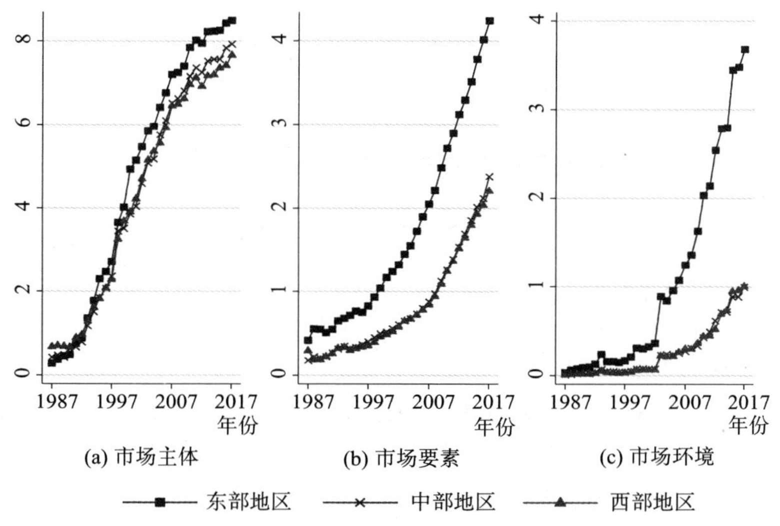

图 4-4　市场经济体制分项得分的区域差异

表 4－9　　市场经济体制分项得分的方差分析

维度	分析方法			1987 年	1997 年	2007 年	2017 年
市场主体	方差分析	F		1.914	0.524	1.897	3.045*
	两两比较	差值	东部—中部	—	—	—	0.565
			东部—西部	—	—	—	0.833**
			中部—西部	—	—	—	0.268
市场要素	方差分析	F		1.001	6.646***	4.840**	3.831**
	两两比较	差值	东部—中部	—	0.410***	1.124**	1.565**
			东部—西部	—	0.438***	1.072**	1.436**
			中部—西部	—	0.028	-0.052	-0.129
市场环境	方差分析	F		2.771*	11.480***	10.836***	9.829***
	两两比较	差值	东部—中部	0.586*	0.643***	1.376***	2.275***
			东部—西部	0.591**	0.632***	1.358***	2.261***
			中部—西部	0.005	-0.011	-0.018	-0.014

注：* 表示在 10% 的显著性水平下显著；** 表示在 5% 的显著性水平下显著；*** 表示在 1% 的显著性水平下显著。

4.2 地方政府职能转变的时空演进特征

4.2.1 地方政府职能转变的评价指标体系构建

地方政府职能转变是一个变化概念，很难找到准确的统计指标对其进行测量，相关研究从投入视角出发，采用相关职能领域财政支出规模研究地方政府职能的规模与结构，并根据其变化考察职能转变过程。本书在从投入视角对地方政府职能的规模与结构考察的同时，从产出视角考察地方政府职能执行绩效，并以此反映政府职能转变中的绩效输出。

4.2.1.1 地方政府职能划分

转变政府职能的任务提出以后，政府职能问题受到广泛关注（姚锐敏，2011）。尽管学界对政府职能内涵尚有不同理解，但也有一定的共通之处。

世界银行发布的《1997 年世界发展报告：变革世界中的政府》对政府职能进行了系统梳理与归纳，如图 4－5 所示。从政府职能的目标和作用程度提出政府职能的分析框架：将政府职能目标分解为解决市场失灵、促进公平两个方面；同时，根据政府作用程度划分为基本职能、中间职能和积极职能。政府能力较弱的国家必须首先将注意力集中于提供国防等纯粹公共物品和保护穷人等基本职能；在此基础上，政府可以与市场和社会形成合力以发挥解决外部性、规范垄断、克服信息不对称和提供社会保险等中间职能；能力较强的政府则可以发挥协调私人活动、再分配等积极职能（世界银行，1997）。

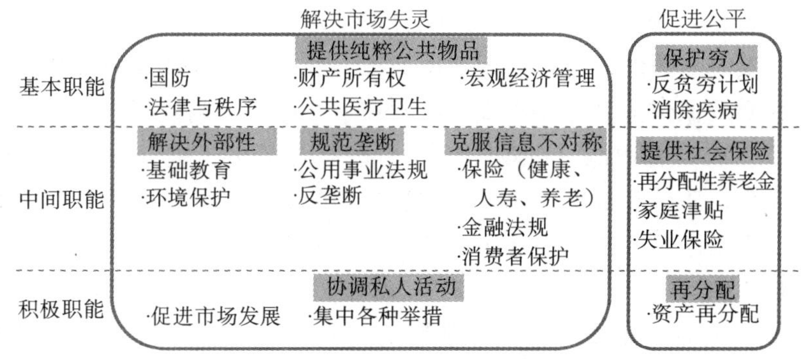

图 4－5　世界银行政府职能分析框架

在不同的社会经济环境下，政府职能会呈现不同的特征（Tanzi，2011）。在社会主义市场经济体制改革背景下，地方政府职能必须适应市场经济的运行规律、公民社会的转型需求。改革开放以来，中国政府职能经历从以“经济建设”为中心到“物质文明建设和精神文明建设”，再到经济建设、政治建设和精神文明建设“三位一体”的职能布局（邓雪琳，2015）；再从社会主义市场经济条件下“经济调节”“市场监管”“社会管理”和“公共服务”四项基本职能（朱光磊、于丹，2008），到党的十八大首次提出“五位一体”的战略布局，党的十八届三中全会把“环境保护”作为政府的“第五职能”（顾杰、张述怡，2015）。至此，地方政府经济调节、市场监管、社会管理、公共服务、生态环境保护的“五位一体”职能框架基本成形，如图 4－6 所示。

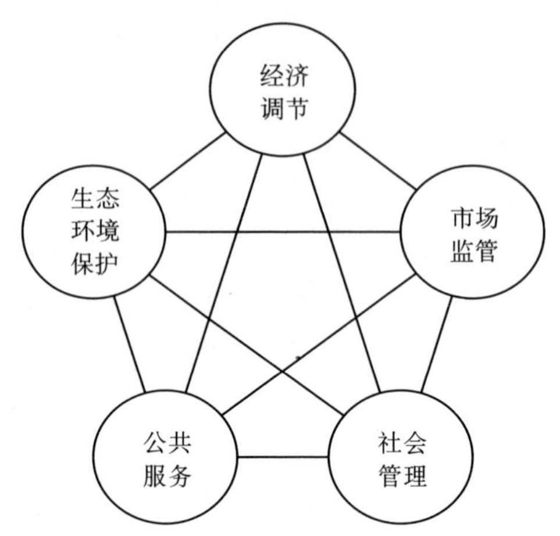

图 4－6 社会主义市场经济体制下的地方政府职能

（1）经济调节职能。经济调节是指政府对经济活动的宏观调控，通过对经济发展形势的研判，综合运用经济、法律手段并辅以必要的行政手段，引导和调控经济运行，实现经济增长、产业结构调整等。

（2）市场监管职能。市场监管是指政府对市场的监督管理，健全完善监管体系，防范化解重大风险，维护市场的统一开放、公平诚信、竞争有序，使市场在资源配置中起决定性作用，充分激发各类市场主体活力和社会创造力。

（3）社会管理职能。社会管理职能是政府对社会公共事务管理的职能，是对公共安全和社会正义的维护，健全公共安全体系、打造共建共治共享的社会治理格局，维护公共秩序、实现社会公平。

（4）公共服务职能。公共服务职能是政府提供公共产品和公共服务的职能，是对民生的保障，包括社会就业、社会保障服务、教育、科技、文化、体育、卫生等公共事业（闫坤、于树一，2016），实现劳有所得、病有所医、老有所养、居有所住。

（5）生态环境保护职能。生态环境保护职能是政府对生态环境的治理和修复，包括对环境污染的防治、对环境保护的监管，发动公民和社会形成绿色发展方式和生活方式，如节能减排、新能源的开发、植树造林等。

4.2.1.2 地方政府职能规模与结构的评价指标选择——基于投入视角

地方政府职能转变的统计分析往往通过财政支出规模、结构来研究地方政府职能的内容、重点和变化趋势。众多学者以财政支出为视角，分析政府作用、政府干预和政府规模对经济社会发展的影响，例如，财政支出对经济增长的影响（姜扬，2017；李娜等，2018；李枢川，2014；刘生龙等，2017），财政支出对公共服务、民生的影响（官永彬，2011；姜扬，2017；姚林香、欧阳建勇，2018）等；也有学者用财政支出衡量政府规模，研究经济开放、经济聚集和产业调整对政府规模的影响（孟祥旭，2018；陈淑云、曾龙，2017；高凌云、毛日昇，2011；吕冰洋，2014；毛捷等，2015；梅冬州、龚六堂，2013；杨灿明、孙群力，2008），反映市场经济体制对地方政府职能转变的影响机理。

以政府投入为视角，将财政支出规模与结构作为地方政府职能转变的代理变量，观测地方政府职能转变的演化轨迹与变化趋势。

（1）财政支出规模/地方政府规模。财政支出的规模从一个侧面反映了政府介入社会经济生活的广度与深度（贠杰等，2014），能够体现政府职能的规模。斯蒂格列茨认为，公共支出占经济总量的比重可以用来衡量政府对经济的影响，众多学者在研究中采用政府支出占 GDP 的比重计算政府规模（毛捷等，2015；梅冬州、龚六堂，2013；潘凤，2018；杨灿明、孙群力，2008），也有部分学者通过人均财政支出来估计政府规模（周黎安、陶婧，2009）。考虑到政府支出占 GDP 比重能够消除通货膨胀等因素带来的财政支出规模增长，更能体现财政支出实际变动，因此采用一般公共预算支出占 GDP 比重来衡量财政支出规模/地方政府规模。

（2）财政支出结构/地方政府职能结构。财政支出规模能够反映政府职能总体规模，财政支出结构则能够体现政府各项职能的结构与侧重点。财政支出结构是指财政支出项目间配置情况，体现财政资金在政府各项职能间的数量、比例关系，体现政府行为的范围、取向和重点，反映政府职能的分配格局和执行情况（王天维，2018）。

根据财政支出功能，将地方财政支出分为维持性支出、生产建设性支出和公共服务性支出（李永友，2010；贾俊雪、宁静，2015），并将财政支出具体项目根据三种支出类型进行归并：维持性支出主要用于维持公共部门的正常运行、维护社会的和谐稳定，对应社会管理职能；建设性支出则直接作用于地方经济发展，对应经济调节与市场监管职能；服务性支出主要作用于社会福利、人民生活的提升，对应公共服务职能。由于其他支出、债务利息支出等项目难以界定其具体所属职能，所以未纳入任何一类支出。

2007 年财政支出明细项目发生变化，实行新的财政支出口径，很难将其与变化前的财政支出项目一一对应，使具体财政支出分类难以实现直接比较，因此，本书将以 2007 年为分界点对财政支出结构进行分段分析。同时，本书考虑到数据可得性等问题，将 1992 年、2007 年作为两个分界点，具体计算公式如表 4 - 10 所示。

表 4 - 10　　地方政府职能规模与结构相关指标

<table>
<tr><th colspan="2" rowspan="2">指标</th><th colspan="3">计算公式</th><th rowspan="2">单位</th></tr>
<tr><th>1978—1991 年</th><th>1992—2006 年</th><th>2007—2017 年</th></tr>
<tr><td colspan="2">政府规模</td><td colspan="3">一般公共预算支出 ÷ GDP</td><td>%</td></tr>
<tr><td colspan="2">建设性支出占比</td><td>（基本建设支出 + 企业挖潜改造资金 + 支援农业支出）÷ 一般公共预算支出</td><td>$\sum$（基本建设支出、企业挖潜改造资金、地质勘探费、科技三项费用、流动资金、农业支出、林业支出、支援农村生产支出、各项农业事业费、农林水利气象等部门事业费、工业交通部门事业费、流通部门事业费、城市维护费、海域开放建设和场地使用费支出）÷ 一般公共预算支出</td><td>（城乡社区事务支出 + 农林水事务支出 + 交通运输支出 + 资源勘探电力信息等事务支出 + 商业服务业等事务支出 + 金融监管支出 + 国土资源气象等事务支出）÷ 一般公共预算支出</td><td>%</td></tr>
<tr><td rowspan="2">服务性支出占比</td><td>科教文卫支出占比</td><td>文教科卫事业费 ÷ 一般公共预算支出</td><td>文教科卫事业费 ÷ 一般公共预算支出</td><td>（教育支出 + 科学技术支出 + 文化体育传媒支出 + 医疗卫生支出）÷ 一般公共预算支出</td><td>%</td></tr>
<tr><td>社会保障支出占比</td><td>—</td><td>（抚恤和社会福利救济费 + 行政事业单位离退休经费 + 社会保障补助支出）÷ 一般公共预算支出</td><td>（社会保障和就业支出 + 住房保障支出）÷ 一般公共预算支出</td><td>%</td></tr>
<tr><td colspan="2">维持性支出占比</td><td>行政管理费 ÷ 一般公共预算支出</td><td>（行政管理费 + 公检法司支出）÷ 一般公共预算支出</td><td>（一般公共服务支出 + 公共安全支出）÷ 一般公共预算支出</td><td>%</td></tr>
<tr><td colspan="2">环境保护支出占比</td><td>—</td><td>—</td><td>环境保护支出 ÷ 一般公共预算支出</td><td>%</td></tr>
</table>

4.2.1.3　地方政府职能执行绩效的评价指标选择——基于产出视角

从产出视角出发，围绕地方政府经济调节、市场监管、社会管理、公共服务与生态环境保护五项基本职能，设计地方政府职能执行绩效相关指标。但由于市场监管职能与市场经济体制衡量的指标有很大交叉，在此重点考察经济调节、社会管理、公共服务和生态环境保护四项职能。地方政府职能执行绩效评价指标理论遴选结果如表 4－11 所示。

表 4－11　地方政府职能执行绩效评价指标的理论遴选

维度	二级指标	具体指标
经济调节	经济规模	GDP、人均 GDP
	经济质量	第三产业占比、高科技产业占比、万元 GDP 能耗、全要素生产率
社会管理	社会组织	社会组织数量
	生活改善	恩格尔系数、可支配收入
	社会稳定	犯罪率、城乡均衡发展（城乡收入比）、基尼系数
公共服务	教育	师生比（中学、小学、高等教育）
	医疗	每千人医疗机构床位数、执业医师比例
生态环境保护	污染治理	工业废气排放量、单位产出 SO_2 排放量
	生态建设	城市绿化、森林覆盖率

从评价指标的数据可得性、指标指向的确定性以及相关性和鉴别力进行实证筛选，形成具有科学性、可行性的评价指标体系。首先，根据指标数据可得性对指标体系进行初步的筛选，删除数据可得性较差的高科技产业占比、全要素生产率、基尼系数和犯罪率等指标。进一步通过指标相关性分析与鉴别力分析，剔除了 GDP、万元 GDP 能耗、可支配收入、每千人医疗机构床位数、工业废气排放量和森林覆盖率等指标，形成最终的指标体系如表 4－12 所示。

表 4－12　地方政府职能执行绩效评价指标体系

维度	具体指标	计算公式	单位	指向
经济调节	实际人均 GDP（*rPGDP*）	人均 GDP ÷ CPI × 100	元	+
	第三产业占比（*TIR*）	第三产业增加值 ÷ GDP	%	+

续表

维度	具体指标	计算公式	单位	指向
社会管理	恩格尔系数（*ENGEL*）	城镇居民恩格尔系数	%	-
	城乡均衡发展（*BDTC*）	农村居民人均可支配收入÷城市人均居民可支配收入	%	+
公共服务	师生比（*TSR*）	普通中学专职教师数÷普通中学在校生人数×100	—	+
	执业医师比例（*DPR*）	职业医师数÷年末常住人口	人/千人	+
生态环境保护	单位产出 SO_2 排放量（SO_2）	工业 SO_2 排放量÷实际 GDP	吨/万元	-
	城市绿化（*PGA*）	城市园林绿地面积÷年末常住人口	m^2/人	+

注：CPI 以 1978 年为基年，1978 年的指数值为 100；+表示正向指标，-表示反向指标。资料来源于历年统计年鉴。

对地方政府职能转变绩效评价指标体系进行信度效度检验，得到评价指标体系的克劳伯克 α 系数为 0.836，高于 0.7，内容效度比为 0.68，高于 0.6，说明指标体系具有良好的内部一致性信度与内容效度。

采用熵权法对地方政府职能执行绩效相关指标进行赋权，最终得到地方政府职能执行绩效综合评价模型，包括经济调节、社会管理、公共服务和生态环境保护四个分项指数、8 个单项指标（见表 4-13）。

表 4-13　地方政府职能执行绩效综合评价指标体系及权重

维度	权重	具体指标	分项权重	整体权重
经济调节	0.25	实际人均 GDP（*rPGDP*）	0.836	0.209
		第三产业占比（*TIR*）	0.164	0.041
社会管理	0.25	恩格尔系数（*ENGEL*）	0.393	0.098
		城乡均衡发展（*BDTC*）	0.607	0.152
公共服务	0.25	师生比（*TSR*）	0.465	0.116
		执业医师比例（*DPR*）	0.535	0.134
生态环境保护	0.25	单位产出 SO_2 排放量（SO_2）	0.127	0.032
		城市绿化（*PGA*）	0.873	0.218

4.2.2　投入视角下地方政府职能规模与结构的时空演进特征

在厘清地方政府职能结构要素、测度指标的基础上，根据财政支出口径调整的时间节点，进一步分段研究地方政府职能规模与结构的演变轨迹。

4.2.2.1　地方政府规模的时空演进

财政支出规模从一个侧面反映了政府介入社会经济生活的广度与深度（贠杰等，2014），能够体现政府职能的规模。

（1）时间特征。全国财政支出占比总体呈 U 型变化，如图 4－7 所示，随着时间迁移经历了“先下降再上升”，1978 年财政支出占比平均值为 23.4%，1997 年最低（12.0%），之后又呈现上升趋势，到 2017 年为 29.0%。可能的原因：改革开放以后，一方面政府对市场干预减少，另一方面财政支出绝对规模的增长并没有超过 GDP 的增速，财政支出占 GDP 比重不断下降；然而，较低的财政支出占比也带来了一些社会问题，1994 年财政分权改革之后，为了吸引资源、解决社会问题，地方政府间展开了激烈的财政支出竞争，财政支出占比开始回升，1998 年以后政府规模以较快速度扩张。

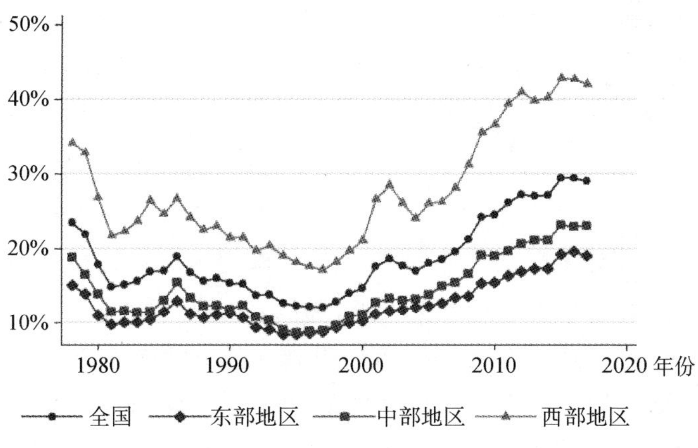

图 4－7　各地区财政支出占比与全国平均值

（2）区域差异。财政支出规模平均值存在显著的区域差异（$p < 0.001$），西部地区 > 中部地区 > 东部地区。方差分析结果进一步验证了以上观点，如表 4－14 所示，西部地区尤其是边疆地区由于政策等方面的原因在财政支出处于高位，政府规模相对较大，东部地区政府规模相对较小。

表 4－14　　财政支出规模的方差分析

内容	区域因素主效应 F	地区间两两比较		
		东部—中部	东部—西部	中部—西部
财政支出规模	185.784***	－0.020*	－0.151***	－0.131***

注：* 表示在5%的显著性水平下显著；*** 表示在0.1%的显著性水平下显著。

（3）空间分布。财政支出规模具有以下时空分布特征。①时间分布特征：财政支出占比先下降再回升，占比大小为 1978 年 > 2017 年 > 2007 年 > 1992 年，1978—1991 年财政支出相对规模有所下降，而 1992—2006 年财政支出规模有所上升，2007—2017 年上升较为明显。②空间分布特征：财政支出占比西部地区 > 中部地区 > 东部地区，且西部地区变化程度较大。

4.2.2.2　地方政府职能结构的时空演进

根据财政支出项目分类差异，以 1992 年、2007 年为分界点，分三个阶段（1978—1991 年、1992—2006 年、2007—2017 年）考察改革开放以来地方政府职能结构的时空特征。财政支出结构能够考察政府对各个职能领域的投入比例，从一定程度上体现政府职能的结构与侧重点。

（1）1978—1991 年：重生产建设，轻公共服务。如图 4－8（a）所示，从生产建设性支出、公共服务支出、维持性支出三类支出[①]占比来看，1987 年以前，生产建设性支出 > 公共服务支出 > 维持性支出，表明在此阶段政府将更多财政资金投入生产建设性事务中；1987 年以后，公共服务支出开始超越生产建设性支出，但仍处于较低水平。总体而言，财政支出结构呈现“重生产建设、轻公共服务”的特征，反映出政府经济调节职能是该阶段的重点。各类财政支出时间特征分析：受改革开放政策影响，政府对生产建设干预减少，生产建设性支出占比大幅下降，从 1978 年接近 50% 降到 1991 年的 20% 左右；公共服务性支出占比以较快速度增长，1978—1991 年相对规模从 17.3% 增长到 25.1%；维持性支出占比在 1978—1991 年及 1992—2006 年两个阶段发展平缓，相对规模从

① 由于数据可得性等问题，1978—1991 年生产建设性支出以基本建设支出 + 企业挖潜改造资金 + 支援农业支出之和近似表示；公共服务支出以教科文卫支出表示；维持性支出以行政管理费近似表示。

1978—1991 年的 10% 增长到 1992—2006 年的 15%，2007 年以后相对规模下降较快。

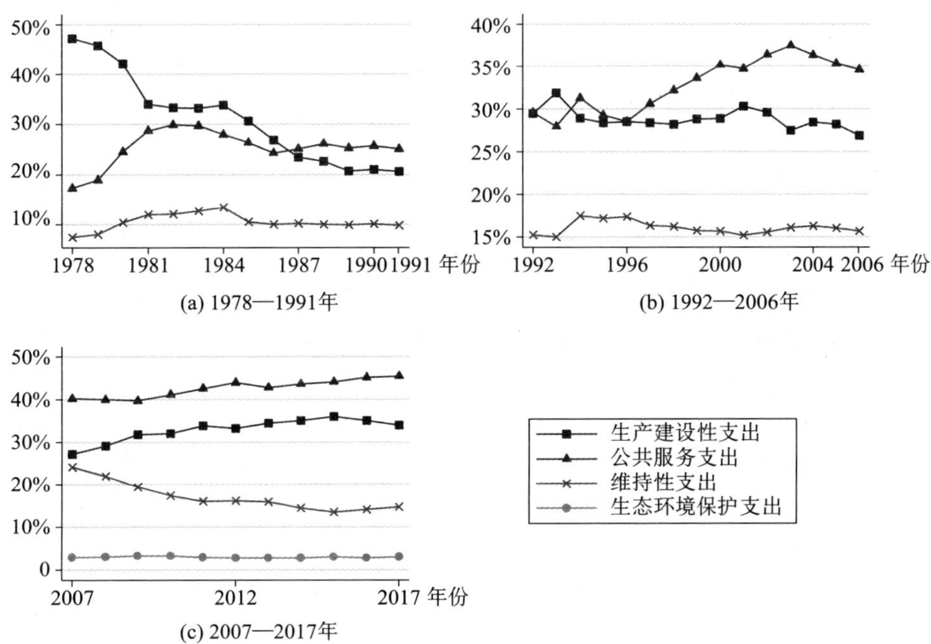

图 4-8　分阶段财政支出结构

（2）1992—2006 年：服务型政府建设调整期。如图 4-8（b）所示，从三大类支出所占比例来看，1992—1996 年公共服务支出占比与生产建设性支出地位旗鼓相当，1997 年之后公共服务支出占比不断提高，开始超越生产建设性支出，成为政府职能的重点。特别是服务型政府理念提出以来，民生、公共服务不断强化，公共服务支出占比与经济建设支出占比的领先优势开始拉大。各类财政支出的时间特征：生产建设性支出占比总体维持在 30% 左右，略有下降；公共服务支出占比保持相对快速增长，从 29.6% 增长到 34.6%；维持性支出占比在平稳发展中略有下降。

（3）2007—2017 年：公共服务主导，经济建设并进。2007—2017 年财政支出结构倾向呈现“公共服务支出 > 生产建设性支出 > 维持性支出 > 生态环境保护支出”的特征，公共服务主导地位得到巩固，如图 4-8（c）所示。此外，受到全球性经济危机与经济下行形势影响，政府在经济建设方面支出不断加大以保障经济社会健康发展，维持性支出占比下降。总体而言，财政支出结构呈现“公共服务主导，经济建设并进”的特征，反映出公共服务职能与经济建设、市场监管职能成为该阶段的重点。2007 年以后，受动荡的经济形势影响，政府在经济建设、市场监管领域投入有所提高，生产建设性支出占比呈上升趋势，从 2007 年的 27.2% 增长到 2017 年的 33.9%。公共服务支出增长趋势与生产建设性支出一致，从 40.1% 增长到 45.5%。维持性支出占比则呈明显下降趋势，从 25% 下降到 15% 左右。环境支出占比则经历了“上升—回落—平稳”的过程。

4.2.3 产出视角下地方政府职能执行绩效的时空演进特征

1. 综合评价得分的时空演进

根据地方政府职能执行绩效综合评价体系及其指标权重，采用无量纲化后效用值计算各省份 1987—2017 年地方政府职能执行绩效综合指数得分，如图 4－9 所示。

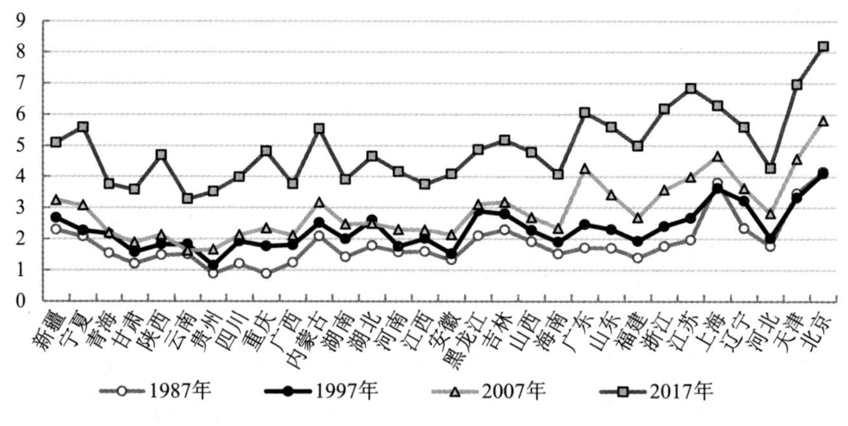

图 4－9 地方政府职能执行绩效综合评价得分的时间趋势

（1）时间趋势。如图 4－9、表 4－15 所示，从时间趋势上看，地方政府职能执行绩效整体呈现上升趋势，1987 年全国平均得分为 1.86 分，到 2017 年上升至 4.93 分；其中，北京、上海、天津等地始终在全国范围内处于领先地位；而江苏、浙江、广东等地后来居上，发展速度较快，到 2017 年，处于领先地位；部分西部地区如新疆、宁夏也有不俗表现。

表 4－15　　地方政府职能执行绩效综合评价得分

省份	1987 年	1997 年	2007 年	2017 年	省份	1987 年	1997 年	2007 年	2017 年
北京	4.16	4.11	5.81	8.20	河南	1.58	1.76	2.30	4.17
天津	3.47	3.32	4.58	6.97	湖北	1.78	2.60	2.50	4.66
河北	1.77	2.02	2.82	4.28	湖南	1.42	1.99	2.47	3.91
山西	1.91	2.27	2.69	4.79	广东	1.72	2.47	4.27	6.06
内蒙古	2.09	2.51	3.17	5.53	广西	1.24	1.80	2.11	3.75
辽宁	2.34	3.23	3.63	5.59	海南	1.53	1.90	2.34	4.08
吉林	2.29	2.80	3.18	5.17	重庆	0.88	1.77	2.34	4.82
黑龙江	2.10	2.89	3.11	4.87	四川	1.20	1.92	2.12	3.99
上海	3.81	3.63	4.67	6.29	贵州	0.88	1.14	1.66	3.52
江苏	1.97	2.67	3.99	6.84	云南	1.51	1.82	1.63	3.27
浙江	1.77	2.40	3.57	6.18	陕西	1.48	1.82	2.13	4.69
安徽	1.33	1.52	2.14	4.08	甘肃	1.21	1.57	1.89	3.58
福建	1.39	1.93	2.68	4.99	青海	1.54	2.16	2.20	3.75
江西	1.59	2.01	2.29	3.74	宁夏	2.07	2.27	3.07	5.58
山东	1.70	2.30	3.42	5.60	新疆	2.29	2.67	3.24	5.09

（2）发展梯队。表 4－16 显示了根据关键年份各省份政府职能执行绩效综合指数得分的平均值与标准差划分的发展梯队。具体来看，在改革开放初期，通过横向比较 1987 年地方政府职能执行绩效得分发现，北京、上海、天津以较大优势领先于其他地区（3.47—4.16 分），第二梯队以北方地区为主，包括辽宁、吉林、新疆、黑龙江、内蒙古、宁夏、江苏、山西等（1.91—2.34 分），但总体还处在较低水平。1997 年全国政府职能执行绩效增长较慢；各地区通过横向比较发现，北京、上海、天津得分有轻微下降，但依然领先（3.32—4.11 分），辽宁开始跻身前列（3.23 分），黑龙江、吉林、新疆、江苏、湖北、内蒙古、广东、浙江等组成第二梯队，东部沿海地区开始崛起。2007 年全国政府职能执行绩效仍处于较低水平，增长较慢；通过横向比较，广东、江苏分别以 4.27 分、3.99 分跻身前列，与北京、上海、天津一同组成第一梯队，山东、宁夏进入第二梯队，东部沿海地区后来居上，形成领先优势。2017 年全国政府职能执行绩效有较大幅度增长，浙江以 6.18 分跻身第一梯队，福建以 4.99 分进入第二梯队，东部沿海地区领先优势已经相当明朗，内蒙古、宁夏、新疆等地区因人口数量较少，在公共服务等人均指标方面有不俗表现，维持在第二梯队。

表 4-16　　地方政府职能执行绩效的发展梯队

梯队	1987 年	1997 年	2007 年	2017 年
第一梯队	北京、上海、天津	北京、上海、天津、辽宁	北京、上海、天津、广东、江苏	北京、天津、江苏、上海、浙江
第二梯队	辽宁、吉林、新疆、黑龙江、内蒙古、宁夏、江苏、山西	黑龙江、吉林、新疆、江苏、湖北、内蒙古、广东、浙江	辽宁、浙江、山东、新疆、吉林、内蒙古、黑龙江、宁夏	广东、山东、辽宁、宁夏、内蒙古、吉林、新疆、福建
第三梯队	湖北、河北、浙江、广东、山东、江西、河南、青海、海南、云南、陕西、湖南、福建、安徽、广西、甘肃、四川	山东、山西、宁夏、青海、河北、江西、湖南、福建、四川、海南、云南、陕西、广西、重庆、河南	河北、山西、福建、湖北、湖南、海南、重庆、河南、江西、青海、安徽、陕西、四川、广西	黑龙江、重庆、山西、陕西、湖北、河北、河南、安徽、海南、四川、湖南
第四梯队	重庆、贵州	甘肃、安徽、贵州	甘肃、贵州、云南	广西、青海、江西、甘肃、贵州、云南

（3）区域差异。对地方政府职能执行绩效综合评价得分进行方差分析，发现存在显著的地区差异（$p<0.05$）。图 4-10 能够直观呈现东中西部地区地方政府职能执行绩效整体水平与趋势，东中西部地区发展趋势基本一致，东部地区综合评价得分显著高于中西部地区（$p<0.01$），而中西部地区之间不存在显著的差异，如表 4-17 所示。

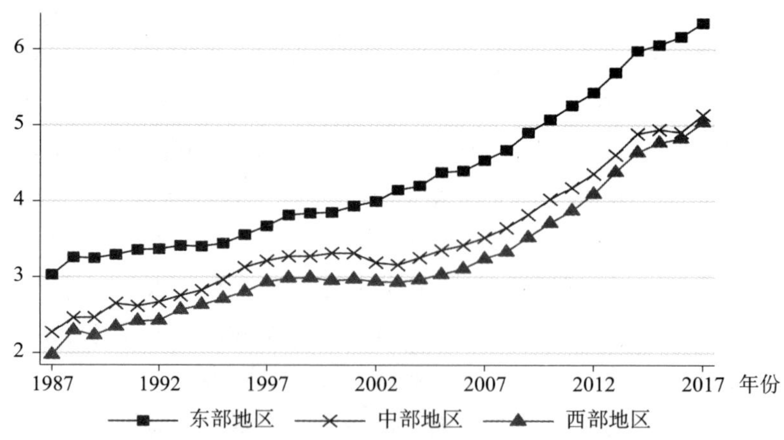

图 4-10　地方政府职能执行绩效综合评价得分的区域差异

表4-17　地方政府职能执行绩效综合评价得分的方差分析

指标	分析方法			1987年	1997年	2007年	2017年
地方政府职能执行绩效	方差分析	F		4.191**	5.003**	12.286***	9.674***
	两两比较	差值	东部—中部	0.579*	0.495*	1.215***	1.494***
			东部—西部	0.840***	0.774***	1.477***	1.593***
			中部—西部	0.261	0.279	0.261	0.100

注：* 表示在10%的显著性水平下显著；** 表示在5%的显著性水平下显著；*** 表示在1%的显著性水平下显著。

（4）空间分布。政府职能执行绩效综合评价得分的空间分布具有以下规律：各省份政府职能执行绩效随时间推移得到了较为明显的提升，尤其在2007—2017年发展速度较快；1987年，北京、天津、上海、东北三省、内蒙古、宁夏、新疆领先于其他省份，1997年，东部沿海地区（如江苏、浙江、广东）开始快速崛起，形成东部沿海、东北三省和北部边疆地区领先的特点。

2. 分项得分的时空演进

对政府职能执行绩效四个单项指数得分进行分析，寻找各个省份相应的优劣势与发展规律，如图4-11所示。①1987年全国政府职能执行绩效水平较低，但区域间发展相对均衡。在改革开放初期，各省份四个单项指数得分均处于较低水平，政府职能执行绩效并不理想，但与市场经济体制发展水平相比，地区间发展较为均衡。在四个单项指标中，社会管理绩效表现相对较好，而经济调节绩效表现最差。在发展均衡性方面，北京、天津、上海等地各单项指数得分均在全国前列，尤其是公共服务绩效领先优势较为明显。②1997年全国政府职能执行绩效各方面发展较为缓慢，地区间差距缩小。与1987年相比，各省份各单项指标尤其是经济调节与环境保护绩效有所上升，但总体提升程度不高。从区域间差异来看，各地区发展相对均衡，区域间差异较1987年进一步缩小。③2007年全国各单项职能执行绩效平稳发展，区域差异开始凸显。相对于1987年、1997年，2007年各项职能执行绩效得到平稳发展，尤其是经济调节、环境保护绩效有较大提升。从区域差异来看，东部地区领先优势开始凸显，北京、天津、上海、江苏、广东等地区处于全国领先地位，西部地区如贵州、云南、陕西等地相对落后。④2017年全国政府职能执行绩效快速发展，东部地区领先优势明显。2017年全国各项绩效有较大幅度提升且发展均衡，没有明显弱项或强项。从区域差异来看，东部地区领先优势十分明显，除河北外，东部地区各项政府职能执行绩效均处于全国领先地位，西部地区如贵州、云南、陕西、广西等相对落后。

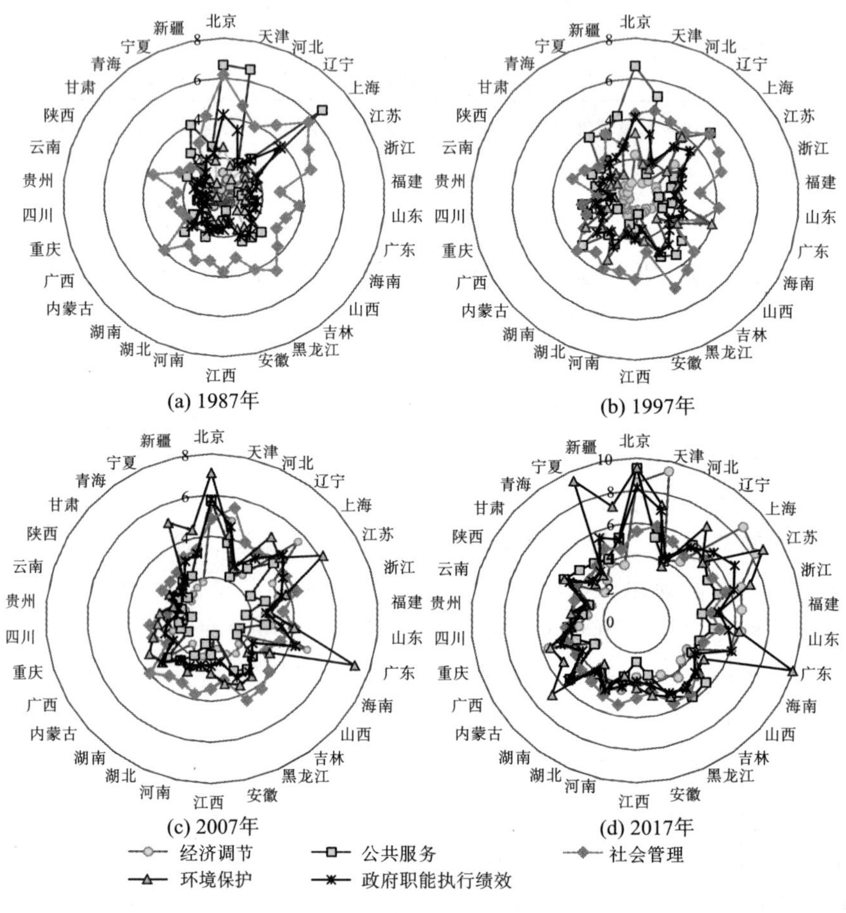

图 4-11　各省份政府职能执行绩效分项得分

进一步对东中西部地区政府职能执行绩效分项得分进行比较发现，如图 4-12、表 4-18 所示，所考察的四项政府职能领域变化趋势有所不同。首先，经济调节绩效呈上升趋势，且具有显著的区域差异（$p < 0.01$），东部地区显著高于中西部地区，而中西部地区差异并不明显。其次，社会管理绩效呈现先下降后上升的变化规律，从原始数据观察，发现这种现象主要来自城乡差异的变化。在市场经济体制发展初期，城乡差距逐步拉大，导致城乡均衡发展绩效下降，1992 年以后，市场经济体制改

革将城乡关系作为改革重点，城乡收入差距增速放缓，社会管理绩效有所回升。从区域差异看，社会管理绩效呈现中东部地区显著高于西部地区的特点。再次，公共服务绩效呈现一种 V 型的发展趋势，而这个转折点出现在 2003 年，从服务型政府理念提出以来，公共服务绩效提升明显，而方差分析结果显示公共服务绩效不存在显著的区域差异。最后，生态环境保护绩效得分呈现上升趋势，但提升较为缓慢；同时，方差分析显示生态环境保护绩效得分呈现东部地区大于中西部地区的特点，而中西部地区之间差异并不显著。

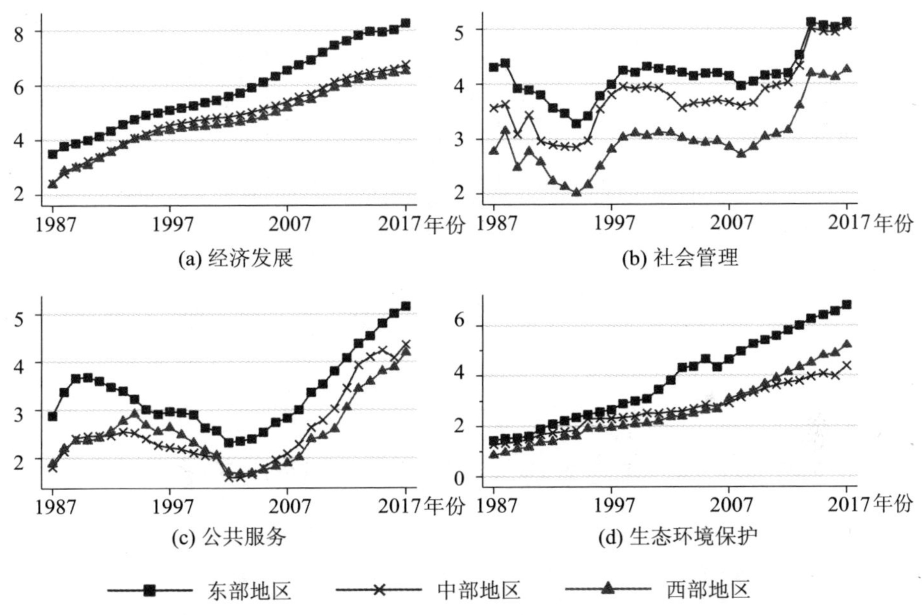

图 4-12　地方政府职能执行绩效分项得分的区域差异

表 4-18　地方政府职能执行绩效分项得分的方差分析

指标	分析方法			1987 年	1997 年	2007 年	2017 年
经济调节	方差分析	F		5.417**	14.828***	16.580***	14.624***
	两两比较	差值	东部—中部	0.579*	0.495*	1.215***	1.494***
			东部—西部	0.840***	0.774***	1.477***	1.593***
			中部—西部	0.261	0.279	0.261	0.100

续表

指标	分析方法			1987 年	1997 年	2007 年	2017 年
社会管理	方差分析	F		8.946***	9.239***	13.430***	11.830***
	两两比较	差值	东部—中部	0.745*	0.195	0.475*	0.069
			东部—西部	1.543***	1.189***	1.294***	0.869***
			中部—西部	0.798*	0.994***	0.818***	0.799***
公共服务	方差分析	F		1.352	0.664	2.710*	1.898
	两两比较	差值	东部—中部	—	—	0.731	—
			东部—西部	—	—	0.936**	—
			中部—西部	—	—	0.205	—
生态环境保护	方差分析	F		5.111***	3.598**	7.350***	4.986**
	两两比较	差值	东部—中部	0.137	0.361	1.764***	2.447***
			东部—西部	0.519***	0.809**	1.648***	1.632**
			中部—西部	0.382**	0.448	-0.116	-0.814

注：* 表示在 10% 的显著性水平下显著；** 表示在 5% 的显著性水平下显著；*** 表示在 1% 的显著性水平下显著。

4.3 市场经济体制与地方政府职能转变的协调关系

4.1 节、4.2 节对市场经济体制与地方政府职能转变进行了综合评价，对两者时空演化特征进行了具体剖析，总体而言，市场经济体制与地方政府职能各方面均不断发展优化。在对市场经济体制对地方政府职能转变的影响效应、影响路径研究之前，首先要对两者的关联性进行研究。那么，市场经济体制与地方政府职能转变是否关联？两者发展是否协调呢？本书采用市场经济体制发展与地方政府职能执行绩效的等级组合模式、耦合协调发展度两个方法解析市场经济体制与地方政府职能转变的协调关系。

4.3.1 市场经济体制与地方政府职能执行绩效组合模式分析

根据数据集中趋势，以均值 ± 标准差为分界点将市场经济体制发展水平和地方政府职能执行绩效划分为“高”“中”“低”三个等级，如表4－19所示，形成3×3的“市场体制—职能执行”组合模式，并对关键年度各省份“市场—政府”两个系统发展情况进行组合类型划分，分析其演变路径。

表4－19　　“市场体制—职能执行”矩阵划分标准

指数	N	均值	标准差	分类		
				低	中	高
市场经济体制发展	930	2.08	1.42	0—0.65	0.66—3.49	3.50—10
政府职能执行绩效	930	2.87	1.28	0—1.57	1.58—4.14	4.15—10

具体分析关键年度“市场体制—职能执行”组合矩阵，如图4－13所示，可以发现：①1987年，除北京（中—高）发展较为协调外，其余地区至少一方面处于低发展水平，大部分区域处于“低—中”“低—低”状态，市场经济体制发展与政府职能执行绩效均处于较低水平；②1997年，除安徽（中—低）、贵州（低—低）、甘肃（低—低）、宁夏（低—中）、山西（低—中）外，大部分地区（23/30）进入“中—中”状态，北京、上海进入“中—高”状态，总体而言，大部分地区仍处于中等偏低水平；③2007年，北京、上海、天津、广东市场经济体制发展与政府职能履行都进入了较高水平，浙江、江苏在市场经济层面表现优于政府职能履行，进入（高—中）状态，其余24个地区均处于“中—中”水平，较1997年有一定提升，大部分地区处于中等偏上水平；④2017年，北京、上海、浙江等13个地区进入“高—高”状态，安徽、海南等地7个地区在市场领域优于政府职能履行，吉林、河南等7个地区政府职能执行绩效优于市场经济体制发展，云南、贵州、广西等3个地区处于“中—中”状态。

图4－14揭示了市场经济体制与地方政府职能执行绩效的发展路径，各省份市场经济体制发展水平与政府职能执行绩效不断提升，大部分地区从1987年的“低—中”“低—低”状态到1997年、2007年的“中—中”状态，再到2017年的“中—中”“高—中”“高—高”状态，市场经济体制与地方政府职能执行绩效得到同步增长。从发展轨迹上看，1987—2006年市场经济体制发展速度相对较快，2007—2017年市场经济体制发展速度放缓，地方政府职能执行绩效发展速度提升。

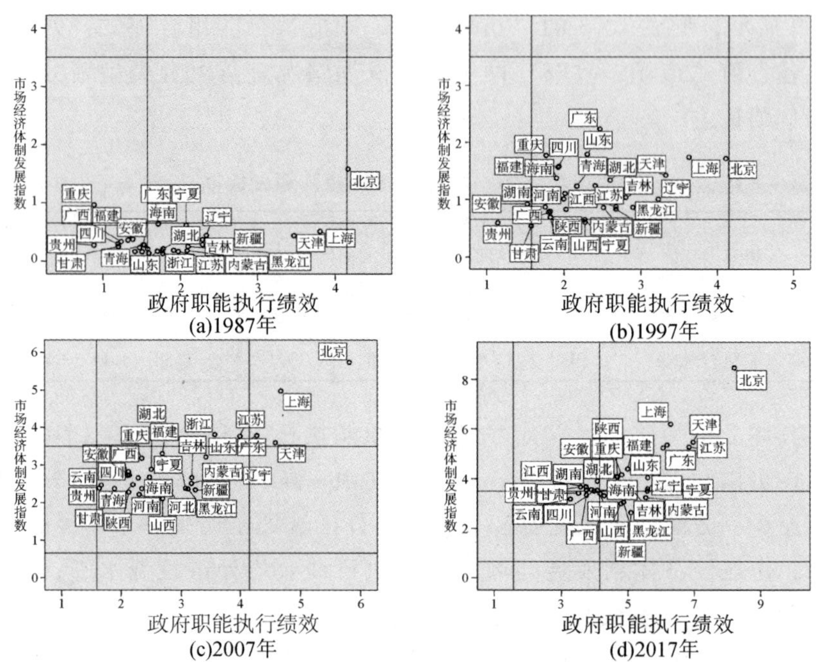

图 4-13 关键年度"市场体制—职能执行"矩阵

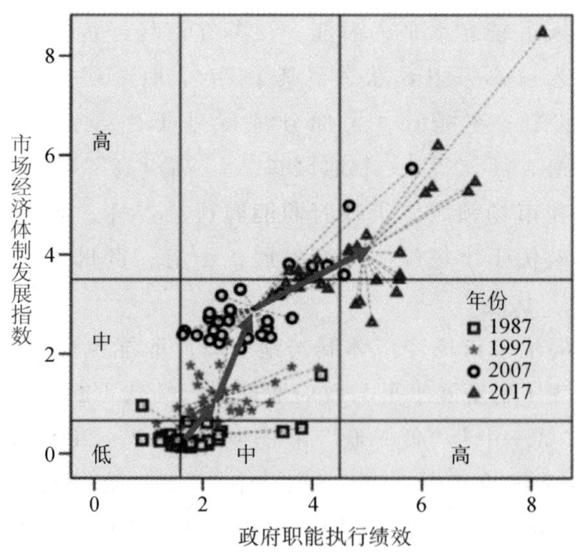

图 4-14 关键年度"市场体制—职能执行"组合变化轨迹

通过对“市场体制—职能执行”的组合模式进行分析可以得到以下结论：市场经济体制与地方政府职能执行绩效随着时间变化共同成长，而同一区域的市场体制与职能执行往往处于相近的发展水平；此外，在不同的发展阶段，市场经济体制与地方政府职能执行绩效的发展有所侧重，两者并不保持相同的发展速度。

4.3.2　市场经济体制与地方政府职能执行绩效耦合协调度测算

（1）耦合模型设定。参考已有研究对耦合协调模型的构建（丁镭，2016；蒋晓娟等，2015；廖重斌，1996；刘耀彬等，2005；范柏乃等，2013），利用离差系数来测度协调水平，得到两个系统的协调度 C 测度模型为：

$$C=\left\{\frac{f(X)\times g(Y)}{\left[\frac{f(X)+g(Y)}{2}\right]^{2}}\right\}^{k} \tag{4-6}$$

（4－6）式中，$f(X)$、$g(Y)$ 分别表示 X、Y 两个系统；k 表示调节系数，k 值通常是协调评价指标体系的层次数减 1。

为了区分高发展水平的协调与低发展水平的协调，在协调度模型中引入发展度 D，计算公式为：

$$D=\alpha f(X)+\beta g(Y) \tag{4-7}$$

（4－7）式中，α、β 分别表示 X 系统与 Y 系统的权重；

得到耦合协调发展度 S 计算公式为：

$$S=\sqrt{C\times D}=\sqrt{\left\{\frac{f(X)\times g(Y)}{\left[\frac{f(X)+g(Y)}{2}\right]^{2}}\right\}^{k}\times[\alpha f(X)+\beta g(Y)]} \tag{4-8}$$

将市场经济体制与地方政府职能视作两个对等的子系统，将耦合协调发展度模型中 α、β 赋值为 0.5，计算得到市场经济与政府职能耦合协调发展度数值。

参照耦合协调度将市场经济体制与政府职能执行绩效耦合协调度划分为协调发展阶段、过渡阶段和失调衰退阶段三个阶段，“优质协调”至“极度失调”10 个等级，如表 4－20 所示。

表 4－20　市场经济体制与政府职能执行绩效耦合协调度等级划分

发展阶段	耦合协调度等级	耦合协调度取值
协调发展阶段	优质协调发展	0.91—1.00
	良好协调发展	0.81—0.90
	中等协调发展	0.71—0.80
	初级协调发展	0.61—0.70
过渡阶段	勉强协调发展	0.51—0.60
	濒临失调衰退	0.41—0.50
失调衰退阶段	轻度失调衰退	0.31—0.40
	中度失调衰退	0.21—0.30
	严重失调衰退	0.11—0.20
	极度失调衰退	0—0.10

（2）耦合协调度的时空演进。根据公式（4－8）计算市场经济体制改革与地方政府职能执行绩效的耦合协调发展度。表 4－21 是对各地区市场经济体制与政府职能执行绩效耦合协调发展度的计算与整理：1987—2017 年，市场经济体制与政府职能耦合协调度上升趋势明显；1987 年两者耦合协调发展度的取值范围为 0.16—0.48，总体处于失调衰退阶段；1997 年耦合协调发展度的取值范围为 0.28—0.49，部分区域进入过渡阶段，而绝大多数地区处于失调衰退阶段；2007 年耦合协调发展度取值范围为 0.44—0.76，大部分地区进入过渡阶段，也有部分地区进入协调发展阶段；2017 年耦合协调发展度取值范围为 0.57—0.91，一半地区进入了协调发展阶段。

表 4－21　关键年度市场经济体制与政府职能执行绩效耦合协调度

省份	1987 年	1997 年	2007 年	2017 年	省份	1987 年	1997 年	2007 年	2017 年
北京	0.48	0.49	0.76	0.91	河南	0.19	0.34	0.48	0.61
天津	0.28	0.45	0.63	0.78	湖北	0.20	0.42	0.52	0.66
河北	0.16	0.34	0.50	0.61	湖南	0.17	0.37	0.51	0.61
山西	0.18	0.31	0.49	0.61	广东	0.31	0.48	0.63	0.75
内蒙古	0.18	0.36	0.53	0.64	广西	0.23	0.33	0.49	0.59
辽宁	0.27	0.39	0.56	0.66	海南	0.22	0.40	0.49	0.62

续表

省份	1987 年	1997 年	2007 年	2017 年	省份	1987 年	1997 年	2007 年	2017 年
吉林	0.22	0.39	0.54	0.65	重庆	0.30	0.42	0.52	0.67
黑龙江	0.21	0.37	0.52	0.61	四川	0.22	0.42	0.49	0.61
上海	0.30	0.49	0.69	0.79	贵州	0.20	0.28	0.45	0.59
江苏	0.18	0.36	0.62	0.77	云南	0.17	0.32	0.44	0.57
浙江	0.18	0.40	0.61	0.76	陕西	0.20	0.33	0.47	0.66
安徽	0.24	0.34	0.49	0.63	甘肃	0.20	0.28	0.46	0.60
福建	0.24	0.42	0.54	0.68	青海	0.22	0.40	0.48	0.60
江西	0.16	0.38	0.50	0.61	宁夏	0.31	0.32	0.52	0.66
山东	0.18	0.45	0.58	0.68	新疆	0.25	0.36	0.52	0.59

以五年为周期计算得到耦合协调发展度平均值，根据耦合协调发展度的等级划分，发现市场经济体制与地方政府职能执行绩效的协调关系存在以下演进特征，如表 4－22 所示。①“七五”期间（1987—1990 年）除北京处于勉强协调状态进入过渡阶段外，绝大部分地区处于失调衰退阶段，且多处于严重失调或中度失调阶段；②“八五”期间（1991—1995 年）情况有所好转，但大部分地区仍处于失调衰退阶段，失调程度有所减弱；③“九五”（1996—2000 年）、“十五”（2001—2005 年）期间越来越多的地区进入过渡调整阶段，市场经济体制与政府职能执行绩效开始相对协调；④“十一五”期间（2006—2010 年）东部沿海地区（北京、上海、江苏、浙江、广东）开始进入协调发展阶段，尤其是北京地区市场与政府已达到中等协调的水平，但大部分地区仍处于过渡调整阶段；⑤“十二五”期间（2011—2015 年）东部地区除河北、海南外均进入协调发展阶段，接近一半地区进入协调发展阶段，协调程度进一步提升；⑥进入“十三五”时期后（2016—2017 年），22 个地区进入协调发展阶段（主要集中在东中部地区），市场经济体制与政府职能执行绩效得到均衡发展，尤其是北京，达到了优质协调的状态。

表 4－22　“市场体制—职能执行”耦合协调发展度

<table>
<tr><th>年份</th><th>1987—1990</th><th>1991—1995</th><th>1996—2000</th><th>2001—2005</th><th>2006—2010</th><th>2011—2015</th><th>2016—2017</th></tr>
<tr><td>北京</td><td colspan="3">勉强协调</td><td>初级协调</td><td>中级协调</td><td>良好协调</td><td>优质协调</td></tr>
<tr><td>天津</td><td>中度失调</td><td>轻度失调</td><td>濒临失调</td><td>勉强协调</td><td>初级协调</td><td colspan="2">中级协调</td></tr>
<tr><td>河北</td><td>严重失调</td><td>中度失调</td><td>轻度失调</td><td>濒临失调</td><td colspan="2">勉强协调</td><td>初级协调</td></tr>
<tr><td>山西</td><td>严重失调</td><td>中度失调</td><td>轻度失调</td><td colspan="2">濒临失调</td><td colspan="2">勉强协调</td></tr>
<tr><td>内蒙古</td><td>严重失调</td><td>中度失调</td><td>轻度失调</td><td>濒临失调</td><td>勉强协调</td><td colspan="2">初级协调</td></tr>
<tr><td>辽宁</td><td>中度失调</td><td>轻度失调</td><td colspan="2">濒临失调</td><td>勉强协调</td><td colspan="2">初级协调</td></tr>
<tr><td>吉林</td><td>中度失调</td><td colspan="2">轻度失调</td><td>濒临失调</td><td>勉强协调</td><td colspan="2">初级协调</td></tr>
<tr><td>黑龙江</td><td colspan="2">中度失调</td><td>轻度失调</td><td>濒临失调</td><td colspan="2">勉强协调</td><td>初级协调</td></tr>
<tr><td>上海</td><td>轻度失调</td><td>濒临失调</td><td>勉强协调</td><td colspan="2">初级协调</td><td colspan="2">中级协调</td></tr>
<tr><td>江苏</td><td>严重失调</td><td>中度失调</td><td>濒临失调</td><td>勉强协调</td><td>初级协调</td><td colspan="2">中级协调</td></tr>
<tr><td>浙江</td><td>中度失调</td><td>轻度失调</td><td>濒临失调</td><td>勉强协调</td><td>初级协调</td><td colspan="2">中级协调</td></tr>
<tr><td>安徽</td><td colspan="2">中度失调</td><td>轻度失调</td><td>濒临失调</td><td colspan="2">勉强协调</td><td>初级协调</td></tr>
<tr><td>福建</td><td>中度失调</td><td>轻度失调</td><td colspan="2">濒临失调</td><td>勉强协调</td><td colspan="2">初级协调</td></tr>
<tr><td>江西</td><td>严重失调</td><td>中度失调</td><td colspan="2">濒临失调</td><td colspan="2">勉强协调</td><td>初级协调</td></tr>
<tr><td>山东</td><td>严重失调</td><td>轻度失调</td><td>濒临失调</td><td colspan="2">勉强协调</td><td colspan="2">初级协调</td></tr>
<tr><td>河南</td><td>严重失调</td><td>中度失调</td><td>轻度失调</td><td colspan="2">濒临失调</td><td>勉强协调</td><td>初级协调</td></tr>
<tr><td>湖北</td><td>中度失调</td><td>轻度失调</td><td colspan="2">濒临失调</td><td>勉强协调</td><td colspan="2">初级协调</td></tr>
<tr><td>湖南</td><td>严重失调</td><td>中度失调</td><td>轻度失调</td><td>濒临失调</td><td colspan="2">勉强协调</td><td>初级协调</td></tr>
<tr><td>广东</td><td>轻度失调</td><td>濒临失调</td><td colspan="2">勉强协调</td><td>初级协调</td><td colspan="2">中级协调</td></tr>
<tr><td>广西</td><td colspan="2">中度失调</td><td>轻度失调</td><td colspan="2">濒临失调</td><td colspan="2">勉强协调</td></tr>
<tr><td>海南</td><td>轻度失调</td><td>轻度失调</td><td colspan="3">濒临失调</td><td>勉强协调</td><td>初级协调</td></tr>
<tr><td>重庆</td><td colspan="2">轻度失调</td><td colspan="2">濒临失调</td><td>勉强协调</td><td colspan="2">初级协调</td></tr>
<tr><td>四川</td><td>中度失调</td><td>轻度失调</td><td colspan="2">濒临失调</td><td colspan="2">勉强协调</td><td>初级协调</td></tr>
<tr><td>贵州</td><td colspan="2">中度失调</td><td colspan="2">轻度失调</td><td>濒临失调</td><td colspan="2">勉强协调</td></tr>
<tr><td>云南</td><td>严重失调</td><td>中度失调</td><td>轻度失调</td><td colspan="2">濒临失调</td><td colspan="2">勉强协调</td></tr>
<tr><td>陕西</td><td colspan="2">中度失调</td><td>轻度失调</td><td colspan="2">濒临失调</td><td>勉强协调</td><td>初级协调</td></tr>
<tr><td>甘肃</td><td>严重失调</td><td>中度失调</td><td>轻度失调</td><td colspan="2">濒临失调</td><td colspan="2">勉强协调</td></tr>
<tr><td>青海</td><td>严重失调</td><td>中度失调</td><td colspan="3">濒临失调</td><td colspan="2">勉强协调</td></tr>
<tr><td>宁夏</td><td colspan="2">中度失调</td><td>轻度失调</td><td>濒临失调</td><td>勉强协调</td><td colspan="2">初级协调</td></tr>
<tr><td>新疆</td><td colspan="2">中度失调</td><td>轻度失调</td><td>濒临失调</td><td colspan="3">勉强协调</td></tr>
</table>

注：深灰色表示协调发展阶段；浅灰色表示过渡阶段；无色表示失调衰退阶段。

根据耦合协调发展度的空间分布可得出：①随着时间推移，全国市场经济体制发展与地方政府职能执行绩效的耦合协调发展度不断提升，从1987 年、1997 年的失调衰退阶段到 2007 年过渡阶段，再到 2017 年进入协调发展阶段；②东部地区市场与政府的耦合协调度发展最快，协调度也最高，特别是北京、上海、天津、广东、浙江、江苏等地区耦合协调度在全国处于领先地位，到 2017 年，市场与政府协调发展度东部地区 > 中部地区 > 西部地区的空间分布特征明显。

4.4 本章小结

本章构建了市场经济体制、地方政府职能规模与结构、地方政府职能执行绩效的评价指标体系，对市场经济体制、地方政府职能的演进特征、空间分布进行了重新梳理，并进一步研究了两者的协调关系。

（1）市场经济体制的时空演进。从时间序列看，各省份市场经济体制整体发展水平不断提高，综合评价得分从 1987 年平均 0.36 分，到 2017 年平均 4.04 分；从空间分布看，市场经济体制发展的区域差异较大，呈现东部沿海地区空间聚集分布态势，领先优势明显。对三个分项指数得分分析发现，市场主体发展速度最快，市场环境、市场要素发展相对较慢；从空间分布看，市场主体成长的东中西部地区差异并不明显，而市场环境的区域差异最大，就各省份发展水平分析来看，市场经济体制发展水平两极分化严重，北京、上海遥遥领先。

（2）地方政府职能转变的时空演进。首先，本书从投入角度研究了地方政府职能规模与结构的时空演进，地方政府规模呈 U 型变化，随着时间变迁经历了“缩减—扩张”的过程，空间分布上呈现西部地区 > 中部地区 > 东部地区的特点。从财政支出倾向看，地方政府职能结构经历了三个阶段：1978—1991 年，重生产建设、轻公共服务，生产建设性支出占比最高；1992—2006 年，服务型政府建设调整期，公共服务支出占比快速上升，并超越生产建设性支出；2007—2017 年，公共服务主导、经济建设并进，受到经济下行形势影响，生产建设性支出占比不断上升，与公共服务支出齐头并进。其次，从产出角度看，地方政府职能执行绩效综合水平不断提升，但与市场经济体制发展相比，提升幅度相对较小；在空间分布上，地方政府职能执行绩效呈现“东部地区 > 中西部地区”的特点，中西部地区差异并不明显。经济调节、社会管理、公共服务和生态环境保护四个单项指数发展相对均衡，其中，经济调节和生态环境保护提升较快，东部地区发展优势明显。

（3）市场经济体制—地方政府职能执行绩效的协调关系。通过“市场—政府”组合矩阵分析、耦合协调度测算两种方法对“市场经济体制—政府职能执行”的协调关系进行分析与检验，得到以下结论：市场经济体制发展水平与政府职能执行绩效相辅相成、共同提升。从时间序列看，市场经济体制与地方政府职能协调发展度从 1987 年平均 0.228 到 2017 年平均 0.659，从中度失调衰退阶段进入初级协调发展阶段，但大部分地区尚未达到良好或优质的协调状态，市场经济体制与地方政府职能还存在一定的矛盾；从空间分布来看，东部地区市场与政府耦合协调度发展度相对较高。

第 5 章

市场经济体制对政府职能转变的影响效应

第 4 章探讨了改革开放以来市场经济体制、地方政府职能转变的时空演进规律，发现两者之间存在一定联系，揭示了市场经济体制发展与地方政府职能转变相互联系、相互促进的耦合协调关系。那么，市场经济体制到底对地方政府职能转变产生什么样的影响？市场经济体制发展使地方政府规模扩大还是缩小了？市场经济体制发展又如何进一步影响地方政府职能执行，对经济调节、公共服务等领域的政府绩效产生了什么程度的影响？

在“环境—行动者—绩效”分析框架基础上，本章主要围绕环境因素对地方政府职能转变的影响机理，研究市场经济体制改革对地方政府职能转变的影响方向与强度，同时考察地方政府规模调整对市场经济体制发展可能的反向作用。本章研究思路与变量间关系逻辑如图 5 - 1 所示，本书基于“市场经济体制←→地方政府规模→地方政府职能执行绩效”的逻辑链，[①] 从“投入—产出”的视角，利用 223 个地级以上城市 1997—2017 年的面板数据，研究市场经济体制对地方政府职能转变的影响效应。同时，探索地方政府职能转变对市场经济体制的反向影响效应。

---

① →表示影响路径方向；A→B 表示 A 影响 B；A←B 表示 B 影响 A；←→表示双向影响。

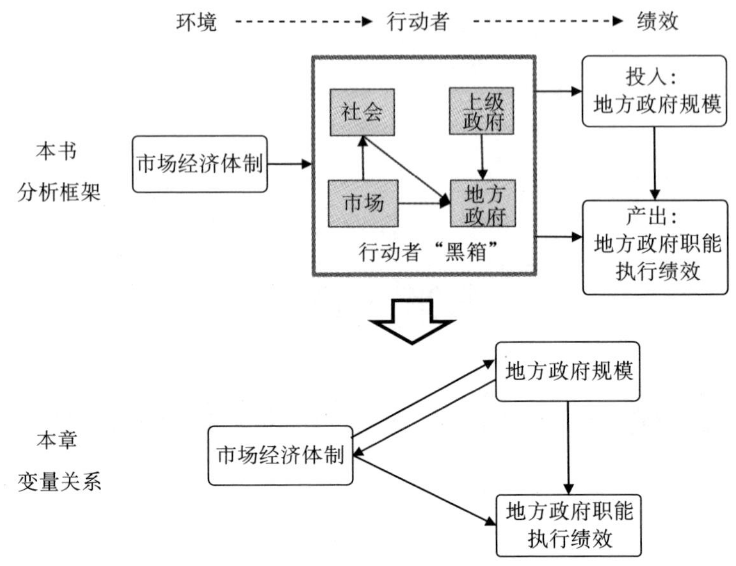

图 5－1 本章研究的基本逻辑关系

5.1 市场经济体制对地方政府规模的影响效应

5.1.1 研究假设：市场经济体制对地方政府规模的影响效应

“环境—行动者—绩效”分析框架从理论层面考察了市场经济体制对地方政府职能转变的影响机理。市场经济体制对地方政府职能转变的影响主要来自市场经济体制改革进程中，市场与政府间的制度冲突、利益冲突对政府原有职能状态的挑战。市场经济体制对地方政府规模的影响存在两种不同机制：一方面，自由、开放的市场经济体制所自然带有的不确定性，使经济不平等、失业等风险增大，地方政府需要在社会保障等领域投入更多精力，使政府职能向公共服务领域倾斜，地方政府规模扩张；另一方面，随着市场主体多样性与成熟性提升、市场要素配置效率提高、市场环境的开放性、竞争性优化，市场的制度优势凸显，承载地方政府职能的能力增强，地方政府更多向市场放权，地方政府规模缩减。

这两种影响机理恰与经济学在市场开放与地方政府规模研究中所形成的“补偿假说”与“效率假说”契合。市场经济体制发展对政府规模形成一定影响，这种影响可能是正向的，即“补偿假说”（Rodrik，1998），认为市场机制发展带来不确定性，使经济不平等、社会风险加剧，政府需要通过扩张财政支出规模来补偿这种风险，形成“市场经济体制发展→社会风险增大→政府规模扩大（以抵御这种社会风险、不确定性和经济不平等）”的影响路径（毛捷等，2015；梅冬州、龚六堂，2013）。市场经济体制发展对地方政府规模的影响也可能是负向的，即“效率假说”（Alesina、Perotti，1997），持该观点的学者认为市场机制的完善减轻了市场扭曲，使要素资源流动性增强，市场资源配置效率提升，政府获取资源的相对成本提升，效率规则使资源流向市场，政府不得不缩减开支以吸引资源；另外一些学者认为政府干预会降低资源配置效率，使其竞争力降低，政府必须减少对市场、经济的干预来确保自身的比较优势，形成“市场经济体制完善→流动性增强→政府规模缩减”的影响路径。

大量实证研究对两种假说进行了验证（见表 5－1），两种效应并非非此即彼，还可能同时存在。研究发现对于发展中国家，在经济开放程度较低时，市场经济体制对政府的冲击以“补偿机制”为主导；随着开放程度提升，市场经济体制不断完善，政府“保育员”职能弱化，“效率机制”逐渐超越“补偿机制”（毛捷等，2015）。于是，提出以下研究假设。

假设 1－1：在市场经济体制发展初级阶段，随着市场经济体制发展深化，地方政府为了克服市场经济体制改革带来的社会风险与不确定性，不断扩大地方政府规模，即市场经济体制发展使地方政府规模扩张；

假设 1－2：市场经济体制发展达到一定水平后，随着市场经济体制发展程度提升，地方政府不断向市场放权，地方政府规模不断缩减，即市场经济体制发展使地方政府规模缩减。

表 5－1　对外开放对政府规模影响效应的实证研究

作者（年份）	样本	对外开放与政府规模关系
Cameron（1978）	1960—1975 年 18 个 OECD 国家	对外开放对政府规模产生正向影响

续表

作者（年份）	样本	对外开放与政府规模关系
Rodrik (1998)	1960—1975 年 125 个国家	对外开放对政府规模产生正向影响
Alesina、Perotti (1998)	1985—1989 年 138 个国家	对外开放对政府规模产生正向影响； 国家规模对政府规模、对外开放度产生负向影响
Balle、Vaidya (2002)	1995—1997 年 美国 48 个州	贸易开放度对政府支出规模影响为正，但不显著； 开放度对公共福利支出规模、保健支出规模影响为正
Islam (2004)	1929—1997 年 6 个国家	加拿大、英国、挪威和瑞典：对外开放对政府规模产生正向影响； 美国、澳大利亚：对外开放对政府规模产生负向影响
Ram (2009)	1960—2000 年 154 个国家	对外开放对政府规模产生正向影响，且稳健
杨灿明、孙群力 (2008)	1978—2006 年 中国 28 个省份	贸易依存度对政府规模影响为正； 贸易依存度对社会保障、社会福利、转移支付影响为正； 贸易依存度对政策性补贴影响为负
高凌云、毛日昇 (2011)	1995—2006 年 中国 28 个省份	贸易开放对实际投资性支出规模影响为负； 贸易开放对实际消费性支出规模影响为正； 贸易开放对实际转移支付规模影响为负
梅冬州、龚六堂 (2013)	1980—2008 年 184 个国家 1980—2008 年 中国 19 个省份	国际样本： 发展中国家：对外开放与政府规模呈倒 U 型变化； 发达国家：对外开放对政府规模产生负向影响。 中国样本： 东部地区：对外开放对政府规模产生负向影响； 中西部地区：对外开放对政府规模产生正向影响
毛捷等 (2015)	1850—2009 年 OECD 国家	1850—1913 年：对外开放对政府规模产生负向影响； 1950—1985 年：对外开放对政府规模产生正向影响； 1986—2009 年：对外开放对政府规模产生负向影响

5.1.2 实证检验：市场经济体制发展对地方政府规模扩张的影响

5.1.2.1 模型设定与数据来源

1. 计量模型与估计方法

将毛捷等（2015）经济开放与政府规模关系的模型扩展到市场经济

体制与地方政府规模关系的研究之中，增加市场经济发展其他相关变量，形成基准回归模型（5－1）。

$$GovSize_{it} = \beta_0 + \beta_1 \cdot market_{it} + \beta_2 \cdot market_{it}^2 + \gamma \cdot X_{it} + \eta_t + \xi_i + \varepsilon_{it} \tag{5-1}$$

（5－1）式中，$GovSize_{it}$表示被解释变量，表示第 i 个城市第 t 年度的政府规模；$market_{it}$表示主解释变量，表示第 i 个城市第 t 年度的市场发展水平；X_{it}表示其他控制变量（包括经济发展水平、人口规模等）；η_t表示年份效应；ξ_i表示城市个体效应；β_0表示常数项；β_1、β_2、γ 表示估计系数；ε_{it}表示随机扰动项。

考虑到政府规模对市场经济体制发展水平的反向影响而产生的内生性问题，本书采用两种方法来解决内生性问题的干扰。

方法 1：将解释变量和控制变量的滞后一期加入回归方程形成计量模型（5－2）（毛捷等，2015；梅冬州、龚六堂，2013），并采用固定效应模型进行拟合。

$$GovSize_{it} = \beta_0 + \beta_1 \cdot market_{it-1} + \beta_2 \cdot market_{it-1}^2 + \gamma \cdot X_{it-1} + \eta_t + \xi_i + \varepsilon_{it} \tag{5-2}$$

方法 2：加入解释变量与被解释变量的滞后项形成模型（5－3），采用系统 GMM 方法对动态面板数据进行估计。

$$GovSize_{it} = \beta_0 + \sum_{q=1}^{n} \theta_q GovSize_{it-q} + \sum_{p=0}^{m} \beta_{1p} market_{it-p} + \sum_{p=0}^{m} \beta_{2p} market_{it-p}^2 + \gamma \cdot X_{it} + \eta_t + \xi_i + \varepsilon_{it} \tag{5-3}$$

（5－3）式中，n、m 分别表示 *GovSize* 和 *market* 的最大滞后阶数。

2. 变量选取与数据来源

（1）被解释变量：政府规模（*GovSize*）。采用地方财政一般预算性财政支出占 GDP 比重来表示地方财政规模。

（2）解释变量：市场经济体制发展水平（*market*）。根据对市场经济体制发展水平的考察，市场主体、市场要素和市场环境三个维度下各分指标间变化规律基本一致，考虑到数据可得性、模型精简等原因，选取非公有制经济就业人员占比（*NPSOE*）、金融相关比率（*FIR*）和对外贸易依存度（*FTD*）作为市场经济体制发展水平的代理变量。市场主体民营化、资本市场成熟度和对外开放被认为是市场经济体制最重要的属性，因此选取三个变量对市场经济体制进行衡量：①市场主体民营化是市场经济体制改革最基本的特性，代表市场主体的多样性与自主性，研究中往往使用非公有制经济就业人员占比表示民营化程度（周黎安、陶婧，2009）；②资本市场成熟度是市场要素成熟度的重要指标，在研究中常采用金融相关比率表示（赵楠，2016）；③对外开放是中国市场经济体制改革最重要的属性，在研究中往往采用对外贸易依存度表示地区的开放性以及贸易的自由度（周黎安、陶婧，2009；赵楠，2016）。

（3）控制变量：经济规模（ln*rGDP*）与人口规模（ln*pop*）。城市的经济规模与人口规模是影响政府规模的重要因素，也是现有研究使用较为普遍的控制变量（毛捷等，2015；梅冬州等，2018；梅冬州、龚六堂，2013；杨灿明、孙群力，2008）。经济规模（ln*rGDP*）采用实际 GDP 取自然对数表示，人口规模（ln*pop*）采用户籍人口取自然对数表示。

（4）样本选择与数据采集：1994 年以分税制改革为标志的财政分权制度改革形成了“中国式分权”格局（李政、杨思莹，2018），对地方政府财政支出偏好和支出规模有较大影响，选取分税制改革后相对稳定的1997—2017 年的数据进行实证研究。由于数据可得性等问题最终保留全国 223 个地级及以上城市作为样本，形成 223 个城市 1997—2017 年的面板数据。为确保数据口径一致，所有数据来源于历年《中国城市统计年鉴》《中国区域经济发展统计年鉴》，对于空缺数据与明显错误的数据根据各城市统计年鉴进行补充，如表 5 - 2 所示。

表 5 - 2　主要变量与数据来源

变量		符号	计算公式	数据来源
因变量	政府规模	*GovSize*	一般公共预算支出 ÷ GDP	《中国城市统计年鉴》
解释变量	非公有制经济就业人员占比	*NPSOE*	1 -（国有经济就业人数 + 城镇集体经济就业人数）÷ 城镇就业人数①	《中国区域经济统计年鉴》、各城市统计年鉴
	金融相关比率	*FIR*	（金融机构人民币年末各项存款余额 + 金融机构人民币年末各项贷款余额）÷ GDP	《中国城市统计年鉴》
	对外贸易依存度	*FTD*	进出口总额② ÷ GDP	2004—2012 年：《中国区域经济统计年鉴》；1997—2003 年，2013—2017 年：各城市统计年鉴

续表

变量		符号	计算公式	数据来源
控制变量	经济规模	ln*rGDP*	实际 GDP（经过价格指数③调整后）取自然对数	《中国城市统计年鉴》
	人口规模	ln*pop*	户籍人口④取对数	《中国城市统计年鉴》

注：①城镇就业人数数据无法获取时，采用城镇非私营就业与城镇私营就业、个体就业人员之和代替；②进出口总额采用当年平均汇率折算成人民币；③各城市价格指数以其所在省份价格指数代替，以 1997 年价格指数为 100 进行调整；④由于部分城市、部分年份常住人口数据无法获取，故采用户籍人口数据。

5.1.2.2　实证结果

1. 以非公有制经济就业人员占比（*NPSOE*）为主解释变量

根据上述构建的计量模型进行拟合，豪斯曼检验结果拒绝个体效应不存在的原假设，固定效应模型更为合适。表 5 - 3 显示了以非公有制经济就业占比为主解释变量的计量模型估计结果。

模型（1 - 1）、模型（1 - 2）、模型（1 - 3）是控制个体效应与时间效应后的固定效应模型的回归结果。从模型（1 - 1）、模型（1 - 2）可以发现，加入 *NPSOE* 二次项之前，非公有制经济就业人员占比与政府规模呈负相关，即总体而言，非公有制经济发展使政府规模缩减，研究假设 1 - 1 得到了证实，但加入控制变量前系数并不显著。由于可能存在倒 U 型关系，引入非公有制经济就业人员占比的平方项进行估计，模型（1 - 3）回归结果显示，非公有制经济就业人员占比的系数显著为正（$p < 0.05$），而其平方项的系数显著为负（$p < 0.05$），表明非公有制经济发展与地方政府规模之间存在一种倒 U 型关系，如表 5 - 3 所示。

表 5 - 3　　非公有制经济就业占比对政府规模的影响

模型	基准回归			稳健性	内生性	
	(1 - 1)	(1 - 2)	(1 - 3)	(1 - 4)	(1 - 5)	(1 - 6)
估计方法	FE	FE	FE	RE	FE	SYS - GMM
NPSOE	-0.015	-0.016***	0.053**	0.065**	—	0.454***
$NPSOE^2$	—	—	-0.065***	-0.072***	—	-0.320**
l. NPSOE	—	—	—	—	0.049**	—
$l.\ NPSOE^2$	—	—	—	—	-0.058**	—

续表

模型	基准回归			稳健性	内生性	
	(1-1)	(1-2)	(1-3)	(1-4)	(1-5)	(1-6)
l. GovSize	—	—	—	—	—	0.797 ***
控制变量	—	—	—	—	—	—
ln*rGDP*	—	-0.049 ***	-0.048 ***	-0.038 ***	—	-0.012 ***
ln*POP*	—	-0.001	0.001	0.022 ***	—	0.009 ***
l. ln*rGDP*	—	—	—	—	-0.049 ***	—
l. ln*POP*	—	—	—	—	0.003	—
_cons	0.070 ***	0.335 ***	0.302 ***	0.128 ***	0.301 ***	-0.089 *
时间效应	控制	控制	控制	控制	控制	控制
个体效应	控制	控制	控制	控制	控制	控制
AR (1) 检验	—	—	—	—	—	0.000
AR (2) 检验	—	—	—	—	—	0.258
Hansen 检验	—	—	—	—	—	0.319
N	3753	3753	3753	3753	3628	3581
截面数	222	222	222	222	222	222

注：(1) * 表示在 10% 的显著性水平下显著；** 表示在 5% 的显著性水平下显著；*** 表示在 1% 的显著性水平下显著；(2) 豪斯曼检验 $Chi^2 = 193.80$；Prob > chi2 = 0.000 故选择固定效应模型；(3) 本模型中固定效应模型均采用“双向固定效应模型 + 聚类标准误”，以降低异方差带来的影响；(4) SYS - GMM 采用平均值作为工具变量。

为了检验分析结果的稳健性，采用随机效应模型进行估计得到模型 (1-4)，结果与模型 (1-3) 十分接近，且均显著。为克服内生性问题，在计量模型中引入滞后一期的解释变量得到模型 (1-5)，使用系统 GMM 方法对动态面板数据进行估计，得到模型 (1-6)。根据表 5-4 显示，无论是稳健性检验抑或是内生性处理后的估计结果，非公有制经济就业人员占比 (*NPSOE*) 与政府规模 (*GovSize*) 之间的倒 U 型关系都得到了证实，表明这种关系是稳定、可靠的，即：在非公有制经济占比较低时 (发展初级阶段)，非公有制经济发展使政府规模扩张 (假设 1-1)；当非公有制经济发展到一定程度以后，变为负相关关系，非公有制经济发展使政府规模缩减 (假设 1-2)。

从模型 (1-3) 至模型 (1-5) 估计结果分析，非公有制经济就业人员占比 (*NPSOE*) 与政府规模 (*GovSize*) 之间倒 U 型关系的转折点在

0.41—0.45，表示非公有制经济就业人员占比从接近 50% 开始，非公有制经济发展对政府规模的影响从正向转为负向。参考梅冬州、龚六堂（2013）的做法，将转折点附近的值 0.5 作为分界点，区分非公有制经济发展水平较高与发展水平较低两个分样本，得到估计结果如表 5-4 中模型（1-7）、模型（1-8）所示，发展水平较低的样本组 *NPSOE* 系数为正，但不显著，而发展水平较高的组系数为负（$p<0.01$），证实了倒 U 型关系的假设。同样，考虑到随着时间推移非公有制经济不断发展，将样本按时间平均分为 1997—2006 年、2007—2017 年两个阶段，模型（1-9）、模型（1-10）得到类似结论。非公有制经济发展与地方政府规模的关系表现为：在市场经济体制发展初期，非公有制经济就业人员占比低于一定水平时（50%），与政府规模相关性不显著；当非公有制经济发展到一定阶段后，其对政府规模产生负向的影响。

表 5-4　　分样本非公有制经济发展对政府规模的影响

模型	（1-7）	（1-8）	（1-9）	（1-10）
样本	<0.5	>0.5	1997—2007 年	2007—2017 年
NPSOE	0.007	-0.031***	-0.002	-0.023**
控制变量	—	—	—	—
ln*rGDP*	-0.049***	-0.053***	-0.043***	-0.051***
ln*POP*	-0.001	-0.061	-0.005	-0.047**
_cons	0.696***	0.335***	0.613***	0.269***
时间效应	控制	控制	控制	控制
个体效应	控制	控制	控制	控制
N	1155	2598	1981	1983
截面数	203	221	220	218

注：** 表示在 5% 的显著性水平下显著；*** 表示在 1% 的显著性水平下显著。

因此，得到**推论 1：非公有制经济发展与政府规模之间存在倒 U 型关系**，即在非公有制经济发展初期，非公有制经济发展促使政府规模扩张；当非公有制经济发展成熟，市场主体民营化促使政府规模缩减。结合市场经济体制发展对地方政府规模影响机理的补偿假说与效率假说，这种倒 U 型关系的一种可能性解释是：当非公有制经济发展水平较低时，发展初期的民营经济主体需要政府“保驾护航”，政府“保育员”角色得到强化，地方政府为了抵御经济改革所带来的风险，增加政府支出，保障经济社会稳定发展，“补偿机制”所带来的政府扩张趋势大于“效率机制”带来的政府规模缩减，政府规模扩大；当非公有制经济发展达到一定水平后，市场经济体制相对完善，市场在资源配置等方面的优势凸显，政府“保育员”角色弱化，“效率机制”占优，政府逐步降低对市场干预，进而缩减了政府规模。

2. 以金融相关比率（*FIR*）为主解释变量

从金融相关比率、外贸依存度的直方图来看（见图5－2），数据存在异常值，故先去除异常值，采用同样的估计方法，以金融相关比率为主解释变量进行估计。

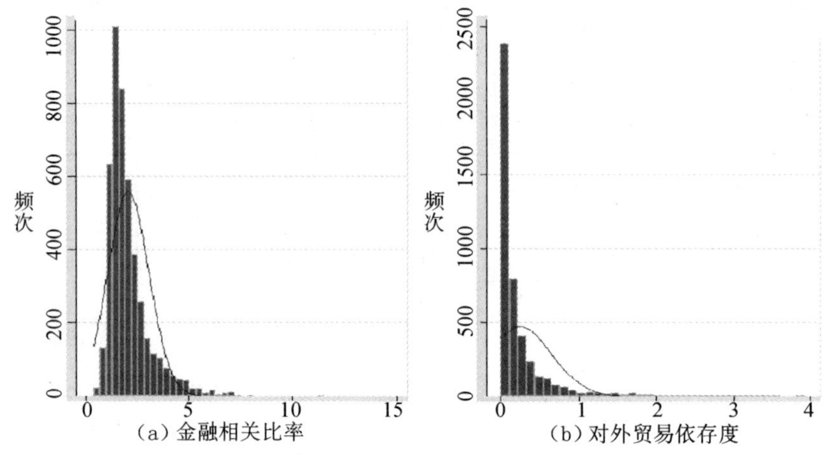

图5－2 金融相关比率与外贸依存度的直方图

从基准模型（2－1）和模型（2－2）的估计结果来看（见表5－5），金融相关比率（*FIR*）的系数显著为正，表明金融发展对政府规模的影响是正向的，即随着金融要素规模发展，政府规模不断扩张。稳健性检验（采用随机效应模型）和消除内生性问题后（采用SYS－GMM模型）的估计结果显示，*FIR*系数为正，且稳健。与非公有制经济发展相似，金融要素发展对政府规模的影响可能存在倒U型关系（模型（2－3）*FIR*系数显著为正，FIR^2系数显著为负），但所得转折点为2.875，大于此值的样本仅占10%左右。根据金融相关比率、时间段划分为样本后的估计结果模型（2－7）至模型(2－10）同样显示*FIR*对政府规模的正向影响显著，且稳健，如表5－5所示。

表 5－5　　金融要素发展对政府规模的影响

模型	基准回归			稳健性	内生性		分样本			
	(2－1)	(2－2)	(2－3)	(2－4)	(2－5)	(2－6)	(2－7)	(2－8)	(2－9)	(2－10)
估计方法	FE	FE	FE	RE	FE	SYS－GMM	<2.875	>2.875	1997－2007 年	2007－2017 年
FIR	0.010***	0.003***	0.023***	0.007***	—	0.008**	0.005***	0.009***	0.004***	0.013***
FIR^2	—	—	－0.004**	—	—	—	—	—	—	—
l. FIR	—	—	—	—	0.001	—	—	—	—	—
l. GovSize	—	—	—	—	—	0.794***	—	—	—	—
控制变量	—	—	—	—	—	—	—	—	—	—
ln*rGDP*	—	－0.042***	－0.040***	－0.036***	—	－0.010***	－0.042***	－0.026***	－0.048***	－0.020***
ln*POP*	—	－0.017***	－0.016	0.019***	—	0.007***	－0.001	－0.005	－0.049***	0.012
l. ln*rGDP*	—	—	—	—	－0.047***	—	—	—	—	—
l. ln*POP*	—	—	—	—	－0.01	—	—	—	—	—
_cons	0.049***	0.383***	0.341***	0.138***	0.374***	0.047***	0.279***	0.241***	0.597***	0.144***
时间效应	控制	控制	控制	控制	控制	控制	控制	控制	控制	控制
个体效应	控制	控制	控制	控制	控制	控制	控制	控制	控制	控制
AR（1）检验	—	—	—	—	—	0.000	—	—	—	—
AR（2）检验	—	—	—	—	—	0.194	—	—	—	—
Hansen 检验	—	—	—	—	—	0.083	—	—	—	—
N	3728	3728	3728	3728	3573	3530	3324	404	1956	1966
截面数	221	221	221	221	221	220	214	67	218	214

注：（1）** 表示在 5% 的显著性水平下显著；*** 表示在 1% 的显著性水平下显著；（2）豪斯曼检验 $Chi^2 = 199.60$；Prob > chi2 = 0.000，故选择固定效应模型；（3）本模型中固定效应模型均采用“双向固定效应模型＋聚类标准误”，以降低异方差带来的影响；（4）SYS－GMM 采用平均值作为工具变量。

研究假设 1－1 得以证实，得到**推论 2：金融要素发展使政府规模扩张**。结合理论与资本市场发展现实，这种扩张性影响效应可以认为是“效率机制”与“补偿机制”共同作用下，“补偿机制”相对占优的结果。需要特别注意的是，实证研究结果显示，金融要素发展对地方政府规模的倒 U 型关系可能存在，但转折点之后的样本量较小，从一定程度上表明市场要素发展还较为落后，未能达到促进政府规模缩减的阈值，总体来看，市场要素发展的“效率优势”尚未起到关键性作用。此外，金融存贷款总额既表示金融要素发展，也体现了全社会资本总量与资金实力，金融要素发展为财政支出提供了资金保障，对政府规模产生正向影响。

3. 以对外贸易依存度（*FTD*）为主解释变量

从模型（3－1）至模型(3－6）估计结果来看（见表 5－6），对外贸易依存度的系数显著为正且稳健（模型（3－4）至模型(3－6）作为稳健性检验），表明对外开放对政府规模的影响是正向的，即对外开放引起了政府规模的扩张。与非公有制经济发展不同，对外贸易对政府规模的影响不存在倒 U 型关系（模型（3－3）的 FTD、FTD^2 系数不显著）。

2001 年 12 月中国加入 WTO 以及 2007 年国际金融危机是中国对外贸易发展的两个关键时间节点，据此将样本划分为三个时间段（1997—2001 年；2002—2007 年；2008—2017 年）。研究结果显示，在 1997—2001 年对外贸易稳步发展阶段，对外贸易对政府规模的影响显著为正；2002—2006 年，中国加入世贸组织后，对外贸易进入高速发展期，对外开放对政府规模的影响呈显著的负相关；2007 年国际金融危机以后，国际贸易增速放缓，对政府规模的影响为正。分样本实证结果表明，在对外贸易高速发展阶段，对外开放程度相对较高，开放的“效率机制”占主导作用，即对外开放使政府规模缩减；其他时期对外贸易的增长对政府规模的影响更多遵循“补偿机制”，即对外开放使政府规模扩张。

实证检验证实了研究假设 1－1，可以得到**推论 3：对外开放使地方政府规模扩张**。总体来看，市场开放度的提升使政府规模扩张，这与以往研究的结论保持一致（杨灿明、孙群力，2008；高凌云、毛日昇，2011；Alesina、Perotti，1998；Ram，2009），汤灿明、孙群力（2008）发现，在更为开放的市场环境下，市场主体为了抵御外部风险，将一部分经济资源转移到政府部门，使政府规模扩张；高凌云和毛日昇（2011）认为对外

表 5 - 6　对外开放对政府规模的影响

模型	基准回归			稳健性	内生性		分样本		
	(3 - 1)	(3 - 2)	(3 - 3)	(3 - 4)	(3 - 5)	(3 - 6)	(3 - 7)	(3 - 8)	(3 - 9)
估计方法	FE	FE	FE	RE	FE	SYS - GMM	1997—2001 年	2002—2006 年	2007—2017 年
FTD	0. 022**	0. 026***	0. 008	0. 026***	—	0. 023#	0. 013***	-0. 012***	0. 031***
FTD^2	—		0. 021	—	—	—	—	—	—
l. FTD	—	—	—	—	0. 019**	—	—	—	—
l. GovSize	—	—	—	—	—	0. 819***	—	—	—
控制变量	—	—	—	—	—	—	—	—	—
ln*rGDP*	—	-0. 046***	-0. 046***	-0. 045***	—	-0. 013***	-0. 030***	-0. 054***	-0. 040***
ln*POP*	—	0. 018	0. 018	0. 030***	—	0. 010**	-0. 027*	0. 014	0. 024***
l. ln*rGDP*	—	—	—	—	-0. 048***	—	—	—	—
l. ln*POP*	—	—	—	—	-0. 018	—	—	—	—
_cons	0. 064***	0. 201**	0. 203**	0. 131***	0. 214***	0. 055***	0. 355***	0. 374***	0. 217***
时间效应	控制	控制	控制	控制	控制	控制	控制	控制	控制
个体效应	控制	控制	控制	控制	控制	控制	控制	控制	控制
AR（1）检验	—	—	—	—	—	0. 000	—	—	—
AR（2）检验	—	—	—	—	—	0. 014	—	—	—
Hansen 检验	—	—	—	—	—	0. 145	—	—	—
N	3629	3629	3629	3629	3481	3450	662	946	2029
截面数	214	214	214	214	214	214	178	208	208

注：（1）* 表示在 10% 的显著性水平下显著；** 表示在 5% 的显著性水平下显著；*** 表示在 1% 的显著性水平下显著；#表示在 15% 的显著水平下显著；（2）豪斯曼检验 $Chi^2 = 100.12$；Prob > chi2 = 0. 000，故选择固定效应模型；（3）SYS - GMM 采用平均值作为工具变量。

开放促进了政府规模扩张，而这种扩张主要由预期风险引致的劳动力流动和贸易引起。于是，可以得到对外开放促使政府规模扩张的一个可能性解释：市场经济体制改革带来的预期风险与不确定性导致政府加大投入，抵御这种风险，即“补偿机制”。特别需要说明的是，分样本研究发现，中国加入 WTO 后，在对外贸易高速发展所带来的制度红利下，对外开放使政府职能缩减，也就是说，该阶段较高的开放度使“效率机制”凸显，进而缩减了政府规模。但这种“效率机制”随着国际性金融危机的发生而减弱，预期风险增大，“补偿机制”再次占据上风。

5.2 市场经济体制对地方政府职能执行绩效的影响效应

5.2.1 研究假设：市场经济体制对地方政府职能执行绩效的影响效应

第 4 章揭示了市场经济体制与地方政府职能执行绩效之间相互促进的关系，那么，市场的力量在各个政府职能领域起到什么样的作用呢？

1. 市场经济体制与经济增长（经济调节职能）

改革开放以来，中国经济飞速发展创造了“中国奇迹”，东部沿海地区迅速崛起，一些学者认为沿海地区发展的奥秘即市场的力量（韦倩等，2014）。市场经济体制改革使中国从计划经济逐步走向社会主义市场经济，资源配置效率提升、市场潜力得以发挥，成为中国经济增长的主要因素。对于市场与经济增长的关系研究可追溯到亚当·斯密，他认为市场决定分工，分工决定经济增长（韦倩等，2014）。国内学者早期对市场化与经济增长的研究重点围绕市场化水平测量展开，从不同视角构建市场化测度体系（周业安、赵坚毅，2004；闫磊、刘澈元，2008；樊纲等，2011），后期多采用现成的市场化指数或从某个方面衡量市场化水平（如对外开放、民营化），加入中介变量研究市场经济体制发展与经济增长的内在机制（见表 5－7）。

表 5－7　　市场经济体制发展与经济增长关系的实证研究

作者（年份）	样本	市场经济体制与经济增长的关系
周业安、赵坚毅（2004）	1984—2002 年国家数据	市场经济体制对经济增长产生正向影响
闫磊、刘澈元（2008）	1992—2006 年西部 12 个省份	市场经济体制对经济增长产生正向影响
樊纲等（2011）	1997—2007 年 31 个省份	市场经济体制对经济增长产生正向影响； 分指数： 政府与市场关系对经济增长产生正向影响； 非公有制经济的发展对经济增长产生正向影响； 产品市场的发育对经济增长产生正向影响； 要素市场的发育对经济增长的影响不显著； 中介组织与法制环境对经济增长产生正向影响
盛丹、王永进（2011）	2000—2007 年 30 个省份 22 个工业产业	市场经济体制对经济增长产生正向影响； 中介变量：经济结构
詹新宇（2012）	1997—2007 年 30 个省份	市场经济体制对经济增长产生正向影响； 中介变量：人力资本
韦倩等（2014）	1985—2010 年 28 个省份	市场经济体制对经济增长产生正向影响
吕朝凤等（2016）	1999—2009 年 30 个省份 38 个工业行业	市场经济体制对经济增长产生正向影响
韩晶等（2017）	2005—2014 年 31 个省份	市场经济体制对经济增长产生正向影响
潘凤（2018）	1978—2015 年 31 个省份	对外开放对经济增长产生负向影响； 西部地区对外开放对经济增长产生正向影响； 中介变量：政府规模

假设 2－1：市场经济体制对经济增长的影响是正向的。

2. 市场经济体制与其他政府职能执行绩效

那么，市场的力量是否仅体现在经济领域，在社会管理、公共服务、生态环境保护等社会职能领域是否具有同样的影响力呢？

（1）市场经济体制与城乡均衡发展（社会管理职能）。伴随“共享”发展理念的深入，缩小城乡差距、实现城乡均衡发展成为社会管理的重要议题。有研究认为市场经济体制发展对城乡均衡发展具有两种不同的影响效应，并体现一定的阶段性特征：一方面，市场化进程会带来经济不平等

（付才辉，2017；周业安、赵坚毅，2004），在效率原则与“逐利”属性驱使下，资源更多地流向发展条件相对较好的城市，使农村与城市之间差距逐步拉大，影响城乡均衡发展（邓金钱、何爱平，2018）；另一方面，部分研究认为市场经济体制发展到一定程度后，城乡“二元性”与户籍壁垒逐渐消除，随着城乡发展一体化战略的深化，市场经济体制发展将有利于城乡均衡发展（阎大颖，2007；段军山等，2013；邓金钱、何爱平，2018）。

根据市场经济体制对城乡均衡发展影响的阶段性特征，本书提出研究假设：

假设 2-2：在市场经济体制发展初期，市场经济体制发展使城乡差距不断拉大，即市场经济体制对城乡均衡发展的影响是负向的；

假设 2-3：市场经济体制发展到一定水平后，随着市场经济体制发展深化，城乡差距逐步缩小，促进城乡均衡发展，即市场经济体制对城乡均衡发展的影响是正向的。

（2）市场经济体制与公共服务职能。中国经济社会发展具有“市场经济改革先行，政治改革相对滞后”的特征。不少研究发现，市场化改革带来了经济增长的同时，使部分地方政府更偏好于发展经济，而忽视了公共服务等职能领域，公共服务供给与公众偏好并不匹配，公众满意度不高（范柏乃、金洁，2016）。不过，市场力量为公共服务提供了新的活力。市场力量发展壮大，将第三方力量引入公共服务领域，通过政府购买服务等方式实现公共服务供给多样化；与此同时，市场机制的引入、公众参与意识的增强倒逼地方政府提高公共服务规模与质量。因此，得到以下假设：

假设 2-4：在市场经济体制改革初期，地方政府将更多精力集中于经济发展，公共服务职能绩效呈下降趋势，即市场经济体制发展对公共服务绩效的影响是负向的。

假设 2-5：市场经济体制发展达到一定水平后，倒逼地方政府提升公共服务水平，即市场经济体制发展对公共服务绩效的影响是正向的。

（3）市场经济体制与生态环境保护职能。“绿水青山就是金山银山”，生态环境保护成为政府第五大职能以来，绿色发展不断被提升到战略高度。在市场经济体制改革带来工业化、现代化的同时，也产生了负面影响，其中包括不断恶化的生态环境。2013 年“十面霾伏”蔓延至 25 个省份（陈诗一、陈登科，2018），雾霾等环境问题已成为城市发展的“痛症”。市场经济体制发展对环境污染具有双重影响效应：一方面，研究发现在粗放型经济发展方式下，市场自由度提升、对外贸易规模不断扩大，尤其在经济体制改革初期宽松的环境政策下资源过度开发，自然环境付出了沉重代价（罗能生、蒋雨晴，2017；于峰、齐建国，2007；朱小会、陆远权，2017），加剧了环境污染；但另一方面，随着市场机制不断完善，技术交流与技术进步使生产效率、资源配置效率提升，有助于降低污染排放（彭水军等，2013），从而改善自然环境。基于市场经济体制对环境污染的双重效应，本书提出以下假设：

假设2-6：在市场经济体制发展初期，市场经济体制发展加剧了环境污染，即市场经济体制对环境污染的影响是正向的；

假设2-7：在市场经济体制发展成熟阶段，市场经济体制发展有利于降低污染排放，即市场经济体制对环境污染的影响是负向的。

5.2.2　研究假设：地方政府规模对政府职能执行绩效的影响效应

到底是大政府还是小政府能够产生更高的地方政府绩效呢？对于不同职能领域，政府干预是否会产生不同的效果？

（1）政府规模与经济调节职能绩效。经济学界在政府干预与经济增长的讨论中形成了两极化的思想碰撞：凯恩斯主义学派认为在市场经济中，政府的有形之手应该发挥作用，通过扩张性政策刺激需求以促进经济增长，即政府干预能够在经济增长中发挥作用；以哈耶克为代表的自由主义和新自由主义学派则主张政府应该充当“守夜人”角色，不应参与经济活动，让市场发挥其自我调节机制，即政府干预对经济增长不起作用，甚至可能危害经济发展（刘晓然，2016）。一种综合观点是，在市场经济体制发展初期，需要政府有形之手发挥作用，推动改革、引导资源配置，待市场机制发育完善到一定程度，政府应该逐步从经济活动中退出，成为“守夜人”，实现角色转变，过于强势的政府干预不利于经济发展（张勇、古明明，2014；刘生龙等，2017）。

基于不同阶段政府对经济发展的作用，本书提出以下假设：

假设3-1：在市场经济体制发展初级阶段，政府干预有利于经济增长，即政府规模对经济增长的影响是正向的；

假设3-2：在市场经济体制发展成熟阶段，政府干预不利于经济增长，即政府规模对经济增长的影响是负向的。

（2）政府规模与其他政府职能执行绩效。在经济发展领域，政府的过度干预往往会影响经济发展，而在一些市场难以发挥作用的职能领域，政府的作用则至关重要，可体现在以下方面。第一，在城乡均衡发展领域，需要政府通过税收、转移支付等手段实现收入再分配，以缩小城乡间收入差距。第二，政府作为公共服务主要供给者，加大政府投入、加强公共服务责任有利于提升公共服务质量，自“服务型政府”提出以来，公共服务绩效逐步得到提升（刘雪华，2008；刘金科，2012）；尽管市场力量的引入使政府逐渐通过购买服务等形式实现公共服务供给的多样化，但在公共服务领域，政府相对于市场更占优势（郭凤林、严洁，2018；Bel 等，2018）。第三，尽管在探索“构建政府为主导、企业为主体、社会组织和公众共同参与的环境治理体系”过程中，出现了“排污权交易”等市场化的环境治理手段，但由于环境供给的公共品属性，政府仍旧发挥着主导作用（沈坤荣、金刚，2018），地方政府在环境保护领域的投入有助于环境污染的治理。因此，可以得到以下假设：

假设 3－3：政府规模对城乡均衡发展的影响是正向的；

假设 3－4：政府规模对公共服务绩效的影响是正向的；

假设 3－5：政府规模对环境污染排放的影响是负向的。

5.2.3 实证检验：市场体制发展、政府扩张使政府职能执行绩效提升了吗？

5.2.3.1 模型设定与数据来源

1. 计量模型与估计方法

构建市场经济体制、政府规模和政府职能绩效的实证模型，基准回归模型为：

$$Perform_{it} = \beta_0 + \beta_1 \cdot market_{it} + \gamma \cdot X_{it} + \eta_t + \xi_i + \varepsilon_{it} \qquad (5-4)$$

$$Perform_{it} = \beta_0 + \beta_1 \cdot GovSize_{it} + \gamma \cdot X_{it} + \eta_t + \xi_i + \varepsilon_{it} \qquad (5-5)$$

式中，$Perform_{it}$为被解释变量，表示第 i 个城市第 t 年度的政府职能绩效（包括 $\ln rPGDP$、$BDTC$、$\ln TSR$、$\ln SO_2$ 等）；$market_{it}$为主解释变量，表示第 i 个城市第 t 年度的市场发展水平（包括 $NPSOE$、FIR、FTD 等）；$GovSize_{it}$为被解释变量，表示第 i 个城市第 t 年度的政府规模；X_{it}表示其他控制变量（包括人口规模等）；η_t表示年份效应；ξ_i表示城市个体效应；β_0表示常数项；β_1、β_2、γ 表示估计系数；ε_{it}表示随机扰动项。

同时，考察政府规模是否在其中起到中介作用，构建联合模型（5－6）：

$$Perform_{it} = \beta_0 + \beta_1 \cdot GovSize_{it} + \beta_2 \cdot market_{it} + \gamma \cdot X_{it} + \eta_t + \xi_i + \varepsilon_{it} \tag{5-6}$$

内生性问题的处理方式同上节。

2. 变量选取与数据来源

（1）被解释变量：政府职能绩效（*Perform*）。根据第 4 章对政府职能执行绩效的考察，使用实际人均 GDP（ln*rPGDP*）、城乡均衡发展（*BDTC*）、普通中学的师生比（ln*TSR*）及工业 SO_2 排放量（$\ln SO_2$）分别作为经济发展、公共服务、社会管理和生态环境保护四个职能领域的代理变量进行分析，如表 5-8 所示。

（2）解释变量：非公有制经济就业人员占比（*NPSOE*）、金融相关比率（*FIR*）、对外贸易依存度（*FTD*）和政府规模（*GovSize*）。

（3）控制变量的选取：人口规模（ln*pop*）。由于经济规模与经济增长关系过于密切，将其从控制变量中去除。

表 5-8　　主要变量与数据来源

变量	符号	计算公式	数据来源
实际人均 GDP	ln*rPGDP*	实际人均 GDP（经过价格指数调整后）取自然对数	《中国城市统计年鉴》
师生比	ln*TSR*	普通中学专职教师数 ÷ 普通中学在校生人数（学生 = 100）取自然对数	《中国城市统计年鉴》
城乡均衡发展	*BDTC*	农村居民人均可支配收入 ÷ 城市人均居民可支配收入	《中国城市统计年鉴》各城市统计年鉴
工业 SO_2 排放量	$\ln SO_2$	工业 SO_2 排放量取自然对数	《中国城市统计年鉴》

注：（1）各城市价格指数数据以其所在省份价格指数代替，以 1997 年价格指数为 100 进行调整；（2）其余变量同表 5-2。

5.2.3.2　实证结果

1. 市场经济体制、政府规模与经济增长

根据上述构建的计量模型进行拟合，豪斯曼检验结果拒绝个体效应不存在的原假设，固定效应模型更为合适。表 5-9 显示了市场经济体制、政府规模与经济增长之间的影响关系。

表 5－9　　市场经济体制、地方政府规模对经济发展绩效的影响

模型	因变量：实际人均 GDP											
	(4－1)	(4－2)	(4－3)	(4－4)	(4－5)	(4－6)	(4－7)	(4－8)	(4－9)	(4－10)	(4－11)	(4－12)
估计方法	FE	FE	SYS－GMM	FE	FE	SYS－GMM	FE	FE	SYS－GMM	1997—2001 年	2002—2006 年	2007—2017 年
NPSOE	0.029	—	0.506***	—	—	—	－0.005	—	0.487***	0.027	0.031	－0.204***
FIR	－0.178***	—	－0.049**	—	—	—	－0.164***	—	－0.064***	－0.033***	－0.209***	－0.269***
FTD	0.200** *	—	0.434***	—	—	—	0.198***	—	0.429***	0.123***	0.065#	0.176***
GovSize	—	—	—	－2.648***	—	－0.294	－2.051***	—	0.788**	－0.979***	－2.997***	－0.738***
l. NPSOE	—	0.017	—	—	—	—	—	0.001	—	—	—	—
l. FIR	—	－0.155***	—	—	—	—	—	－0.154***	—	—	—	—
l. FTD	—	0.200***	—	—	—	—	—	0.197***	—	—	—	—
l. GovSize	—	—	—	—	－1.777***		—	－1.284***	—	—	—	—
l. ln*rPGDP*	—	—	0.847***	—	—	1.006***	—	—	0.823***	—	—	—
控制变量	—	—	—	—	—	—	—	—	—	—	—	—
ln*POP*	－0.236#	—	－0.018	－0.533***	—	－0.003	－0.282*	—	－0.016	－0.650***	0.05	－0.627***
l. ln*POP*	—	－0.106***	—	—	－0.474***	—	—	－0.152***	—	—	—	—
_cons	10.318***	9.604***	1.386***	12.014***	11.686***	0.081	10.719***	9.960***	1.561***	12.609***	9.432***	14.073***
时间效应	控制	控制	—	控制	控制	—	控制	控制	—	控制	控制	控制
个体效应	控制	控制	控制	控制	控制	控制	控制	控制	控制	控制	控制	控制
AR（1）检验	—	—	0.000	—	—	0.000	—	—	0.000	—	—	—
AR（2）检验	—	—	0.268	—	—	0.061	—	—	0.316	—	—	—
Hansen 检验	—	—	0.000	—	—	0.000	—	—	0.000	—	—	—
N	3579	3399	3474	3728	3573	4029	4193	4010	3192	579	862	1824
截面数	214	213	214	221	221	222	222	222	212	172	196	202

注：（1）* 表示在 10% 的显著性水平下显著；** 表示在 5% 的显著性水平下显著；*** 表示在 1% 的显著性水平下显著；#表示在 15% 的显著水平下显著；（2）SYS－GMM 采用平均值作为工具变量。

（1）市场经济体制对经济增长的直接影响。模型（4－1）至模型（4－3）揭示了市场经济体制三个要素对经济增长的直接影响，民营经济发展、对外开放对经济增长的影响为正向，且影响方向是上稳健的（模型（4－2）、模型（4－3）作为稳健性检验参考），证实了研究假设2－1，即市场经济体制发展促进了经济增长；但金融相关比率对经济增长的影响是负向且稳健的，表明金融相关比率不利于经济发展，这可能与金融机构存贷款中高比例的财政收支有关。总体而言，市场经济体制改革对经济增长的促进作用得到了证实，通过对外开放与非公有制经济发展对经济增长起关键作用，可以说市场的力量是经济增长的关键。

（2）政府规模对经济增长的直接影响。模型（4－4）至模型（4－6）揭示了政府规模与经济增长之间关系，从模型估计结果看，政府规模系数显著为负，且十分稳健，证实政府规模的扩张不利于经济增长（假设3－2）。然而，结合政府规模对经济增长影响机理的理论研究，政府对经济干预的效果并不是单一的，政府扩张对经济增长的负面影响可能是两种不同影响共同作用的结果，即政府干预对经济增长保驾护航的积极作用小于政府干预所带来的不利影响。研究结果启示，过度的政府干预并不能有效地刺激经济发展，反而不利于经济增长，政府应减少对经济的直接干预，而是更多从政策上引导、制度上保障经济发展。

（3）政府规模的中介作用。根据第 5.1 节的研究可以发现，市场经济体制发展对政府规模存在影响，而政府规模是否在市场经济体制与政府职能执行绩效之间关系中起到作用呢？根据温忠麟等（2004）中介效应检验的基本步骤与方法，本书对地方政府规模的中介效应进行检验。模型（4－1）至模型（4－3）是中介效应检验的必要前提，5.1 节对市场经济体制改革与政府规模关系的检验是中介效应的第二步检验，已证实解释变量（*market*）对中介变量（*GovSize*）存在显著的影响关系。模型（4－7）至模型（4－12）是中介效应检验的第三步，结果显示，市场经济体制、政府规模对经济增长的影响均是显著的，证实政府规模的中介效应存在（温忠麟等，2004）；同时，根据 Sobel 检验，地方政府规模对金融发展（$t=-11.01$，$p<0.001$）、对外开放（$t=-6.95$，$p<0.001$）与经济增长关系间的中介效应成立，“市场经济体制发展→政府规模→经济增长”逻辑链成立。

推论4：市场开放度的提升、非公有制经济发展促进了经济增长，而过度的政府干预不利于经济增长；与此同时，市场经济体制通过地方政府规模的中介作用影响经济增长。这一研究结果与周业安和赵坚毅（2004）、韩晶等（2017）、潘凤（2018）等众多学者研究结论一致，表明市场经济体制是经济增长的重要因素，市场经济体制发展有助于提升政府经济调节职能绩效。政府规模对经济增长的负向影响从某种意义上表明，政府规模扩张对经济增长具有牵制作用（潘凤，2018），政府过度干预对经济发展不利，在经济发展领域应该让市场发挥更重要的作用。

2. 市场经济体制、政府规模与城乡均衡发展

表5－10显示了市场经济体制、政府规模与城乡均衡之间的影响关系。①城乡均衡受到市场经济体制的直接影响：市场要素发育成熟拉大了城乡间收入差异（*FIR*的系数显著为负且稳健），这可能与市场的效率原则有关，要素自由流动使更多的要素流向城市，城镇资源聚集，与农村拉开差距；市场环境优化有利于城乡均衡（*FTD*系数显著为正且稳健），市场开放程度的提升有助于缩小城乡差异，实现城乡均衡发展。分样本研究还发现，2007年以后，非公有制经济就业人员占比对城乡均衡发展呈现显著的负向影响，非公有制经济发展不利于城乡均衡。实证检验结果发现，市场经济体制对城乡均衡发展的影响是双重的，市场机制发展一方面拉大了城乡间的差距（假设2－2），但另一方面也通过开放、公平、法治的市场环境建设打破城乡二元性格局，保障城乡均衡发展，实现共同富裕（假设2－3）。②政府规模对城乡均衡产生正向影响（假设3－3）：*GovSize*的系数显著为正且十分稳健，这表明政府干预在社会管理职能领域是有效的，政府扩张有利于实现城乡一体化发展。地方政府通过户籍制度改革等方式打破城乡二元性格局，加大政策倾斜，实现乡村振兴，达成城乡均衡发展。③政府规模的中介作用存在：根据5.1节研究结论，联合效应的检验显示，市场经济体制、政府规模系数均显著且稳健，中介效应存在。进一步根据Sobel检验，地方政府规模对金融发展（$t=-4.97$，$p<0.001$）、对外开放（$t=2.53$，$p<0.05$）与城乡均衡发展的中介效应成立，“市场经济体制→政府规模→城乡均衡发展”逻辑链成立。

表 5 - 10　　市场经济体制、地方政府规模对社会管理绩效的影响

模型	因变量：城乡均衡发展（*DBTC*）											
	(5 - 1)	(5 - 2)	(5 - 3)	(5 - 4)	(5 - 5)	(5 - 6)	(5 - 7)	(5 - 8)	(5 - 9)	(5 - 10)	(5 - 11)	(5 - 12)
估计方法	FE	FE	SYS - GMM	FE	FE	SYS - GMM	FE	FE	SYS - GMM	1997—2001 年	2002—2006 年	2007—2017 年
NPSOE	-0.017	—	-0.052	—	—	—	-0.011	—	-0.039	0.035	-0.014	-0.036***
FIR	-0.011*	—	-0.018#	—	—	—	-0.013**	—	-0.018	-0.014	-0.013**	-0.036***
FTD	0.047***	—	0.129***	—	—	—	0.040**	—	0.120*	0.039	0.039**	0.054***
GovSize	—	—	—	0.114	—	0.238***	0.245**	—	0.256	-0.189	-0.049	0.392***
l. NPSOE	—	-0.019	—	—	—	—	—	-0.013	—	—	—	—
l. FIR	—	-0.007	—	—	—	—	—	-0.009#	—	—	—	—
l. FTD	—	0.045***	—	—	—	—	—	0.044**	—	—	—	—
l. GovSize	—	—	—	—	0.170* **	—	—	0.260***	—	—	—	—
l. BDTC	—	—	0.528***	—	—	0.793***	—	—	0.556***	—	—	—
控制变量	—	—	—	—	—	—	—	—	—	—	—	—
ln*POP*	0.044	—	-0.002	0.101**	—	-0.002	0.059	—	—	0.266	-0.164**	0.019
l. ln*POP*	—	0.072*	—	—	0.093**	—	—	0.075#	—	—	—	—
_cons	0.232	0.073	—	-0.119	-0.063	0.072***	0.126	0.041	—	-1.061	1.397***	0.297***
时间效应	控制	控制	控制	控制	控制		控制	控制	控制	控制	控制	控制
个体效应	控制	控制	控制	控制	控制	控制	控制	控制	控制	控制	控制	控制
AR（1）检验	—	—	0.000	—	—	0.000	—	—	0.000	—	—	—
AR（2）检验	—	—	0.007	—	—	0.001	—	—	0.034	—	—	—
Hansen 检验	—	—	0.828	—	—	0.000	—	—	0.346	—	—	—
N	3517	3348	3408	4082	3926	3910	3213	3071	3192	549	846	1818
截面数	214	213	214	221	222	222	212	211	212	166	195	202

注：（1）* 表示在 10% 的显著性水平下显著；** 表示在 5% 的显著性水平下显著；*** 表示在 1% 的显著性水平下显著；#表示在 15% 的显著性水平下显著；（2）SYS - GMM 采用平均值作为工具变量。

推论5：市场经济体制发展通过市场开放度提升缩小了城乡收入差异，而地方政府也在城乡均衡发展方面发挥了积极作用；市场经济体制发展与政府规模扩张形成合力，共同推进城乡均衡发展，提升社会管理绩效。根据这一推论，我们可以发现，尽管市场经济发展带来了经济不平等，但开放的市场环境有助于打破城乡二元格局，促进城乡均衡发展，这与阎大颖（2007）、段军山等（2013）、邓金钱和何爱平（2018）对市场经济体制发展与城乡均衡发展的研究相呼应。

3. 市场经济体制、政府规模与公共服务

表5-11显示了市场经济体制、政府规模与公共服务绩效之间的影响关系。①公共服务绩效受市场经济体制的直接影响：公共服务绩效（师生比）受到来自非公有制经济发展的负向影响（假设2-4）和对外开放的正向影响（假设2-5），表明非公有制经济发展并没有在公共服务领域作出预期的贡献，而市场环境的优化有利于提升公共服务绩效。②政府规模对公共服务绩效产生正向影响（假设3-4）：政府在公共服务职能领域起到了正面效果，这与郭凤林、严洁（2018）对公共服务领域市场与政府选择的研究结论相呼应：市场尚未能够替代政府成为公共服务的主力军，政府提供的公共服务更受欢迎，市场经济发展对公共服务绩效的提升效果并不理想。③政府规模的中介效应存在：根据5.1节研究结论，结合联合模型系数显著性，发现政府规模中介效应的存在；进一步进行Sobel检验，地方政府规模对非公有制经济发展（$t=1.66$，$p<0.1$）、金融发展（$t=-1.84$，$p<0.1$）与公共服务绩效间的中介效应显著，政府规模在市场经济体制与公共服务绩效之间充当桥梁作用，“市场经济体制→政府规模→公共服务绩效”的逻辑链成立。

推论6：非公有制经济发展对公共服务绩效产生了负向的影响，而对外开放有助于公共服务绩效提升；政府在公共服务领域仍具有优势，政府规模扩张有助于提升政府公共服务绩效；市场经济体制会通过政府规模的中介作用影响公共服务绩效。

实证研究结果表明，市场经济体制发展对公共服务绩效提升的效果并不理想，在公共服务领域，政府发挥了更重要的作用，这一结论与郭凤林、严洁（2018）关于公民对市场与政府提供公共服务偏好的研究结论一致。

表 5-11　市场经济体制、地方政府规模对公共服务绩效的影响

模型	因变量：师生比（ln*TSR*）											
	(6-1)	(6-2)	(6-3)	(6-4)	(6-5)	(6-6)	(6-7)	(6-8)	(6-9)	(6-10)	(6-11)	(6-12)
估计方法	FE	FE	SYS-GMM	FE	FE	SYS-GMM	FE	FE	SYS-GMM	1997—2001 年	2002—2006 年	2007—2017 年
NPSOE	-0.125***	—	0.240***	—	—	—	-0.139***	—	0.093***	-0.107**	-0.015	-0.279***
FIR	-0.005	—	-0.031**	—	—	—	-0.013*	—	-0.039#	-0.012	-0.027	-0.031**
FTD	0.058**	—	0.088#	—	—	—	0.042#	—	0.184**	-0.093#	0.133***	0.064
GovSize	—	—	—	0.342***	—	1.312***	0.312**	—	—	-0.184	0.051	0.155
l. NPSOE	—	-0.121***	—	—	—	—	—	-0.142***	—	—	—	—
l. FIR	—	-0.006	—	—	—	—	—	-0.012#	—	—	—	—
l. FTD	—	0.025	—	—	—	—	—	0.012	—	—	—	—
l. GovSize	—	—	—	—	0.170*	—	—	0.260***	—	—	—	—
l. ln*TSR*	—	—	0.852***	—	—	0.765***	—	—	0.800***	—	—	—
控制变量	—	—	—	—	—	—	—	—	—	—	—	—
ln*POP*	-0.179***	—	-0.005	-0.228***	—	-0.004	-0.158***	—	0.010	0.334	0.351	-0.176**
l. ln*POP*	—	-0.234***	—	—	0.323***	—	—	0.315**	—	—	—	—
_cons	-1.726***	-1.408***	-0.462	-1.481***	-1.142***	-0.760***	-1.843***	-1.457***	-0.687	-4.658***	-4.937***	-1.547***
时间效应	控制	控制	—	控制	控制	—	控制	控制	—	控制	控制	控制
个体效应	控制	控制	控制	控制	控制	控制	控制	控制	控制	控制	控制	控制
AR（1）检验	—	—	0.000	—	—	0.000	—	—	0.000	—	—	—
AR（2）检验	—	—	0.700	—	—	0.288	—	—	0.387	—	—	—
Hansen 检验	—	—	0.408	—	—	0.000	—	—	0.123	—	—	—
N	3578	3398	3471	4189	4007	4022	3264	3112	3190	579	862	1823
截面数	214	213	214	222	222	222	212	211	212	172	196	202

注：（1）* 表示在 10% 的显著性水平下显著；** 表示在 5% 的显著性水平下显著；*** 表示在 1% 的显著性水平下显著；#表示在 15% 的显著性水平下显著；（2）SYS-GMM 采用平均值作为工具变量。

进一步根据发展阶段分样本分析发现，在1997—2001年和2002—2006年两个阶段，政府规模对公共服务绩效的影响是负向不显著的，表明在这两个阶段政府公共服务绩效并不理想，这种现象的一种可能原因是政府对经济发展的重视使其忽视了公共服务等职能，进而使其公共服务效果不佳。

4. 市场经济体制、政府规模与环境污染

表5-12显示了市场经济体制、政府规模对环境污染的影响机制检验结果，结果包括以下三个方面。①环境污染会受到市场经济体制发展的影响，非公有制经济与金融要素发展对环境污染产生负向的影响（系数为负且稳健），非公有制经济发展与市场要素完善有利于提升环境治理绩效（假设2-7）；而对外开放对环境污染产生正向影响（系数为正，且稳健），证实了假设2-6，支持已有研究关于对外开放使自然环境付出沉重代价的结论（罗能生、蒋雨晴，2017；朱小会、陆远权，2017；于峰、齐建国，2007；彭水军等，2013）。②政府干预对环境污染产生了负向的影响（假设3-5），实证检验表明政府在生态环境保护领域的投入有助于环境污染的治理，证实了政府在生态环境保护领域的主导作用，与沈坤荣、金刚（2018）研究结果相呼应。③政府规模的中介效应存在，联合模型系数显著，且根据Sobel检验结果，地方政府规模对非公有制经济发展（$t=1.64$，$p<0.1$）、金融发展（$t=-8.59$，$p<0.001$）、对外开放（$t=2.63$，$p<0.01$）与公共服务绩效间的中介效应显著，“市场经济体制→政府规模→环境保护绩效”逻辑链成立。另外，根据发展阶段，分样本分析发现，在2003—2006年对外贸易高速发展阶段，政府规模对环境污染的影响是正向的，也就是说该阶段政府规模的扩张使环境污染加剧，该阶段政府对生态环境保护的干预手段并没有产生效果。

推论7：市场经济体制改革通过非公有制经济发展与市场要素完善有利于提升生态环境保护绩效，但对外贸易的快速发展对环境保护绩效产生负向影响；政府规模扩张有利于生态环境保护，且在市场经济体制改革与生态环境保护绩效间起到中介作用。

表 5 - 12　市场经济体制、地方政府规模对环境污染的影响

模型	因变量：工业二氧化碳排放量（lnSO_2）										
	（7 - 1）	（7 - 2）	（7 - 3）	（7 - 4）	（7 - 5）	（7 - 6）	（7 - 7）	（7 - 8）	（7 - 9）	（7 - 10）	（7 - 11）
估计方法	FE	FE	SYS - GMM	FE	FE	SYS - GMM	FE	FE	SYS - GMM	2003—2006 年	2007—2017 年
NPSOE	-0.642***	—	-0.599**	—	—	—	-0.554***	—	-1.319***	-0.115	-0.716***
FIR	-0.500***	—	-0.463***	—	—	—	-0.451***	—	-0.492***	-0.455***	-0.447***
FTD	0.739***	—	0.322	—	—	—	0.710***	—	1.117	0.811***	0.840***
GovSize	—	—	—	-4.411***	—	-5.224***	-1.083**	—	3.716**	7.540***	-3.015***
l. NPSOE	—	-0.803***	—	—	—	—	—	-0.415***	—	—	—
l. FIR	—	-0.523***	—	—	—	—	—	-0.410***	—	—	—
l. FTD	—	0.993***	—	—	—	—	—	0.875***	—	—	—
l. GovSize	—	—	—	—	-5.411***	—	—	-3.439***	—	—	—
l. lnSO_2	—	—	0.863***	—	—	1.066***	—	—	0.850***	—	—
控制变量	—	—	—	—	—	—	—	—	—	—	—
ln*POP*	0.093	—	0.064	-0.772***	—	-0.072*	0.165	—	0.010	0.501	-0.325
l. ln*POP*	—	-0.214	—	—	-0.603***	—	—	0.274	—	—	—
_cons	11.354***	13.241***	2.240***	15.778***	14.867***	0.344	10.959***	10.380***	6.766***	7.799	14.259***
个体效应	控制	控制	控制	控制	控制	控制	控制	控制	控制	控制	控制
AR（1）检验	—	—	0.000	—	—	0.000	—	—	0.000	—	—
AR（2）检验	—	—	0.737	—	—	0.387	—	—	0.474	—	—
Hansen 检验	—	—	0.000	—	—	0.000	—	—	0.000	—	—
N	2662	2656	2475	3031	3059	2804	2488	2500	2307	697	1791
截面数	208	208	208	222	222	222	207	207	207	193	202

注：（1）* 表示在 10% 的显著性水平下显著；** 表示在 5% 的显著性水平下显著；*** 表示在 1% 的显著性水平下显著；#表示在 15% 的显著性水平下显著；（2）SYS - GMM 采用各变量的平均值作为工具变量。

5.3 市场经济体制与地方政府职能转变的双向影响效应

面板数据分析结果用事实数据验证了市场经济体制对地方政府职能转变的影响效应。也有不少研究认为市场与政府之间的关系是相互的，地方政府职能转变对市场经济体制发展同样存在反向的影响效应。本节将运用面板向量自回归模型，从动态互动视角研究市场经济体制与地方政府职能转变的双向关系。

5.3.1 模型设定与变量选取

传统的经济计量方法往往人为地设定变量的内生性或外生性，变量的内生性问题往往无法避免，使模型的估计和推断变得不可靠。为了克服这些不足，Sims（1980）提出非限制性向量自回归模型或称之为简约式VAR模型，该模型及以后的拓展形式在整个计量经济学体系中占据着重要地位，至今在宏观经济计量方面有着广泛的应用。为了克服VAR模型对数据量的限制和空间个体的异质性影响，计量经济学家们对VAR模型进行了改进，提出了基于面板数据的向量自回归（Panel Data Vector Autoregression，PVAR）模型。

为了研究市场经济体制发展与地方政府职能转变之间的长期动态关系，本书构建了PVAR模型进行分析，具体模型如下：

$$\begin{Bmatrix} Govr_{it} \\ NPSOEr_{it} \\ FIR_{it} \\ FTD_{it} \end{Bmatrix} = \alpha_0 + \beta_1 \times \begin{Bmatrix} Govr_{i,t-1} \\ NPSOEr_{i,t-1} \\ FIR_{i,t-1} \\ FTD_{i,t-1} \end{Bmatrix} + \cdots + \beta_p \times \begin{Bmatrix} Govr_{i,t-p} \\ NPSOEr_{i,t-p} \\ FIR_{i,t-p} \\ FTD_{i,t-p} \end{Bmatrix} + \eta_t + \xi_i + \varepsilon_{it} \tag{5-7}$$

式中，$Govr_{it}$表示第 i 个城市第 t 年度的政府规模调整，用地方政府一般财政支出占比的变动率[①]表示；$NPSOEr_{it}$表示第 i 个城市第 t 年度的市场主体发展，用非公有制经济就业人员占比变动率作为代理变量；$FIRr_{it}$表示第 i 个城市第 t 年度的市场要素发展，用金融相关比率的变动率作为代理变量；$FTDr_{it}$表示第 i 个城市第 t 年度的市场环境发展，用对外贸易依存度的变动率作为代理变量；η_t表示年份效应；ξ_i表示城市个体效应；p 表示滞后阶数；α_0 表示常数项；β_1，…，β_p 表示估计系数；ε_{it} 表示随机扰动项。

本书采用连玉君（2009）编写的 pvar2 指令对模型进行估计，使用 Stata 15.0 软件实现。由于 PVAR 模型要求强平衡面板，经过处理后，所选用样本为 2000—2017 年 187 个地级及以上城市所构成的面板数据。

5.3.2　实证检验

1. 单位根检验与协整检验

为避免“伪回归”问题，使用 Stata 15.0 自带指令，采用 LLC、IPS、Fisher ADF、Fisher PP 等方法对各个变量进行面板数据的单位根检验，以检验面板数据的平稳性。单位根检验结果显示，所有变量均为平稳过程，如表 5 - 13 所示。

表 5 - 13　单位根检验

变量	LLC	IPS	Fisher ADF	Fisher PP	平稳性
Govr	-21.827***	-23.043***	-32.249***	-66.253***	平稳
NPSOEr	-42.143***	-34.099***	-51.414***	-87.484***	平稳
FIRr	-22.589***	-21.409***	-29.079***	-46.519**	平稳
FTDr	-19.072***	-20.546***	-28.249***	-56.383***	平稳

注：** 表示在 5% 的显著性水平下显著；*** 表示在 1% 的显著性水平下显著。

PVAR 模型最优滞后阶数选择结果显示，根据 AIC、HQIC 准则建议滞后 4 期，而 BIC 准则建议选择滞后 1 期，最终选择滞后 4 期作为模型的最优滞后阶数。运用 Stata 15.0 软件自带指令，采用 Kao 检验、Pedroni 检验、Westerlund 检验方法对面板数据的协整性进行检验，结果显示所有统计

① 在动态关系研究中，流量数据较存量数据更具解释力，故在 PVAR 模型中均采用变动率作为代理变量。

量均在1%的水平下拒绝原假设，表明变量间存在协整关系（见表5－14）。

表5－14　　协整检验结果

检验方法 统计量	Kao 检验 (ADF)	Pedroni 检验 (PP)	Pedroni 检验 (ADF)	Westerlund 检验 方差比 VR
检验结果	-36.913***	-27.611***	-32.682***	-1.841***

注：*** 表示在1%的显著性水平下显著。

2. PVAR 模型稳定性检验

PVAR 模型更多应用于对动态平衡系统受到冲击后各个变量动态变化的分析，脉冲响应分析与方差分解比模拟结果更具有分析意义（冯烽，2015），在此不对 PVAR 模型拟合结果进行解读。在进行脉冲分析与方差分解之前，必须对模型的稳定性进行检验。经检验，模型所有特征根均在单位圆内，认为模型是稳定的（见图5－3）。

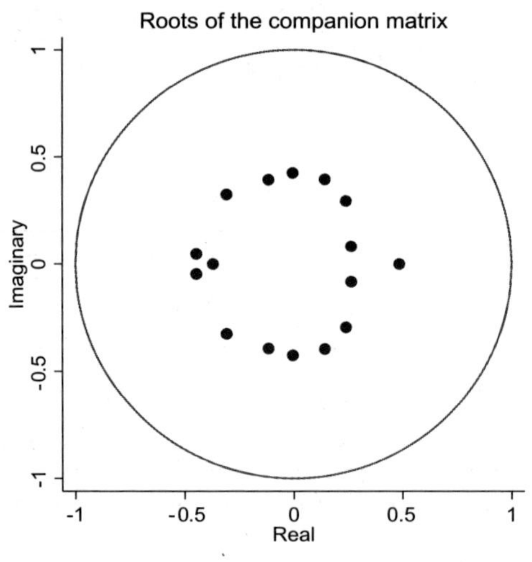

图5－3　PVAR 模型稳定性检验

3. 格兰杰因果检验

面板数据的格兰杰因果检验结果如表5－15所示，结果显示，政府规模变动与非公有制经济占比变动、金融相关比率变动均互为格兰杰原因；对外开放度发展是政府规模变动的格兰杰原因，但政府规模变动不是对外开放度提升的格兰杰原因。

表 5 – 15　　　　　　　　格兰杰因果检验

原假设	统计量 F	结果
NPSOEr 不是 *Govr* 的 Granger 原因	7.626*	拒绝
FIRr 不是 *Govr* 的 Granger 原因	6.806#	拒绝
FTDr 不是 *Govr* 的 Granger 原因	13.193***	拒绝
Govr 不是 *NPSOEr* 的 Granger 原因	14.532***	拒绝
Govr 不是 *FIRr* 的 Granger 原因	13.844***	拒绝
Govr 不是 *FTDr* 的 Granger 原因	3.679	接受

注：* 表示在 10% 的显著性水平下显著；*** 表示在 1% 的显著性水平下显著；#表示在 15% 的显著性水平下显著。

4. 脉冲响应分析

脉冲响应分析①是 PVAR 模型最具价值的分析，可以揭示各个变量扰动项的一个正交化冲击对其他变量所带来的影响（冯烽，2015）。采用蒙特卡罗方法（Monte Carlo Method）对模型的脉冲响应过程进行分析，深入考察各个变量间的动态关系，500 次 Monte Carlo 模拟得到模型拟合结果，表 5 – 16 总结了市场经济体制各个变量与政府规模之间的脉冲响应关系。从脉冲响应结果来看，多数变量间的影响关系在各地区呈现一致的影响效应；但对外贸易依存度与非公有制经济发展对政府规模的影响效应在东部地区与中西部地区呈现不同方向的影响效果，从动态的长期关系来看，非公有制经济发展在中西部地区对政府规模是正向的影响，即市场主体的发展使政府规模扩张；而东部地区则是负向的影响，即市场主体的发展使政府规模缩减。在对外开放方面，尽管长期影响趋势相同，但在东部地区，对外开放对政府规模的影响在短期内会有一个正向的影响效应，随后产生负向影响。

① 当第 j 个变量在第 t 期的扰动项 ε_t 增加 1 单位时（而其他变量与其他期的扰动项均不变），对第 i 个变量在第（$t+s$）期的取值 $y_{i,t+s}$ 的影响，将（$\partial y_{i,t+s}/\partial \varepsilon_{jt}$）视为时间间隔 s 的函数，即“脉冲响应函数”（IRF）。

表 5－16　　脉冲响应方向、趋势与累计值

样本	脉冲响应	变量关系	方向	趋势	脉冲响应累计
全国样本	政府规模对市场体制的脉冲响应	*FTDr*→*Govr*	－	减小—增大—平缓	－0.0069
		NPSOEr→*Govr*	＋	减小—平缓	0.0204
		FIRr→*Govr*	＋	减小—平缓	0.0576
	市场体制对政府规模的脉冲响应	*Govr*→*FTDr*	＋	增大—减小—平缓	0.0292
		Govr→*NPSOEr*	＋	增大—波动—减小—平缓	0.0438
		Govr→*FIRr*	－	减小—增大—平缓	－0.0214
东部地区	政府规模对市场体制的脉冲响应	*FTDr*→*Govr*	先＋后－	增大—减小—平缓	－0.0054
		NPSOEr→*Govr*	先＋后－	减小—增大—平缓	－0.0050
		FIRr→*Govr*	＋	减小—平缓	0.0958
	市场体制对政府规模的脉冲响应	*Govr*→*FTDr*	－	波动—平缓	－0.0193
		Govr→*NPSOEr*	＋	波动—平缓	0.0505
		Govr→*FIRr*	－	平缓波动收敛	－0.0311
中西部地区	政府规模对市场体制的脉冲响应	*FTDr*→*Govr*	－	减小—增大—平缓	－0.0092
		NPSOEr→*Govr*	＋	减小—增大—减小—平缓	0.0315
		FIRr→*Govr*	＋	减小—平缓	0.0557
	市场体制对政府规模的脉冲响应	*Govr*→*FTDr*	＋	增大—减小—平缓	0.0381
		Govr→*NPSOEr*	＋	增大—波动—减小—平缓	0.0428
		Govr→*FIRr*	先＋后－	增大—减小—增大—平缓	－0.0208

注：＋表示正向影响；－表示负向影响。

全样本变量间脉冲响应分析如图 5－4 所示。①市场经济体制发展对地方政府职能转变的影响。对外开放度变动的一个正向冲击对政府规模调整的影响在第 1 期负向影响最大为－0.5%，之后负向影响逐步减弱，到第 2 期开始较为稳定接近于 0，影响基本消失；非公有制经济的冲击对政府规模的影响持续时间较长，在当期最大达到 6.8%，之后影响减弱，到第 5 期基本消失；金融发展的冲击在第 0 期对政府规模调整的影响最大达到 4.66%，但这种影响效应立即锐减，到第 1 期时影响效应收敛到 0.1% 且开始趋于稳定，表明金融要素发展对政府规模调整的影响是短期的，持续时间较短。②地方政府职能转变对市场经济体制发展的反作用。从脉冲响应函数来看，政府规模调整对市场开放度与非公有制发展均是正向的长期影响。政府规模调整对对外开放的影响在第 3 期达到最高，为 2% 左右，政府规模调整对金融相关比率变动的影响在第 1 期是正向的，之后变为负向影响，表明政府规模的调整对金融要素发展的作用是短期的。

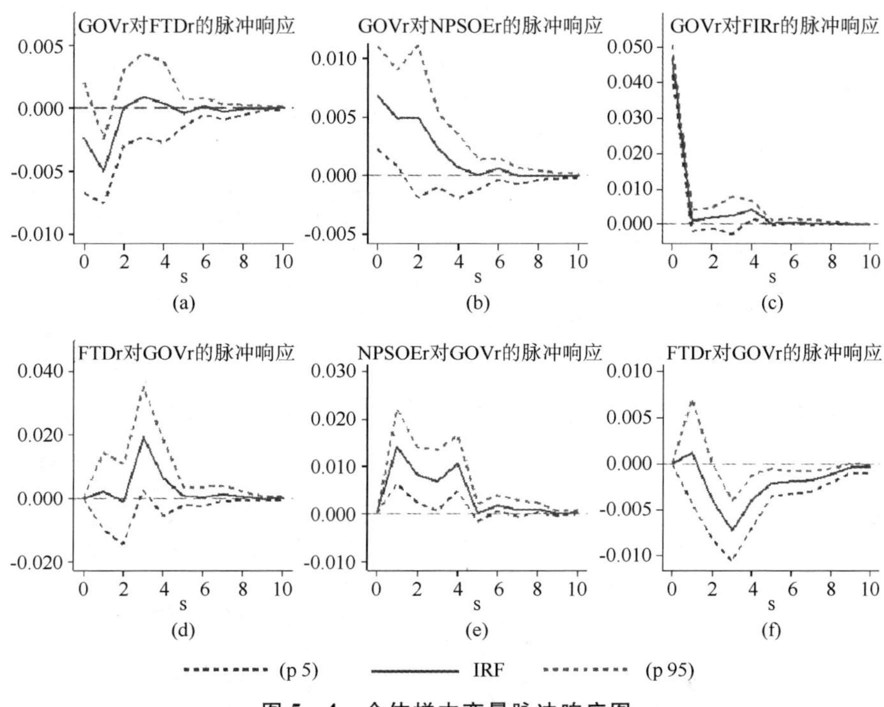

图 5－4　全体样本变量脉冲响应图

注：(1) s 表示期数；(2) 图例中 IRF 表示脉冲响应函数；p5 与 p95 之间的范围表示 95%的置信区间。

分样本脉冲响应分析结果比较如图 5－5 所示。①市场经济体制发展对地方政府职能转变的影响：东部地区与中西部地区对外开放度发展对政府规模调整的影响效应不同，东部地区对外开放对政府规模的影响先正向后负向，而在中西部地区是短期负向影响后趋于 0；非公有制经济发展的影响效应也有所不同，东部地区非公有制经济占比变动对政府规模调整的影响是负向的，而中西部地区是正向的，与非公有制经济对政府规模的倒 U 型关系结果一致；金融要素发展对政府规模的影响方向基本一致，但从影响持续期数来看，东部地区金融要素发展对政府规模的影响是长期的，而中西部地区影响是短期的，在第 1 期便趋向于 0。②地方政府职能转变对市场经济体制发展的反作用：政府规模对对外贸易与非公有制经济发展的影响基本规律相同，但对于金融要素发展的影响在东部地区是负向并逐步减弱的，在中西部地区，首先产生一个正向的影响，之后迅速减小变为负向，在第 3 期负向影响最大，随后逐渐趋向于 0。

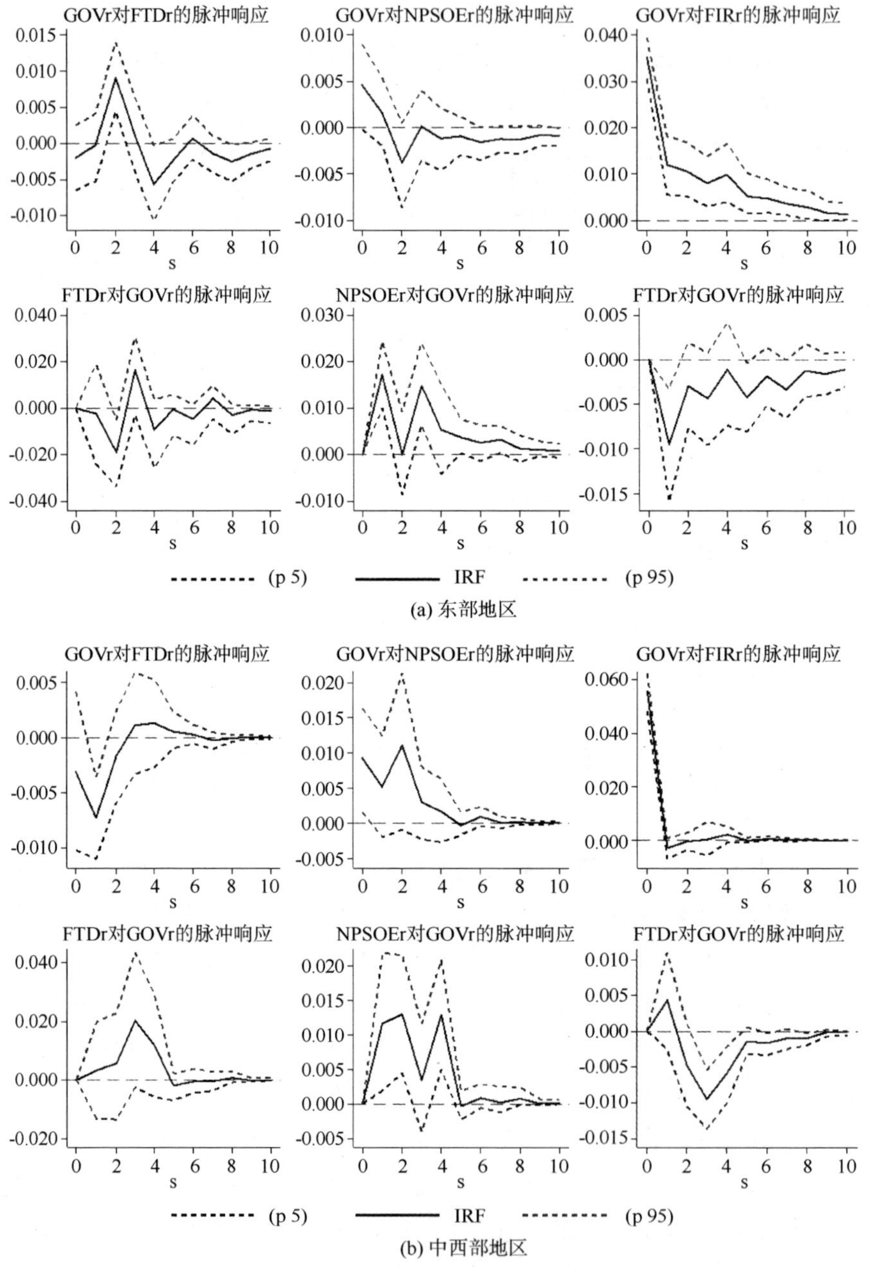

图 5－5 分样本变量脉冲响应图

注：（1）s 表示期数；（2）图例中 IRF 表示脉冲响应函数；p5 与 p95 之间的范围表示 95% 的置信区间。

5. 方差分解

通过方差分解可以在脉冲响应的基础上分析冲击反应对变量波动的贡献率。从全样本方差分解结果来看，如表 5－17 所示，政府规模变动具有延续性，政府规模的方差变动多来自其自身；在市场经济体制改革各要素中，金融相关比率变动对政府规模调整的方差贡献率最大，在 13% 左右，而对外开放与非公有制经济发展的方差贡献率仅为 0.2% 与 0.6%。

表 5－17　　方差分解结果

地区	指标	s	*FTDr*	*NPSOEr*	*FIRr*	*Govr*
全国	*Govr*	1	0.000	0.003	0.132	0.865
	Govr	5	0.002	0.006	0.131	0.861
	Govr	10	0.002	0.006	0.131	0.861
东部地区	*Govr*	1	0.000	0.003	0.150	0.847
	Govr	5	0.013	0.004	0.181	0.802
	Govr	10	0.015	0.005	0.187	0.794
中西部地区	*Govr*	1	0.000	0.004	0.132	0.864
	Govr	5	0.003	0.010	0.130	0.857
	Govr	10	0.003	0.010	0.130	0.857

东部地区与中西部地区差异比较：东部地区市场经济体制改革对政府规模调整的影响较中西部地区要大，且影响持续期数要长，到第 9 期进入稳定状态，对外贸易依存度对政府规模变动的方差贡献率为 1.5%，非公有制经济发展的方差贡献率为 0.5%，而金融相关比率变动对政府规模调整的影响最大，方差贡献率为 18.7%；西部地区市场经济体制对政府职能转变的影响持续时间较短，到第 3 期便不再发生变化，与东部地区不同，中西部地区非公有制经济发展的方差贡献率要高于对外开放程度，表明中西部地区政府规模受到非公有制经济占比变动的影响大于受对外开放水平的影响，但影响最大的依旧是金融相关比率。

5.4 本章小结

本章通过对1997—2017年223个城市的面板数据进行分析，揭示了市场经济体制、政府规模与政府职能执行绩效之间的影响效应，回答了以下几个问题：市场经济体制发展促使地方政府规模缩减了吗？市场经济体制发展是否提升了地方政府职能执行绩效？政府干预在特定职能领域是否有效？地方政府规模调整是否对市场经济体制发展具有反向影响？具体研究结论如下。

1. 市场经济体制对地方政府规模的影响效应

市场经济体制发展促使政府规模缩减了吗？实证研究发现市场经济体制三大要素发展对地方政府规模的影响效应有所不同（见表5-18）。就实证检验结果来看，非公有制经济发展对地方政府规模的影响呈倒U型，即在非公有制经济发展的不同阶段，市场经济体制对政府规模具有不同的影响。在发展水平较低时，为应对非公有制经济发展带来的挑战，地方政府规模随着市场经济体制发展而扩张；在非公有制经济发展到一定水平后，市场机制发挥作用，促使政府规模缩减。金融要素发展与对外开放促使政府规模扩张。一种可能性解释是在市场经济体制对地方政府规模的影响中，“补偿机制”的扩张效应大于“效率机制”所引起的地方政府规模缩减，大部分城市的金融发展与对外贸易发展的效率优势尚未发挥重要作用，市场经济体制所带来的不确定性与外部风险对地方政府行为的影响更大。

表5-18 市场经济体制对地方政府规模的影响

解释变量	关系	可能性解释
非公经济就业占比	倒U型	在市场经济体制改革初期，非公有制经济发展水平较低，要求政府对非公有制经济进行扶持，导致政府规模扩大，补偿机制占优；随着非公有制经济主体不断发展，根据“效率机制”，政府逐步退出市场，向市场放权，使政府规模缩减，效率机制占优

续表

解释变量	关系	可能性解释
金融相关比率	正向影响	金融要素的发展为地方政府规模扩张提供坚实的资本基础，这种扩张性影响效应可以被认为是在“效率机制”与“补偿机制”共同作用下，“补偿机制”相对占优的结果，从一定程度上表明市场要素发展还较为落后，“效率优势”尚未起到关键性作用
外贸依存度	正向影响	对外开放所带来的预期风险与不确定性导致政府加大投入抵御这种风险，即“补偿机制”。特别需要说明的，分样本研究发现，中国加入 WTO 后，在对外贸易高速发展所带来的制度红利下，对外开放使政府职能缩减，也就是说，此阶段较高的开放度使“效率机制”凸显，进而缩减了政府规模。但这种“效率机制”随着国际性金融危机的发生而减弱，预期风险增大，“补偿机制”再次占上风

2. 市场经济体制改革对地方政府职能执行绩效的影响效应

采用面板数据固定效应模型，剖析市场经济体制改革、政府规模对政府职能绩效的影响机理。同时，采用分步法对政府规模的中介效应进行检验，研究表明“市场经济体制→政府规模→政府职能绩效”的影响机理成立。

（1）市场经济体制发展促使地方政府职能执行绩效提升了吗？总体而言，实证研究用事实数据进行验证，得到了肯定的答案，即市场经济体制发展有利于地方政府职能执行绩效提升。但具体而言，在市场经济体制发展带来有益影响的同时，各要素对政府职能执行绩效的影响方向有所不同。非公有制经济发展有利于经济增长与生态环境保护，但就目前而言拉大了城乡差距，对城乡均衡发展产生了负向影响；金融要素发展仅对环境污染治理产生有益影响，从某种程度表明，市场要素发展还相对落后，未能起到应有效果；对外开放给经济增长、城乡均衡与公共服务都带来了正向影响，但不断扩大的对外贸易规模对生态环境保护绩效产生了负向影响。

（2）地方政府规模扩张有利于政府职能执行绩效提升吗？政府规模与政府职能绩效的关系可以揭示政府在哪些职能领域起到了关键性作用，促使了哪些职能执行绩效的提升。实证检验结果显示，政府干预不利于经济增长，政府应尽量减少对市场的干预，让市场的无形之手发挥更重要的作用；此外，政府在社会管理、公共服务、生态环境保护等职能领域发挥了重要作用，政府规模对政府职能执行绩效均呈现正向的影响效应，政府应将更多的精力集中于公共服务等涉及民生的职能领域。表 5 - 19 总结了市场经济体制、地方政府规模对政府职能执行绩效的影响效应。

表 5 - 19　　市场经济体制、地方政府规模对政府职能执行绩效的影响效应

职能领域		政府职能执行绩效			
		经济调节	社会管理	公共服务	生态环境保护
代理变量		经济增长（*rPGDP*）	城乡均衡发展（*BDTC*）	师生比（ln*TSR*）	环境污染（表示反向指标）（$\ln SO_2$）
市场经济体制	非公有制经济发展（*NPSOE*）	+	-	-	-
	金融相关比率（*FIR*）	-	-	-	-
	对外贸易依存度（*FTD*）	+	+	+	+
政府职能	政府规模（*GovSize*）	-	+	+	-

注：+表示正向影响；-表示负向影响。

3. 市场经济体制与地方政府职能转变的双向影响

将地方政府规模变动率作为地方政府职能转变的代理变量，采用 PVAR 方法，研究市场经济体制发展与政府规模调整之间的双向影响。

实证检验结果显示：①市场经济体制发展与政府规模调整存在双向因果关系，且这种因果关系具有长期性；②市场经济体制发展对政府规模调整的影响呈现地区差异，东部地区非公有制经济发展对地方政府规模的影响是负向的，而在中西部地区，非公有制经济发展对地方政府规模的影响是正向的，与面板数据固定效应所得倒 U 型结论一致，即东部地区非公有制经济发展使政府规模缩减，而中西部地区非公有制经济发展却使政府规模扩张，一种可能的解释是东部地区非公有制经济发展相对完善，其效率优势使政府缩减规模，而中西部地区非公有制经济发展相对落后，还需要政府“保驾护航”，使政府规模扩张；③金融要素发展对地方政府规模变动的影响效应最为明显，从方差分解来看，地方政府规模变动的 13%左右是由金融要素发展引起的，表明两者变动存在较强的联系，但这种影响是短期的；④地方政府规模调整对市场经济体制发展存在反向影响，从脉冲响应分析结果来看，地方政府规模调整对市场经济体制发展的影响并不是一时的，而是长期存在的。因此，可以认为市场经济体制发展与地方政府职能转变存在一种双向的影响关系。

综上所述，本章通过面板数据分析剖析了市场经济体制对地方政府职能转变的影响效应，通过实证分析得到了“市场经济体制—地方政府规模—地方政府职能执行绩效”的影响链条，如图 5 –6 所示。市场经济体制不同要素对地方政府规模、地方政府职能执行绩效产生影响效应有所不同；地方政府规模扩张促进了社会管理、公共服务、生态环境保护等职能执行绩效的提升，发挥了积极作用，但过度干预不利于经济增长；地方政府规模调整与市场经济体制发展的双向影响效应得到了证实。

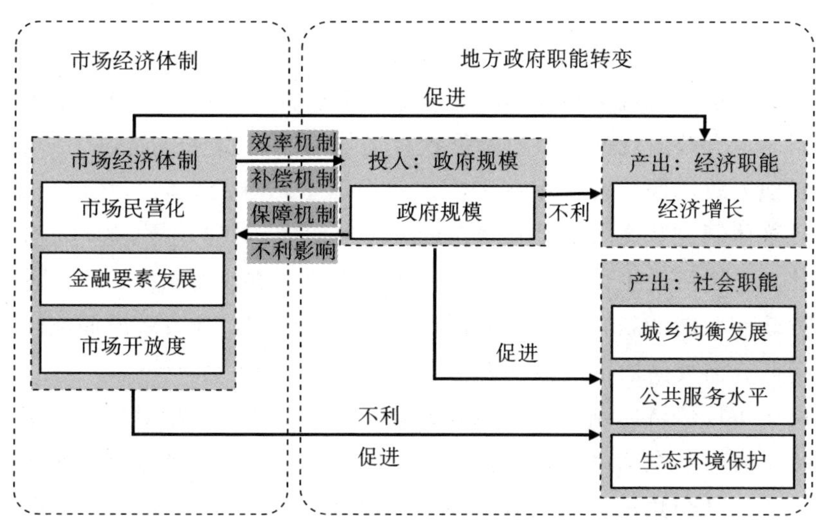

图 5 –6　市场经济体制对地方政府职能转变的影响机理

第6章

市场经济体制对政府职能转变的影响路径

第4章、第5章依托统计数据对市场经济体制与地方政府职能转变的时空演进特征、协调关系和影响效应进行了全方位剖析，重点考察市场经济体制对地方政府规模、政府职能执行绩效的影响效应，证实了市场经济体制对地方政府职能转变存在影响，并揭示了影响的方向与强弱。那么，市场经济体制究竟通过何种路径对地方政府职能转变产生影响？政府、市场和社会三个行动主体又如何共同作用，促使地方政府职能转变，进而形成地方政府职能的新状态？这些都是市场经济体制对地方政府职能转变影响机理研究需要解决的关键问题。

由于市场经济体制发展与地方政府职能转变的概念相对复杂，很难找到直接、有效、全面的统计指标作为代理变量，基于统计数据的面板数据分析仅能从某个角度间接检验两者的影响机理。为了弥补统计数据可得性、口径变化等不足，本章采用问卷调查法，开展实际调查、采集第一手数据，更加全面、直观地对市场经济体制与地方政府职能转变进行衡量，打开地方政府职能转变的行动者“黑箱”，深入探讨市场经济体制对地方政府职能转变的影响路径。

6.1 研究假设与概念模型

根据第 3 章构建的“环境—行动者—绩效”分析框架，以“行动者博弈”为研究重点，政府职能转变的过程实质上就是在市场经济体制改革进程中，政府、市场和公民社会三者关系动态变化的博弈过程。在市场经济体制发展的驱动下，地方政府作为政府职能转变的核心行动者，既受到来自市场和公民社会自下而上的推动，又受到上级政府自上而下的要求与指导（见图 6－1）。本章在“环境—行动者—绩效”的分析框架下，从“行动者”逻辑出发，基于对“政府—市场—社会”互动关系分析，提出研究假设、构建结构方程模型，揭示市场经济体制对地方政府职能转变的影响路径，同时探讨社会组织、上级政府在其中扮演的角色。

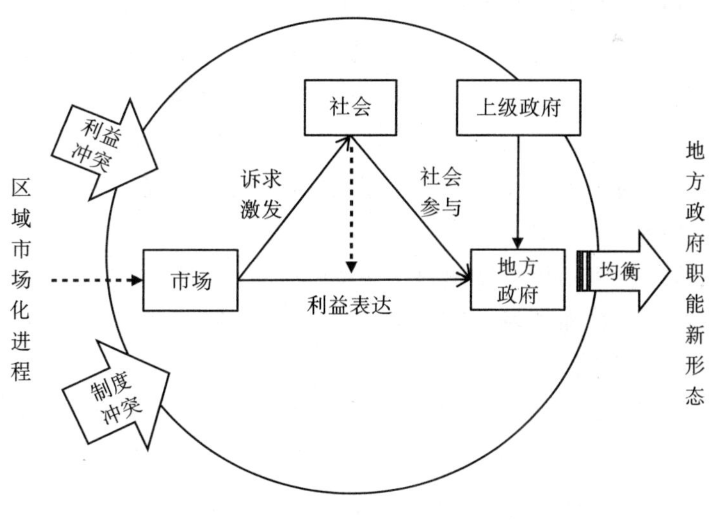

图 6－1　“政府—市场—社会”互构与博弈

6.1.1　地方政府职能转变的市场驱动：市场经济体制的直接影响

地方政府职能转变是地方政府根据制度环境所进行的适应性调整的结

果（李艳，2013；王珺，2004），市场经济体制是影响地方政府行为调整的关键环境因素，包括市场主体的成长、市场要素的发育、市场环境的优化。

从微观机制上，市场主体成长倒逼地方政府职能转变。在市场化进程中，企业作为市场活动的微观主体发展壮大，参与意识觉醒，对于现状的不满使其迫切地表达自身利益诉求，推动政府职能转变；随着市场主体在经济社会发展中的地位提升，话语权与影响力扩大，在公共决策中议价能力大大提高，影响政府决策。此外，市场主体成长使市场对地方政府职能的承载能力提升，政府能更好地放权给市场，促进政府职能转变。

从宏观属性上，市场要素与市场环境变迁倒逼地方政府职能转变。首先，地方政府职能定位必须与市场体制发展水平相契合。随着市场经济发展，民营经济等非公有制经济主体在社会经济发展中发挥越来越重要的作用，地方政府对市场机制作用的认可使其逐渐转变定位，主动适应市场、回应市场，并尝试着用市场方法来经营地方（曹正汉、史晋川，2009），市场手段越来越多地被政府所采纳。何显明（2018）用具有“市场增进”功能的“有效政府”来解释“浙江现象”，将浙江在区域竞争中的优势归功于能够顺应区域市场体系发育、及时调整政府角色定位和行为模式的“有效政府”。其次，市场要素发育使资源实现自由流动，政府行政手段优势逐渐消失，政府成本提升迫使政府提升办事效率，打造高效政府。此外，市场环境不断优化，公平、开放、法治的理念逐步根植于社会经济发展，对地方政府提出了更高要求，倒逼地方政府职能转变，打造法治政府、开放政府。

综上所述，市场经济体制的发展倒逼地方政府职能转变，市场主体成长、市场要素发育和市场环境优化均对地方政府职能转变产生显著的影响。于是，得到假设：

H_1：市场经济体制发展对地方政府职能转变具有显著的正向影响；

H_{1a}：市场主体成长对政府内部优化具有显著的正向影响；

H_{1b}：市场主体成长对政府外部适应具有显著的正向影响；

H_{1c}：市场要素发育对政府内部优化具有显著的正向影响；

H_{1d}：市场要素发育对政府外部适应具有显著的正向影响；

H_{1e}：市场环境优化对政府内部优化具有显著的正向影响；

H_{1f}：市场环境优化对政府外部适应具有显著的正向影响。

6.1.2　地方政府职能转变的社会参与：社会组织的中介效应

社会组织在中国是一个舶来品，市场经济体制发展孕育了新型社会组织（胡宁生，2014；赖先进、王登礼，2017）。市场经济体制发展为社会组织发育提供了肥沃的土壤，以个体为单位的利益主体自愿以社会组织的形式聚集在一起，向政府部门表达利益诉求（胡宁生，2014）。更重要的是，市场要素发育与市场环境的优化为社会组织发展带来了新的活力与动力，要素的自由流动使社会组织对政府资源的依赖降低，社会组织自主性、有效性增强，使其与地方政府对立谈判成为可能；市场资源配置的效率属性使资源分配的结构改变，降低了社会组织政治性交易成本，有利于社会组织发展（蔡长昆，2018）。已有研究证实了市场经济体制对社会组织发展的影响，王玉珍、王李浩（2016）对社会组织发展差异性的研究发现，市场化程度较高的地区社会组织发展也相对较快。据此得到以下假设：

H_2：市场经济体制发展对社会组织发展具有显著的正向影响；

H_{2a}：市场主体成长对社会组织发展具有显著的正向影响；

H_{2b}：市场要素发育对社会组织发展具有显著的正向影响；

H_{2c}：市场环境优化对社会组织发展具有显著的正向影响。

政府体制改革的过程实质上就是政府、市场和社会三者关系动态变化的博弈过程，社会组织应该是其中重要的一极，社会组织发展成熟是政府治理体系现代化的重要标志（包国宪、潘旭，2007），也是实现政府职能转变的重要路径。

社会组织发展有利于公众利益诉求传递，激发公众参与热情，影响地方政府的决策与行为。随着市场经济体制发展，公众参与意识觉醒，愈发积极地表达利益诉求、参与民主监督（翁列恩，2014；余钧，2016），影响政府决策与行为，而这种意志表达的有效性则有赖于社会组织活力。社会组织不断发展，公众与政府的沟通表达机制日益完善，公众通过社会组织实现关于降低政府成本、杜绝腐败、增进民生等诉求的表达，向地方政府施加压力，促使地方政府进行职能转变。

社会组织发展有助于政府向社会放权的实现。社会组织作为连接政府与公众的纽带，在社会发展、社会安定等方面发挥积极作用（石亚军、高红，2015）。成熟的社会组织不仅能实现自我管理，还能够承担一些政府职能，成为“公共服务助手”（黄晓春、周黎安，2017）。目前，全国性的、具有较大影响力的社会组织大多是提供公共服务的慈善组织或基金会，抑或是服务市场主体的行业协会、商会等（蔡长昆，2018），这些组织很大程度上承担了地方政府让渡出来的职能，能够减轻政府负担，促使政府简政放权。向社会放权、与社会合作，用协商等方式多元化处理社会问题，成为地方政府职能转变的重要方式，有助于提高政府对社会的适应性。

社会组织发展能够提升公众参与的有效性，影响政府行为与决策；具有活力的社会组织能够承接政府下放的部分职能，促进地方政府职能转变。因此，可以得到以下假设：

H_3：社会组织发展对地方政府职能转变具有显著的正向影响；

H_{3a}：社会组织发展对政府内部优化具有显著的正向影响；

H_{3b}：社会组织发展对政府外部适应具有显著的正向影响。

6.1.3 地方政府职能转变的上级指导：上级战略调整的中介效应

政府体系内部的上下级垂直关系是影响乃至左右政府运行效率的重要因素（马亮，2017），地方政府的职能配置取决于国家权力机关和中央政府的授权（马斌、徐越倩，2010）。由于中央政府对地方政府职能结构或重点的调整需要通过各级政府的层层配置来实现，因此，地方政府职能配置的依据往往来源于上级政府对中央政府执政纲领的传达或某项具体政策、法规的出台与修订。1988 年以来的八次较大规模的政府机构改革便是以中央政府的政治权威为核心动力推动地方政府职能转变的最佳例证。

尽管改革开放以来，地方政府自主性不断增强，但以人事制度为核心的中央集权化的政治控制仍然对地方政府的行为方向起主导作用，仍是政府行政改革的核心动力（姜异康等，2011；蓝煜昕，2013；徐晨光、王海峰，2013）。中央将执政纲领变化、公共政策调整等改革意图通过“改革发包方（中央）—细化与传递（省市）—改革承包方（县乡）”的层层“发包”下达到地方政府，同时通过官员的政治晋升通道实现对地方政府职能转变方向的掌控。可以发现，上级政府战略调整与指导仍是地方政府职能转变的核心动力，于是，可以提出假设：

H_4：上级战略调整对地方政府职能转变具有显著的正向影响；

H_{4a}：上级战略调整对政府内部优化具有显著的正向影响；

H_{4b}：上级战略调整对政府外部适应具有显著的正向影响。

此外，市场经济体制发展程度会影响上级政府对区域的定位，进而使政府职能作出调整，尤其是市场机制的效率效应与市场环境的开放性、公平性、竞争性理念均会使上级政府施政战略发生变化，对地方政府重点工作、考核要点进行调整。因此，可以提出假设：

H_5：市场经济体制发展对上级战略调整具有显著的正向影响；

H_{5a}：市场要素发育对上级战略调整具有显著的正向影响；

H_{5b}：市场环境优化对上级战略调整具有显著的正向影响。

6.1.4　概念模型

从地方政府职能转变中行动者之间互动关系出发，研究地方政府职能转变的市场驱动、社会参与和上级指导，形成了在上级政府动员推动下，“市场—社会—政府”三元互构的地方政府职能转变概念模型，如图 6－2 所示。市场经济体制发展对地方政府职能转变产生直接影响，同时，也通过社会组织与上级政府的中介效应产生间接的影响。

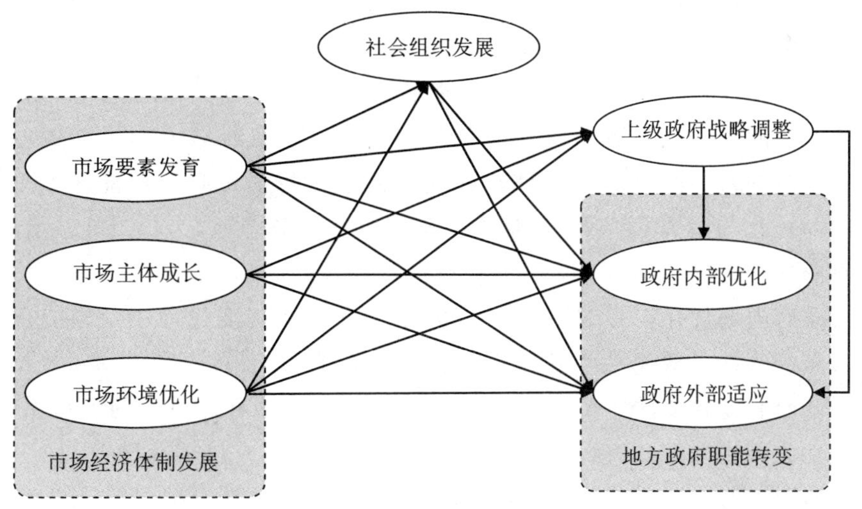

图 6－2　概念模型

6.2 问卷设计与数据采集

地方政府职能转变、市场经济体制发展和社会组织发展均是相对复杂的概念，需根据其概念要素设计问卷进行测评。在已有研究基础上，对测量指标进行理论遴选，对设计问卷进行预调查，检验量表的信度、效度，形成用于发放与数据收集的最终问卷。

6.2.1 问卷设计

基于文献阅读和理论分析，参考相关领域量表，根据指标遴选基本原则，设计地方政府职能转变、市场经济体制发展、社会组织发展和上级战略调整四个量表。

（1）因变量：地方政府职能转变。地方政府职能转变评价主要从地方政府职能转变适应性视角、地方政府职能转变的过程与结果的视角、地方政府职能转变成效、地方政府职能转变内容等角度进行。对于地方政府职能转变本身的测量，本章通过对地方政府职能转变成效的测量实现对地方政府职能转变测量的可操作化处理。根据“任务绩效—周边绩效”模型，在范柏乃和张电电（2018）研究基础上，将地方政府职能转变划分为内部优化与外部适应两个维度，分别与“任务绩效”和“周边绩效”相对应。

政府内部优化，顾名思义是地方政府在职能转变过程中对自身的优化，从经济性、效率性、效益性和公平性“4E”准则入手，同时，结合地方政府职能转变的重要方式与流行目标，提出具有针对性的测量指标。经济性主要指地方政府权力范围、审批事项的缩减，与“简政放权”“有限政府”相呼应；效率性主要从政府部门的工作效率提升来考察，与“高效政府”相呼应；效益性主要考察政府相关工作的落实情况，重点考察公共服务的优化，与“优化服务”“服务型政府”相呼应；公平性则从地方政府的透明性与法治性进行考察，与“法治政府”相呼应。

政府外部适应性反映政府对外部环境的适应程度，重点考察地方政府对市场环境、社会环境的适应性。对市场环境的适应性从政府相对于市场的角色转变进行考察，涉及政府对企业的干预程度以及在资源配置中扮演的角色等（樊纲等，2011）；对社会环境的适应主要涉及市场与社会的关系转变、社会问题的解决方式改变以及社会公众对政府的认可（张电电，2016）。

通过指标的理论遴选得到以下测量指标，如表 6－1 所示。

表 6－1　　地方政府职能转变测量指标

变量	具体题项	侧重点	参考文献
政府内部优化	*ISG*1：政府行政审批事项逐渐减少 *ISG*2：政府行政权力范围不断缩减	经济性	张电电（2016）、范柏乃和张电电（2018）、Pollitt 和 Bouckaert（2008）、Askim 等（2010）、Rosa 和 Morote（2013）、Sun（2008）
	*ISG*3：政府部门工作效率不断提高 *ISG*4：到政府部门办事更加快速、便捷	效率性	
	*ISG*5：政府提供了更加优质、便捷的公共服务 *ISG*6：社会问题得到更加有效的解决	效益性	
	*ISG*7：政府更多地依法办事 *ISG*8：政府事务更加公开、透明	公平性	
政府外部适应	*OSG*1：政府对企业更多是服务者，而非管理者 *OSG*2：政府逐渐退出市场 *OSG*3：市场在资源配置中占据主导地位	对市场的适应	张电电（2016）、范柏乃和张电电（2018）、樊纲等（2011）
	*OSG*4：政府与社会的关系逐渐转变为合作关系 *OSG*5：社会问题逐步通过协商等方式解决 *OSG*6：公共政策更加受到公民的认可	对社会的适应	

（2）关键解释变量：市场经济体制发展。与第 4 章、第 5 章一致，对市场经济体制的测量主要通过市场经济体制发展来实现操作化。根据第 3 章对市场经济体制三个要素的界定，从市场主体、市场要素和市场环境三个维度进行测评（见表 6－2）。

市场主体成长主要衡量市场主体的多样性、自主性和责任心。其中，多样性主要衡量民营经济的发展及经济主体的多样性；自主性主要是指市场主体进入市场的自由性以及其自主经营权；责任心则考察市场主体在不断成熟的过程中对社会责任的担当。

市场要素发育主要衡量要素流动性与配置效率两个方面。其中，要素流动性主要考察劳动力、资本和技术的流动性；配置效率则考察市场资源配置有效性。

市场环境优化主要涉及市场开放性、竞争性和法制性的提升。

表 6 – 2　　市场经济体制发展测量指标

变量	具体题项	侧重点	参考文献
市场主体	*MS*1：民营经济等非公有制经济得到持续较快发展 *MS*2：参与市场经济活动的主体越来越多样化	多样性	Athukorala（2018）、Babetskii 和 Campos（2007）、De Melo 等（2001）、樊纲等（2003，2011）、王军等（2016）、闫磊等（2008）、詹新宇（2012）、Gwartney 等（2017）
	*MS*3：企业越来越独立自主地参与市场经济活动 *MS*4：企业能够自由进入更多行业、领域、业务	自主性	
	*MS*5：企业越来越积极地履行社会责任 *MS*6：企业有更多精力去参与社会事务（如公益）	责任心	
市场要素	*MF*1：资本要素流动性不断增强，投融资行为愈发普遍 *MF*2：人力资源流动性不断增强，就业与招聘更为容易 *MF*3：技术流动性不断增强，科技成果转化愈发方便	流动性	
	*MF*4：市场要素总体配置效率不断提高 *MF*5：市场要素越来越多地实现自由配置	配置效率	
市场环境	*MC*1：市场竞争越来越激烈 *MC*2：市场竞争越来越遵循“优胜劣汰”的市场规则	竞争性	
	*MC*3：对外贸易规模不断扩大 *MC*4：市场开放程度越来越高	开放性	
	*MC*5：企业、消费者合法权益的保护力度不断提高 *MC*6：产权保护力度不断提高	法制性	

（3）中介变量 1：社会组织发展。社会组织活力是标志社会组织发展状态的基本范畴，是有效性、自主性和回应性的统一（苏曦凌，2016）。参考社会组织活力的基本要素，对社会组织发展进行测量。从社会组织的能力素质出发，社会组织活力表现为有效性，社会组织提供公共服务、参与社会治理能力水平；从社会组织的权利出发，表现为自主性，拥有独立自主的空间，能够独立于政府进行自主活动；从社会组织的功能出发，表现为回应性，反映其积极正向的社会功能。因此，本书从有效性、自主性和回应性设计社会组织发展的测量指标（见表 6 – 3）。

表 6－3　社会组织发展测量指标

变量	具体题项	侧重点	参考文献
社会组织发展	*SOV*1：社会组织活跃性不断提升 *SOV*2：社会组织专业服务水平不断提高	有效性	苏曦凌（2016）
	*SOV*3：社会组织对政府资源依赖程度不断降低 *SOV*4：社会组织活动受政府控制程度不断减小	自主性	
	*SOV*5：社会组织更加积极推动社会发展 *SOV*6：社会组织更加频繁地参与公共事务决策	回应性	

（4）中介变量 2：上级政府战略调整。“中央—地方”关系是地方政府改革的研究重点，中央政府/上级政府被认为是地方政府职能转变的主导者。本书从上级政府对地方政府的改革要求提出、工作重心调整以及地方政府考核导向的变化测量上级政府在政府职能转变中的战略调整（见表 6－4）。

表 6－4　上级政府战略调整测量指标

变量	具体题项	侧重点	参考文献
上级政府战略调整	*SGR*1：上级政府对政府职能转变提出了明确要求	改革要求	余钧（2016）
	*SGR*2：上级政府对政府工作重心作出了较大调整	重心调整	
	*SGR*3：地方政府考核评价指标体系发生了较大变化	考核变化	

6.2.2　问卷信度与效度检验

问卷相关测量指标设计完成后形成预测试问卷，通过预测试，检验问卷的信度与效度。选择浙江大学 MPA 班、干部培训班集中发放 150 份问卷进行预测试，根据回收的 135 份有效问卷对量表进行修正。

（1）政府职能转变问卷的信度、效度检验。信度指对同一现象进行多次测量是否可以得到相同的资料。以 SPSS 软件为工具，采用克劳伯克 α 系数对测量问项进行内部一致性信度分析，问卷各维度及整体的克劳伯克 α 系数均高于 0.7，说明测量问项具有良好的内部一致性信度，如表 6－5 所示。

表 6－5　　问卷的信度检验

变量名称	克劳伯克 α 系数	项数	变量名称	克劳伯克 α 系数	项数
GP：政府职能转变	0. 934	14	*MD*：市场经济体制	0. 925	17
ISG：内部优化	0. 921	8	*MS*：市场主体	0. 869	6
OSG：外部适应	0. 876	6	*MF*：市场要素	0. 891	5
SOV：社会组织	0. 895	6	*MC*：市场环境	0. 828	6
SGR：上级政府	0. 847	3	—	—	—

结构效度是指测量结果所体现的结构与测值之间的对应程度，通常采用探索性因子分析进行检验。对地方政府职能转变问卷题项进行 KMO 检验和 Bartlett 检验，KMO 值为 0. 948，Bartlett 检验 p 值 =0. 000，表明适合进行因子分析。采用主成分分析法，通过最大方差法旋转因子，以特征值大于 1 为因子个数决定标准，进行探索性因子分析。表 6－6 显示了分析结果，提取的 2 个公因子与政府职能转变维度的理论假设相吻合，分别对应内部优化与外部适应，所有指标均落入相应维度，表明问卷具有较高的结构效度；从累计方差贡献率看，内部优化与外部适应 2 个公因子的方差贡献率分别为 35. 8% 和 28. 8%，累计方差贡献率达到 64. 6%，具有较强的解释力。

表 6－6　　地方政府职能转变问卷的旋转成分矩阵

指标	成分	
	因子 1	因子 2
ISG3	0. 882	0. 113
ISG4	0. 859	0. 196
ISG5	0. 761	0. 318
ISG6	0. 729	0. 381
ISG7	0. 714	0. 332
ISG8	0. 712	0. 369
ISG2	0. 698	0. 356
ISG1	0. 564	0. 409
OSG4	0. 277	0. 824
OSG3	0. 160	0. 742

续表

指标	成分	
	因子 1	因子 2
OSG5	0.286	0.738
OSG2	0.232	0.737
OSG1	0.471	0.663
OSG6	0.322	0.659

注：提取方法：主成分分析。旋转方法：Kaiser 标准化最大方差法。旋转在 3 次迭代后已收敛。灰色表示因子 1、因子 2 包含的主要指标。

（2）市场经济体制发展问卷的信度、效度检验。市场经济体制发展问卷三个维度的克劳伯克 α 系数分别为 0.869、0.891、0.828，问卷整体克劳伯克 α 系数为 0.925，均大于 0.7，表明问卷具有较高的内部一致性。

对市场经济体制发展问卷题项进行 KMO 检验和 Bartlett 检验，KMO 值为 0.886，Bartlett 检验 p 值 =0.000。进一步探索性因子分析结果显示，提取的 4 个公因子与市场经济体制发展维度的理论假设基本吻合，分别对应市场主体成长、市场要素发育和市场环境优化，绝大部分指标均落入相应维度。但测量市场主体成长的 *MS*1 “民营经济等非公有制经济得到持续较快发展” 落入了市场要素发育相关的维度，考虑将其删去；市场环境优化相关的 6 项指标被划分为 2 个公因子，尝试从市场经济体制发展问卷提取 3 个公因子后，测量市场竞争性的 *MC*1 “市场竞争越来越激烈”、*MC*2 “市场竞争越来越遵循‘优胜劣汰’的市场规则” 单独成为 1 个因子，考虑删去其中共同度相对较低的 *MC*1 进行修订。删除 *MS*1、*MC*1 后的问卷量表重新进行探索性因子分析，所有题项均落入相应维度，表明修正后的问卷具有较高的结构效度，如表 6 - 7 所示；从累计方差贡献率看，3 个公因子的方差贡献率分别为 23.8%、21.6% 和 20.7%，累计方差贡献率达到 66.1%，具有较强解释力，如表 6 - 7 所示。

表 6 - 7　　修正后市场经济体制发展问卷的旋转成分矩阵

指标	成分		
	因子 1	因子 2	因子 3
*MS*3	0.763	0.188	0.145
*MS*4	0.743	0.221	0.239

续表

指标	成分		
	因子 1	因子 2	因子 3
*MS*5	0.716	0.318	0.249
*MS*2	0.691	0.235	0.125
*MS*6	0.631	0.427	0.196
*MF*2	0.245	0.800	-0.022
*MF*3	0.343	0.694	0.293
*MF*4	0.466	0.652	0.321
*MF*1	0.456	0.619	0.292
*MF*5	0.390	0.588	0.373
*MC*4	0.188	0.139	0.760
*MC*5	0.142	0.369	0.730
*MC*3	0.297	0.182	0.723
*MC*6	0.004	0.529	0.705
*MC*2	0.391	-0.282	0.602

注：提取方法：主成分分析。旋转方法：Kaiser 标准化最大方差法。旋转在 6 次迭代后已收敛。灰色表示各因子包含的主要指标。

（3）社会组织发展问卷的信度、效度检验。社会组织发展问卷的内部一致性检验克劳伯克 α 系数达 0.895，表明问卷具有较高的内部一致性；探索性因子分析结果显示，共提取 1 个公因子，累计方差贡献率达到 65.8%，具有较高效度。

（4）上级政府战略调整问卷的信度、效度检验。上级政府战略调整问卷的内部一致性检验结果表明，克劳伯克 α 系数为 0.847，通过内部一致性检验。探索性因子分析结果显示，提取公因子数量为 1，方差贡献率达到 76.7%，具有较高的效度。

综上，删去 *MS*1、*MC*1 两项指标进行修正后，市场经济体制改革与地方政府职能转变的问卷具有较高的信度与效度，形成的最终调查问卷可用于大规模发放。

6.2.3 数据采集与样本分析

确定最终调查问卷之后，进入大规模的问卷发放与数据采集阶段。首先，需要确定研究对象，并对样本的基本情况进行分析，以确保样本代表性。

（1）样本选择。考虑到县级政府作为政府职能执行的最基本单元，与公众之间的关系更为密切，公众对其基本情况的感受更为直接、具体，更便于调查；同时，县级政府数量较省级、市级政府更多，更利于取样，以达到结构方程分析的样本要求。因此，选取县级政府作为本书的调查对象。选择 325 个县级单位作为研究样本，其中，东部地区 165 个县级行政区域，中部、西部地区各 80 个县级行政区域。

（2）数据采集。调查问卷通过课堂、访谈、电子邮件、网络、微信等形式发放，发放时间为 2019 年 4—6 月，每个县级行政区域控制在 1—3 份。[①] 研究共计发放问卷 600 份，回收问卷 437 份，其中，有效问卷 398 份，覆盖除西藏自治区外的所有省份，包括东部地区 165 个县级行政区域，中部、西部地区各 80 个县级行政区域。

（3）样本人口统计学特征。表 6－8 显示了样本的人口统计学特征，描述性分析发现：①取样性别分布较为均衡，男性占比 48.7%；②问卷调查对象年龄较为年轻，主要集中在 40 岁以下的人群，同时涉及各年龄阶段；③被调查者整体受教育程度较高，将近 50% 的受访者拥有本科学历，25% 以上的受访者为研究生及以上学历；④受访者职业分布类型多样，以政府、事业单位为主，涵盖经济、社会发展的各类职业。问卷调查所涉及的调查样本基本能够反映不同性别、年龄、职业对区域市场经济体制发展与地方政府职能转变的认知。

（4）样本的同源方差检验。为了避免由于数据来源、测量工具、语境等造成的变量间的共变关系而导致研究结论潜在的混淆与误导，本书采用 Harman 单因子分析检验方法进行同源方差检验。表 6－9 显示了 Harman 单因子分析的结果，在未旋转的情况下，发现抽取出的第一主成分占方差总变异的 45.6%，未超过半数，表明同源偏差并不算严重。

① 当某个县级行政区域回收有效问卷数量超过 1 份时，采用平均值作为该县级单位测量指标的得分。

表 6 – 8　　　　样本的人口统计学特征

项目	类别	频数	频率	项目	类别	频数	频率
性别	男	194	48.7%	职业	政府	178	44.7%
	女	204	51.3%		事业	87	21.9%
年龄	30 岁及以下	133	33.4%		企业	82	20.6%
	31—40 岁	139	34.9%		自由职业	43	10.8%
	41—50 岁	91	22.9%		离退休	1	0.3%
	51—60 岁	34	8.5%		其他	7	1.8%
	61 岁及以上	1	0.3%	职称等级	厅级及以上	1	1.1%
学历	高中及以下	54	13.6%		处级	39	21.3%
	专科	47	11.8%		科级	92	50.3%
	本科	196	49.2%		科员及以下	35	24.6%
	研究生及以上	101	25.4%		无	5	2.7%
地区分布	东部地区	207	52.0%	职务	领导职务	37	20.2%
	中部地区	97	24.4%		非领导职务	146	79.8%
	西部地区	94	23.6%	—	—	—	—

注：职称等级与职务仅政府工作人员填写。

表 6 – 9　　　　Harman 单因子分析

组件	初始特征值			提取载荷平方和		
	总计	方差百分比	累积百分比	总计	方差百分比	累积百分比
1	18.227	45.567%	45.567%	18.227	45.567%	45.567%
2	3.013	7.531%	53.098%	3.013	7.531%	53.098%
3	1.626	4.066%	57.164%	1.626	4.066%	57.164%
4	1.476	3.689%	60.853%	1.476	3.689%	60.853%
5	1.375	3.437%	64.290%	1.375	3.437%	64.290%
6	1.254	3.135%	67.425%	1.254	3.135%	67.425%
7	1.168	2.920%	70.345%	1.168	2.920%	70.345%
8	0.977	2.444%	72.788%	—	—	—
9	0.876	2.191%	74.979%	—	—	—
10	0.761	1.902%	76.881%	—	—	—
⋮	⋮	⋮	⋮	—	—	—
39	0.115	0.288%	99.757%	—	—	—
40	0.097	0.243%	100.000%	—	—	—

6.3 统计分析与结果讨论

在大规模调查基础上，对所获数据进行描述性统计分析，探讨区域差异，构建结构方程模型，进一步分析市场经济体制对地方政府职能转变的影响路径。

6.3.1 描述性统计分析

以各指标取算数平均数的方法对地方政府职能转变、市场经济体制发展、社会组织发展、上级政府指导等变量各维度得分进行描述性统计分析。根据表 6－10 显示，政府、市场、社会各个方面平均得分均在 4.5 分以上，其中，地方政府外部适应、社会组织发展的平均得分较低（低于 4.8 分），表明地方政府职能转变的外部适应性与社会组织的发展处于相对低位；市场环境方面的平均得分最高，为 5.23 分，反映公众对近年来市场环境的发展持肯定态度；此外，上级战略调整得分超过 5.0 分，表明近年来上级政府从政策调整、工作重点变化等方面对地方政府职能转变提供了较多指导。

表 6－10　　描述性统计分析

维度	总计	比较			
		东部地区	中部地区	西部地区	方差分析 *F* 值
内部优化	4.82	5.10	4.68	4.39	12.68***
外部适应	4.66	4.83	4.71	4.24	8.74***
市场主体	4.89	5.05	4.81	4.65	3.91**
市场要素	4.88	5.03	4.75	4.72	3.06**
市场环境	5.23	5.40	5.13	4.99	5.39***
社会组织	4.73	4.91	4.73	4.37	8.30***
战略调整	5.03	5.10	5.02	4.88	1.03

注：** 表示在 5% 的显著性水平下显著；*** 表示在 1% 的显著性水平下显著。

具体来看，地方政府职能转变的内部优化方面平均得分（4.82 分）要高于外部适应性（4.66 分），即地方政府在组织内部的经济性、有效性、效果性和公平性提升方面比地方政府与市场、社会适应性方面做得相对更好。方差分析发现，地方政府职能转变得分存在显著的地区差异，呈现“东部地区 > 中部地区 > 西部地区”的特征，进一步分析发现，政府外部适应在中东部地区与在西部地区差异较大，而东部、中部地区之间差异并不显著，如图 6－3、表 6－11 所示。

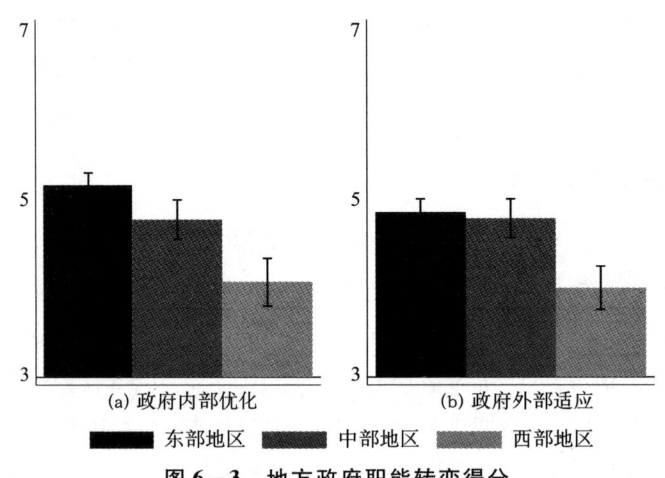

图 6－3　地方政府职能转变得分

表 6－11　东中西部地区间两两比较分析

因变量	(I)分类	(J)分类	平均差(I－J)	标准错误	因变量	(I)分类	(J)分类	平均差(I－J)	标准错误
政府内部优化	东部	中部	0.42***	0.15	市场主体	东部	中部	0.24*	0.15
	东部	西部	0.72***	0.15		东部	西部	0.40***	0.15
	西部	中部	－0.29*	0.17		西部	中部	－0.16	0.17
政府外部适应	东部	中部	0.12	0.14	市场要素	东部	中部	0.27*	0.14
	东部	西部	0.59***	0.14		东部	西部	0.30**	0.14
	西部	中部	－0.47***	0.17		西部	中部	－0.03	0.17
社会组织	东部	中部	0.19	0.13	市场环境	东部	中部	0.27***	0.13
	东部	西部	0.54***	0.13		东部	西部	0.41***	0.13
	西部	中部	－0.36**	0.16		西部	中部	－0.14	0.15

注：* 表示在 10% 的显著性水平下显著；** 表示在 5% 的显著性水平下显著；*** 表示在 1% 的显著性水平下显著。

在市场经济体制方面，市场环境平均得分（5.23 分）相对于市场主体（4.89 分）、市场要素（4.88 分）来说较高。近年来，随着市场经济体制的不断深化，以民营企业为主体的非公有制经济不断发展，成为经济社会发展的主力军，市场主体活跃性、自主性不断增强，有力地推动了市场经济发展；然而，当前高昂的经济运行成本使市场经济主体发展受阻，市场主体活力有所不足。市场要素的自由流动与高效配置是市场经济体制发展的关键，由于垄断、管制等因素，市场要素无法实现自由配置，"市场扭曲"大量存在（吕冰洋，2014），导致市场要素评价相对较低。市场环境维度得分相对较高，意味着相对而言，近年来市场经济体制改革在统一开放、竞争有序、法制健全的市场环境营造方面表现更为突出。方差分析发现市场经济体制三个维度得分均存在显著的区域差异，平均得分总体呈现"东部地区 > 中部地区 > 西部地区"，进一步事后分析发现，东部地区与中西部地区存在显著差异，而中西部地区间差异并不显著，这一结果与第 4 章统计分析的结果基本吻合，东部地区在市场经济体制发展中领先优势明显。

在社会组织发展方面，平均得分在所有市场、政府、社会三个维度中最低，表明社会组织发展相对市场、政府较为落后。社会组织发展的得分存在显著的地区差异，中东部地区社会组织发展状况要显著高于西部地区，但总体不理想。

上级政府战略调整得分相对地方政府职能转变得分要高，表明上级政府通过执政战略、工作重心、考核重点等调整对地方政府职能转变的指导，相对于地方政府职能转变绩效得到了更高的认可。这一研究结论与 Li（2004）所提出的"央强地弱"的"差序政府信任"概念相印证，公众总是更加认同上级政府的努力，而对于与自身关系更为密切的地方政府所产生的绩效持怀疑态度。

总体而言，政府、市场、社会的发展总体呈现"市场 > 政府 > 社会"的特点，而在区域差异上呈现"东部地区 > 中部地区 > 西部地区"的特点（见图 6 - 4）。

6.3.2　验证性因子分析

在问卷的信度效度检验中，已采用探索性因子分析对问卷结构效度进行检验，而验证性因子分析（Confirmatory Factor Analysis）则能够验证构

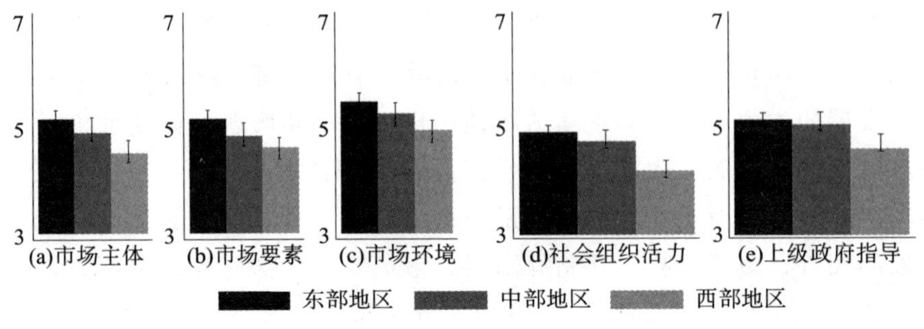

图 6－4 相关维度得分

建的理论模型与实际收集数据之间的契合度，检验测量变量是否有效（吴明隆，2010）。在构建结构方程模型之前，首先要对潜变量的测量模型进行验证性因子分析。使用 Amos 20.0 对地方政府职能转变、市场经济体制和社会组织活力等进行验证性因子分析。

（1）地方政府职能转变。地方政府职能转变测量模型包含内部优化与外部适应两个潜变量，前者包含 8 个测量指标，后者则有 6 个测量指标。拟合结果显示，路径系数均显著不为 0（$p < 0.001$），所有测量指标标准化负荷系数均达到 0.55 以上，且没有很大的标准误（介于 0.04—0.07），表明理论指标基本能够有效测量两个维度的地方政府职能转变绩效，但政府内部优化的平均方差抽取量（AVE）未能达到 0.5 的标准，模型需要进一步修正（见表 6－12）。

结合验证性因子分析结果，删除测量指标"*ISG*1：政府行政审批事项逐渐减少"（因素负荷量相对较低），修正指标测量误差之间的共变关系，得到修正后的测量模型，如图 6－5 所示。修正后各测量指标的标准化负荷系数均达 0.55 以上，且两个潜在因子的组合信度均大于 0.7，平均方差抽取量高于 0.5，表明测量模型内在质量较高，如表 6－12 所示。同时，模型拟合效果有所提升，绝对适配度指标、增值适配度指标、简约适配度指标均达到模型适配要求（RMSEA 值 $= 0.078 < 0.08$，GFI $= 0.922 > 0.9$，NNFI $= 0.935 > 0.9$，PGFI $= 0.618 > 0.5$，$\chi^2/df = 2.95 < 3$），说明模型适配度良好，模型信度和收敛效度均可接受。

表 6－12　地方政府职能转变测量模型验证性因子分析结果

潜变量	测量指标	因素负荷量	信度系数	测量误差	组合信度	AVE
内部优化	*ISG*2	0.705	0.497	0.503	0.935	0.672
	*ISG*3	0.788	0.624	0.376		
	*ISG*4	0.833	0.689	0.311		
	*ISG*5	0.899	0.810	0.190		
	*ISG*6	0.824	0.672	0.328		
	*ISG*7	0.840	0.706	0.294		
	*ISG*8	0.844	0.706	0.294		
外部适应	*OSG*1	0.766	0.587	0.413	0.901	0.603
	*OSG*2	0.730	0.533	0.467		
	*OSG*3	0.754	0.569	0.431		
	*OSG*4	0.884	0.781	0.219		
	*OSG*5	0.783	0.613	0.387		
	*OSG*6	0.733	0.537	0.463		

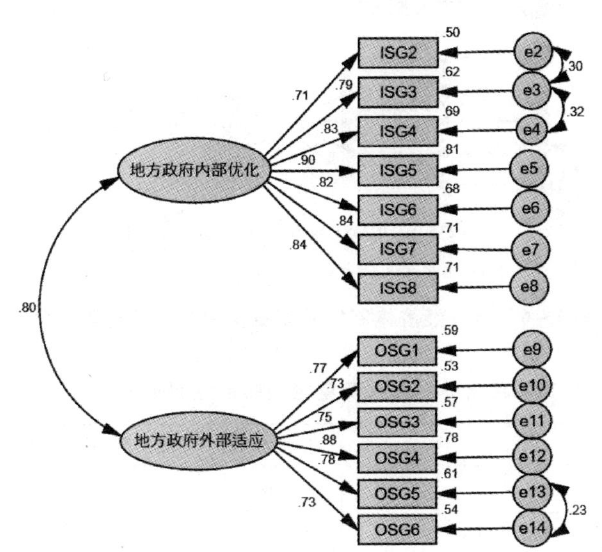

$\chi^2=179.87$；RMSEA＝0.078；GFI＝0.922；

NNFI＝0.953；PGFI＝0.618；$\chi^2/df=2.95$

图 6－5　地方政府职能转变测量模型的验证性因子分析

（2）市场经济体制。采用同样的方法对市场经济体制发展的测量模型进行验证性因子分析，增加部分指标测量误差之间的共变关系对模型进行修正。修正后的模型拟合效果较好，绝对适配度、增值适配度和简约适配度均达到要求（$\chi^2=235.0$，RMSEA = 0.076，GFI = 0.910，NNFI = 0.935，PGFI = 0.622，$\chi^2/df=2.866$），如图 6－6 所示；如表 6－13 所示，测量指标的因素负荷系数均达到 0.55 的标准，同时 3 个潜在因子的组合信度与平均方差抽取量均达到或接近标准，表明市场经济体制发展的测量模型具有较高的质量。

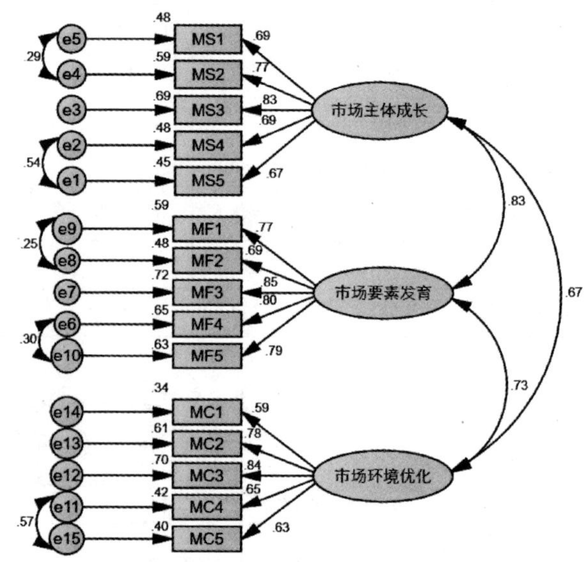

$\chi^2=235.0$；RMSEA = 0.076；GFI = 0.910；

NNFI = 0.935；PGFI = 0.622；$\chi^2/df=2.866$

图 6－6 市场经济体制发展测量模型的验证性因子分析

表 6－13 市场经济体制发展测量模型验证性因子分析结果

潜变量	测量指标	因素负荷量	信度系数	测量误差	组合信度	AVE
市场主体成长	*MS*2	0.694	0.482	0.518	0.853	0.538
	*MS*3	0.768	0.590	0.410		
	*MS*4	0.830	0.689	0.311		
	*MS*5	0.689	0.475	0.525		
	*MS*6	0.673	0.453	0.547		

续表

潜变量	测量指标	因素负荷量	信度系数	测量误差	组合信度	AVE
市场要素发育	*MF*1	0.770	0.593	0.407	0.887	0.613
	*MF*2	0.691	0.477	0.523		
	*MF*3	0.848	0.719	0.281		
	*MF*4	0.804	0.646	0.354		
	*MF*5	0.794	0.630	0.370		
市场环境优化	*MC*1	0.586	0.343	0.657	0.827	0.494
	*MC*2	0.778	0.605	0.395		
	*MC*3	0.838	0.702	0.298		
	*MC*4	0.646	0.417	0.583		
	*MC*5	0.633	0.401	0.599		

（3）社会组织发展。对社会组织发展的测量模型进行验证性因子分析，并增加部分指标测量误差之间的共变关系对模型进行修正，如图 6－7 所示。修正后的模型拟合效果较好，绝对适配度、增值适配度和简约适配度均达到要求（χ^2 = 11.924（P = 0.104），RMSEA = 0.047，GFI = 0.988，NNFI = 0.990，PGFI = 0.462，χ^2/df = 1.703）；如表 6－14 所示，测量指标的因素负荷系数均达到 0.7，同时，组合信度与平均方差抽取量达到标准，表明社会组织发展测量模型具有较高质量。

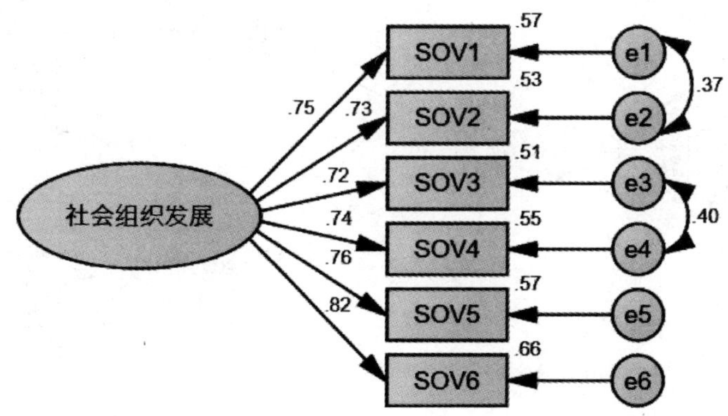

χ^2 = 11.924（P = 0.104）；RMSEA = 0.047；GFI = 0.988；

NNFI = 0.990；PGFI = 0.462；χ^2/df = 1.703

图 6－7　社会组织发展测量模型验证性因子分析

表 6-14　　社会组织发展测量模型验证性因子分析结果

潜变量	测量指标	因素负荷量	信度系数	测量误差	组合信度	AVE
社会组织活力	*SOV*1	0.753	0.567	0.433	0.887	0.566
	*SOV*2	0.726	0.527	0.473		
	*SOV*3	0.717	0.514	0.486		
	*SOV*4	0.743	0.552	0.448		
	*SOV*5	0.756	0.572	0.428		
	*SOV*6	0.815	0.664	0.336		

6.3.3　结构方程模型

采用验证性因子分析对地方政府职能转变、市场经济体制和社会组织活力的测量模型进行检验，测量模型均具有较高的质量。基于本章提出的概念模型构建结构方程模型，首先对市场经济体制发展与地方政府职能转变之间的直接作用关系进行分析，接着引入社会组织活力与上级政府指导2个中介变量，进一步对“政府—市场—社会”的互动结构进行分析，并对研究假设进行检验。

（1）市场经济体制对地方政府职能转变的直接影响。构建市场经济体制发展各潜在因子与地方政府职能转变绩效潜在因子之间直接影响关系的结构方程模型，如图 6-8 所示。绝对适配度指标 RMSEA = 0.069、GFI = 0.847；

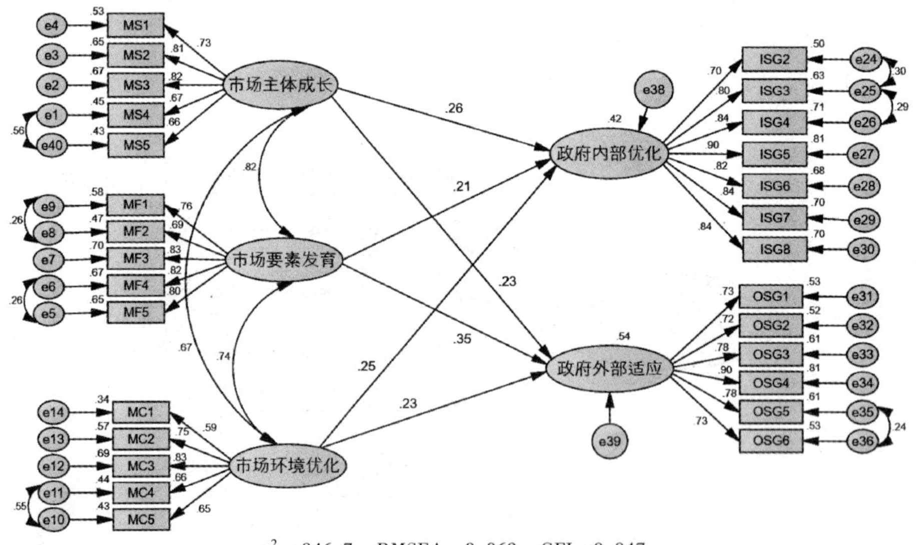

$\chi^2 = 846.7$；RMSEA = 0.069；GFI = 0.847；

NNFI = 0.912；PGFI = 0.679；$\chi^2/df = 2.535$

图 6-8　结构方程模型（市场经济体制的直接影响）

增值适配度指标 NNFI = 0.912；简约适配度指标 PGFI = 0.679，χ^2/df = 2.535。除 GFI 外均达到模型适配要求，模型拟合效果较好。

表 6 - 15 是非标准化路径系数汇总表，所有路径系数均达到 $p < 0.10$ 的显著性水平下显著，且符合理论预设，表明理论模型与实际数据相吻合。市场主体成长、市场要素发育和市场环境优化等对于地方政府内部优化与外部适应均存在显著正向影响。其中，市场要素发育对政府外部适应影响最大，其余路径的直接影响效果均为 0.21— 0.26，市场经济体制发展对地方政府职能转变直接影响的理论假设得到证实。

表 6 - 15　　市场与政府关系的非标准化路径系数

影响路径	估计值	S. E.	C. R.	p
市场主体成长→政府外部适应	0.245	0.109	2.239	**
市场主体成长→政府内部优化	0.320	0.134	2.389	**
市场要素发育→政府外部适应	0.359	0.118	3.029	*
市场要素发育→政府内部优化	0.252	0.143	1.759	***
市场环境优化→政府外部适应	0.284	0.102	2.79	***
市场环境优化→政府内部优化	0.349	0.124	2.811	***

注：* 表示在 10% 的显著性水平下显著；** 表示在 5% 的显著性水平下显著；*** 表示在 1% 的显著性水平下显著。

（2）“市场—社会—政府”的互动结构。引入社会组织活力与上级战略调整两个中介变量，根据提出“政府—市场—社会”互动的概念模型，构建初始结构方程模型，如图 6 - 9 所示。初始模型的整体拟合效果基本达到要求（χ^2 = 1670.8，RMSEA = 0.073，GFI = 0.771，NNFI = 0.872，PGFI = 0.668，χ^2/df = 2.739），除 GFI 与 NNFI 外均已达到模型拟合要求。

从模型的路径系数看（见表 6 - 16），“市场主体成长→社会组织发展”“市场主体成长→政府内部优化”“市场要素发育→政府外部适应”“市场环境优化→政府外部适应”“市场环境优化→政府内部优化”等影响路径未能在 0.1 的显著性水平下通过检验，与理论预设相悖，表明这几条影响路径存在一定的问题，模型需要进一步修正。

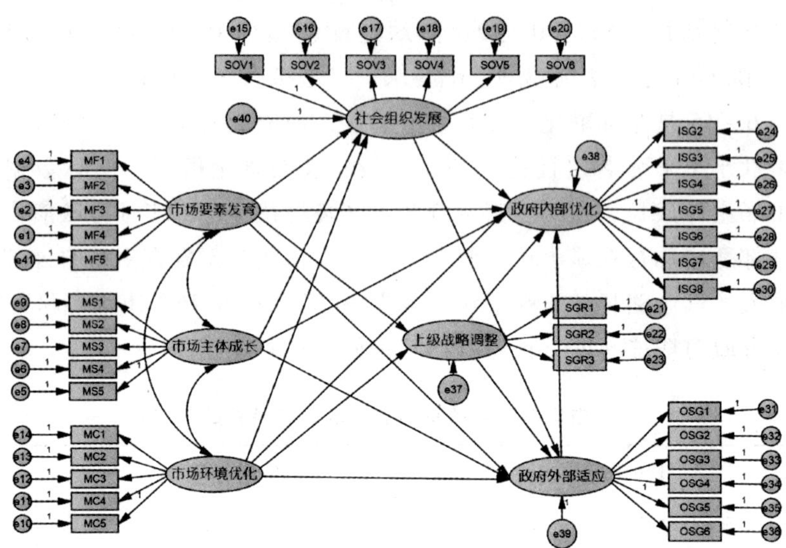

$\chi^2 = 1670.8$；RMSEA = 0.073；GFI = 0.771；

NNFI = 0.872；PGFI = 0.668；$\chi^2/df = 2.739$

图 6-9 "政府—市场—社会"初始结构方程模型

表 6-16 初始结构方程模型路径系数

影响路径	估计值	S. E.	C. R.	p
市场主体成长→社会组织发展	0.045	0.075	0.596	0.551
市场主体成长→政府外部适应	0.182	0.086	2.119	**
市场主体成长→政府内部优化	0.142	0.093	1.534	0.125
市场要素发育→社会组织发展	0.451	0.085	5.328	***
市场要素发育→政府外部适应	0.125	0.108	1.161	0.246
市场要素发育→政府内部优化	-0.267	0.116	-2.3	**
市场要素发育→上级政府战略调整	0.362	0.094	3.854	***
市场环境优化→社会组织发展	0.363	0.071	5.142	***
市场环境优化→政府外部适应	0.096	0.094	1.02	0.308
市场环境优化→政府内部优化	0.091	0.089	1.028	0.304
市场环境优化→上级政府战略调整	0.263	0.097	2.727	***
社会组织发展→政府外部适应	0.208	0.1	2.071	**
社会组织发展→政府内部优化	0.266	0.109	2.444	**
上级政府战略调整→政府外部适应	0.367	0.054	6.808	***
上级政府战略调整→政府内部优化	0.206	0.063	3.273	***
政府外部适应→政府内部优化	0.605	0.085	7.107	***

注：** 表示在 5% 的显著性水平下显著；*** 表示在 1% 的显著性水平下显著。

添加部分变量测量误差之间的共变关系，同时删除“市场主体成长→社会组织发展”“市场要素发育→政府外部适应”“市场环境优化→政府外部适应”“市场环境优化→政府内部优化”等 4 条影响路径。经过修正后，结构方程模型大部分路径系数均通过统计显著性检验（$p<0.05$），“市场主体成长→政府内部优化”也能在 $p<0.1$ 的水平上通过检验，如表 6－17 所示。

表 6－17　　修正后结构方程模型非标准化路径系数

影响路径	估计值	S. E.	C. R.	p
市场主体成长→政府外部适应	0.284	0.077	3.703	***
市场主体成长→政府内部优化	0.205	0.114	1.797	*
市场要素发育→社会组织发展	0.585	0.076	7.681	***
市场要素发育→政府内部优化	－0.341	0.15	－2.275	**
市场要素发育→上级政府战略调整	0.43	0.096	4.491	***
市场环境优化→社会组织发展	0.303	0.085	3.562	***
市场环境优化→上级政府战略调整	0.223	0.111	2	**
社会组织发展→政府外部适应	0.28	0.078	3.613	***
社会组织发展→政府内部优化	0.346	0.113	3.051	**
上级政府战略调整→政府外部适应	0.459	0.064	7.19	***
上级政府战略调整→政府内部优化	0.306	0.081	3.773	***
政府外部适应→政府内部优化	0.595	0.093	6.409	***

注：* 表示在 10% 的显著性水平下显著；** 表示在 5% 的显著性水平下显著；*** 表示在 1% 的显著性水平下显著。

修正后结构方程模型适配度指标有不同程度的提升，RMSEA 从 0.073 提升到 0.059，GFI 从 0.771 提升到 0.825，NNFI 从 0.872 提升到 0.917，PGFI 从 0.668 提升到 0.706，χ^2/df 从 2.739 下降到 2.125。此时，结构方程的适配指标达到适配要求，表明结构方程模型具有较好的拟合优度，与实际采集数据相契合。

综上，修正后的结构方程模型具有较好的质量，具有较强的理论与实践意义，如图 6－10 所示。

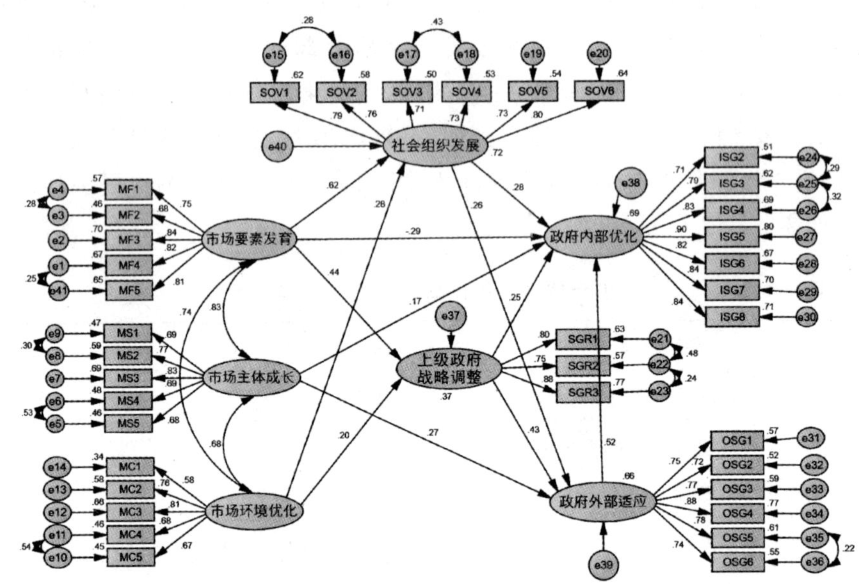

$\chi^2=1279.0$；RMSEA = 0.059；GFI = 0.825；

NNFI = 0.917；PGFI = 0.706；$\chi^2/df=2.125$

图 6－10 修正后的"政府—市场—社会"结构方程模型

6.3.4 假设检验与讨论

1. 假设检验

根据结合结构方程模型 1 与结构方程模型 2，本书的 16 条假设中有 14 条得到证实，如表 6－18 所示。其中，假设 H_{2a}（市场主体成长对社会组织发展具有显著的正向影响）未能被证实，市场主体的成长对社会组织发展的影响是不显著的，这一结论与理论预期不符，可能是因为目前市场主体仍处于不断发展的阶段，而市场化程度对社会组织发展的影响还相对有限，就目前而言，市场主体成长对社会组织的内生需求还相对较小（王玉珍、王李浩，2016），社会组织的发展可能还是更多地依靠政府力量。特别是与假设 H_{1c}不同的是，市场要素发育对政府内部优化的影响被发现是负向的，一种可能性解释是市场要素的效率机制对资源配置的优势导致人力、物力和财力资源更多地流向市场，尽管政府不断提升自身效率，但资源流动性对政府效率产生了影响，且这种影响目前还强于政府职能转变所引发的政府效率的提升。

表 6-18　　“政府—市场—社会”互动关系的假设检验

假设	假设检验
H_1：市场经济体制对地方政府职能转变具有显著的正向影响	证实
H_{1a}：市场主体成长对政府内部优化具有显著的正向影响	证实
H_{1b}：市场主体成长对政府外部适应具有显著的正向影响	证实
H_{1c}：市场要素发育对政府内部优化具有显著的正向影响	负向
H_{1d}：市场要素发育对政府外部适应具有显著的正向影响	证实
H_{1e}：市场环境优化对政府内部优化具有显著的正向影响	证实
H_{1f}：市场环境优化对政府外部适应具有显著的正向影响	证实
H_2：市场经济体制对社会组织发展具有显著的正向影响	证实
H_{2a}：市场主体成长对社会组织发展具有显著的正向影响	未能证实
H_{2b}：市场要素发育对社会组织发展具有显著的正向影响	证实
H_{2c}：市场环境优化对社会组织发展具有显著的正向影响	证实
H_3：社会组织发展对地方政府职能转变具有显著的正向影响	证实
H_{3a}：社会组织发展对政府内部优化具有显著的正向影响	证实
H_{3b}：社会组织发展对政府外部适应具有显著的正向影响	证实
H_4：市场经济体制对上级战略调整具有显著的正向影响	证实
H_{4a}：市场要素发育对上级战略调整具有显著的正向影响	证实
H_{4b}：市场环境优化对上级战略调整具有显著的正向影响	证实
H_5：上级战略调整对地方政府职能转变具有显著的正向影响	证实
H_{5a}：上级战略调整对政府内部优化具有显著的正向影响	证实
H_{5b}：上级战略调整对政府外部适应具有显著的正向影响	证实
H_6：政府外部适应绩效对政府内部优化绩效具有显著的正向影响	证实

进一步根据引入中介变量后的结构方程模型 2 总结各要素之间的关系，如图 6-11 所示，可以发现：

（1）微观机制：市场主体成长直接对地方政府职能转变产生影响。与市场环境优化、市场要素发育等市场经济体制的宏观属性不同，市场主体成长从市场主体的多样性、自主性和责任心等角度主要衡量市场主体的微观属性，能够从一定意义上反映市场一切行为包括经济行为、政治行为的行动主体特征，更直接地参与同政府的博弈，直接对政府的行为产生影响。

（2）宏观机制：市场环境优化、市场要素发育通过社会组织发展、上级战略调整等中介因素对地方政府职能转变产生影响。市场要素发育和市场环境优化属于市场经济体制的宏观属性，从市场机制和市场环境变迁的角度对市场经济体制发展进行衡量，体现市场配置手段的成熟以及开放、公平的市场氛围是市场主体、社会组织发展的土壤，这种属性使市场要素与市场环境更多通过促进社会组织活力提升、上级政府策略调整来间接影响地方政府职能发生转变，是一种完全中介效应。尽管市场要素与市场环境的优化并不直接影响地方政府行为，但这种弥漫在空气中的市场气息总在潜移默化中影响地方政府职能转变相关的各个方面。

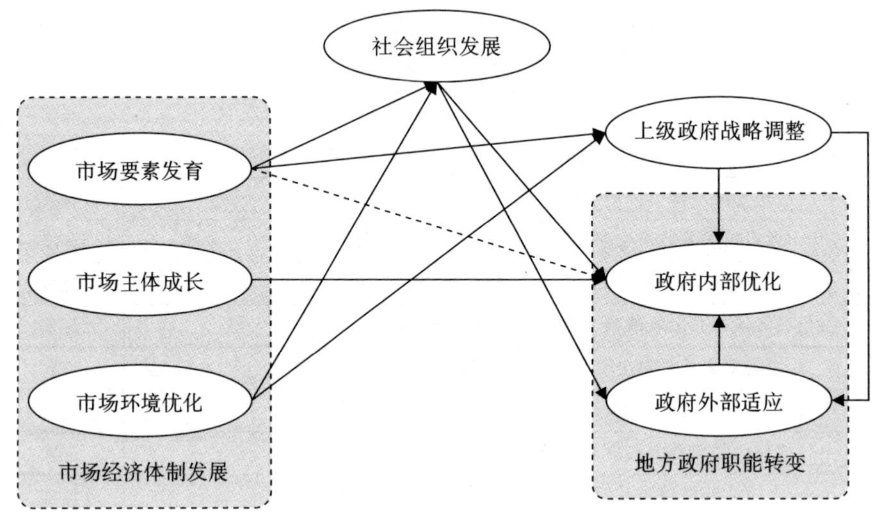

图 6－11 “政府—市场—社会”互动结构

2. 效果分析

根据修正后的结构方程模型结果，得到要素间直接、间接影响效果标准化后的估计值，将要素间的关系分为“市场—社会—地方政府”“市场—上级政府—地方政府”“市场—地方政府”几类关系，进一步分析各要素间的影响关系。

从“市场—社会—地方政府”的关系看，市场要素和市场环境的优化通过社会组织对地方政府产生间接影响。首先，市场要素发育、市场环境优化对社会组织发展产生了直接的影响。其中，市场要素发育的影响效果更强，为 0.621，即市场要素发育水平每提高 1 个单位，社会组织发展水平将提升 0.621 个单位，这可能是由于市场要素的流动性与配置效率不断提高，进一步提升了社会组织的有效性；而市场环境优化对社会组织发展的影响相对较小，为0.276。其次，从“社会—地方政府”关系看，社会组织发展对政府外部适应与内部优化均产生了直接影响，并同时通过外部适应间接影响地方政府内部运行。这表明对于通过社会组织发展，活跃、有效的社会组织能够倒逼地方政府职能转变，促进地方政府外部适应性的提升，使政府内部运行的经济性、有效性、公平性得到进一步提升。

从“市场—上级政府—地方政府”的关系看，市场要素发育、市场环境优化通过影响上级政府的战略调整，间接影响地方政府职能转变。首先，从“市场—上级政府”的关系看，市场要素发育、市场环境优化对上级政府战略调整产生了直接的影响，其中，市场要素发育的影响更大，为0.444。这一现象的可能性解释有两种：一是市场要素发育程度、市场环境的开放性、竞争性不断提升给予政府部门较大的压力，使其不得不调整策略；二是市场经济体制发展较快的地区有更好的原始禀赋，有更活跃的改革土壤，同时，相对于落后地区有更好的抗压能力和危机化解能力，上级政府往往对这些地区更加重视，将改革试点选择在市场经济体制发展水平较高的地区（余钧，2016）。其次，从“上级政府—地方政府”的关系看，上级政府战略调整对地方政府职能内部优化与外部适应均产生了直接的影响，并同时通过外部适应性的调整影响内部运行。值得注意的，上级政府战略调整对地方政府职能转变的总影响效果是所有要素中强度最大的，上级政府对政府内部优化与外部适应的影响分别为0.480和0.435。这从一定程度上表明，上级政府的指导仍是中国地方政府职能转变的主要动力（郭明，2014；姜国俊，2009；操世元，2010）（见表6－19）。

表6－19　“政府—市场—社会”互动关系的影响效果

影响路径		直接效果	间接效果	总效果
市场经济体制→社会组织发展	市场要素发育→社会组织发展	0.621	—	0.621
	市场环境优化→社会组织发展	0.276	—	0.276
市场经济体制→上级政府战略调整	市场要素发育→上级政府战略调整	0.444	—	0.444
	市场环境优化→上级政府战略调整	0.197	—	0.197
社会组织发展→地方政府职能转变	社会组织发展→政府外部适应	0.258	—	0.258
	社会组织发展→政府内部优化	0.278	0.134	0.412

续表

影响路径		直接效果	间接效果	总效果
上级政府战略调整→地方政府职能转变	上级政府战略调整→政府外部适应	0.435	—	0.435
	上级政府战略调整→政府内部优化	0.254	0.226	0.480
地方政府职能转变内部结构	政府外部适应→政府内部优化	0.520	—	0.520
市场经济体制→地方政府职能转变	市场主体成长→政府外部适应	0.271	—	0.271
	市场主体成长→政府内部优化	0.172	0.141	0.313
	市场要素发育→政府外部适应	—	0.353	0.353
	市场要素发育→政府内部优化	-0.292	0.469	0.177
	市场环境优化→政府外部适应	—	0.157	0.157
	市场环境优化→政府内部优化	—	0.209	0.209

从“市场—地方政府”的关系看，市场主体、市场要素和市场环境均对地方政府的内部优化与外部适应产生了直接和间接的影响。其中，市场主体的成长主要对政府内部优化与外部适应产生直接的影响，同时，通过外部适应间接影响内部优化；而市场环境则仅通过社会组织和上级政府的战略调整间接影响地方政府职能转变。

综上所述，市场经济体制改革不仅对地方政府职能转变产生直接影响，同时，通过社会组织活力、上级政府战略调整等中介变量间接影响地方政府职能转变。

6.4 本章小结

本章采用问卷调查获取的第一手数据对地方政府职能转变与市场经济体制进行了较为全面的衡量，通过结构方程模型分析了市场经济体制对地方政府职能转变的影响路径。

结构方程模型拟合结果说明了以下几个方面。第一，市场主体成长、市场要素发育和市场环境优化均对地方政府内部优化与外部适应产生影响。第二，市场主体通过微观机制对地方政府职能转变产生直接影响。市场主体作为市场经济体制的微观主体，与市场要素、市场环境相比，对政府职能转变的影响更为直接，从微观主体间博弈的角度影响政府职能转变，促进政府组织的内部优化与外部适应。第三，市场要素与市场环境是市场经济体制的宏观属性，对地方政府职能转变产生间接影响。作为市场经济体制的宏观属性，市场要素发育与市场环境优化的主要功能是营造高效、开放、竞争和平等的市场氛围，为市场主体、社会组织和政府组织的发展提供肥沃的土壤。市场要素发育与市场环境优化更多是通过社会组织发展、上级政府政策调整的中介作用间接影响政府职能转变。值得注意的是，上级政府的中介效应通过检验，市场要素的发育完善与市场环境的优化通过对上级政府战略的影响推动地方政府职能转变。这也是为什么东部沿海地区的政府改革、政府职能转变相对做得更好的原因。此外，从各个因素对地方政府职能转变的影响效果来看，上级政府的战略调整仍是县级地方政府职能转变的重要影响因素，较其他因素的影响效果要大，但市场经济体制与社会组织的作用也不容忽视。

第7章 主要结论与政策建议

7.1 主要结论

市场经济体制发展与政府职能转变是中国经济社会发展的两个重要议题。本书以地方政府职能转变为核心议题，按照“分析框架—实证分析—政策建议”的研究思路，剖析市场经济体制对地方政府职能转变的影响机理。首先，构建“环境—行动者—绩效”的分析框架，从理论上分析市场经济体制对地方政府职能转变的影响机理；其次，通过“时空演进—影响效应—影响路径”层层深入的实证研究策略，对市场经济体制对地方政府职能转变的影响机理进行实证检验。本书刻画了30个省份自1987年以来市场经济体制与地方政府职能转变的时空演化特征和协调关系，为实证检验进行预备性分析；利用223个城市1997—2007年的面板数据研究市场经济体制对地方政府规模、政府职能执行绩效的影响效应，揭示了市场经济体制对地方政府职能转变的影响方向与影响强度；通过问卷调查收集第一手数据，全面评估市场经济体制和地方政府职能转变，构建“市场—社会—政府”互动的结构方程模型，打开行动者“黑箱”，研究市场经济体制对地方政府职能转变的影响路径。从纵向动态变化、横向静态关系立体地剖析市场经济体制对地方政府职能转变的影响机理。回答了以下关键问题：市场经济体制发展与政府职能转变存在怎样的关系？市场经济体制发展对地方政府职能转变产生了怎样的影响？这种影响通过什么路径来实现？

研究的主要结论有：

（1）基于“环境—行动者—绩效”的市场经济体制对地方政府职能转变影响机理的分析框架。在系统总结已有研究的基础上，将研究视角从政府系统内部关系转向对制度环境的关注，将环境因素引入政府职能转变分析框架，结合地方政府职能转变中行动主体之间的关系研究，构建了“环境—行动者—绩效”地方政府职能转变逻辑的分析框架，以此分析市场经济体制对地方政府职能转变的影响机理。在此分析框架下，市场经济体制作为关键的环境变量是地方政府职能转变的前置情境；政府、市场和社会构成地方政府职能转变的三个关键行动者，地方政府受到自上而下的压力，同时也受到自下而上的推动，多方博弈形成地方政府职能的新状态；地方政府职能转变的绩效输出是对特定时期职能转变效果的衡量，是在环境变量冲击下，行动者相互博弈的结果，包括地方政府内部优化与外部适应，同时也是对市场经济体制改革的回应。

（2）市场经济体制与地方政府职能转变的时空演进与协调关系。从时间序列上看，市场经济体制改革成效显著，综合发展水平不断提高，东部沿海地区领先优势明显。关于地方政府职能转变的时空演进：从投入角度看，地方政府规模随时间经历了“缩减—扩张”的 U 型变化，呈现“中部地区 > 西部地区 > 东部地区”的特点，地方政府职能结构经历了三个阶段，分别是重生产建设轻公共服务阶段（1978—1991 年）、服务型政府建设调整阶段（1992—2006 年）、公共服务主导经济建设并进阶段（2007—2017 年）；从产出角度看，地方政府职能执行绩效综合水平不断提升，但与市场经济体制发展相比，政府职能执行绩效提升幅度相对较小；从空间分布看，政府职能执行绩效呈现“东部地区 > 中西部地区”的特点。采用“市场—政府”组合矩阵、耦合协调度测度等两种方法对“市场经济发展—政府职能执行”的协调关系进行分析与检验，得到一致结论：市场经济体制发展与政府职能执行绩效相辅相成，协调发展度不断提升，从1987年处于中度失调衰退阶段，到2017年逐渐进入协调发展阶段；从空间分布来看，东部沿海地区市场经济体制发展与地方政府职能执行绩效的协调程度较中西部地区高。

（3）市场经济体制对地方政府职能转变的影响效应。通过1997—2017年223个城市的面板数据分析，检验了市场经济体制、政府规模对政府职能绩效的影响效应。第一，市场经济体制三大要素对地方政府规模的影响效应有所不同：非公有制经济发展对政府规模的影响呈倒U型，当非公有制经济发展程度较低时，地方政府规模随着非公有制经济发展而扩张，达到一定发展程度后，非公有制经济发展有利于政府规模缩减；金融要素发展与对外开放会导致地方政府规模扩张，与制度优越性引发的“效率机制”相比，经济体制改革带来的风险与不确定性所导致的“补偿机制”对政府职能转变的影响更大，使地方政府规模扩张。第二，“市场经济体制→政府规模→政府职能执行绩效”逻辑链条成立：非公有制经济发展对经济增长与生态环境保护绩效产生正向影响，而对城乡均衡发展与公共服务绩效产生负向影响；金融要素发展仅对环境污染治理产生正向影响；对外开放对经济增长、城乡均衡与公共服务产生有益作用，但对生态环境保护绩效产生负向影响；政府干预不利于经济增长，但在社会管理、公共服务、生态环境保护领域发挥了重要作用。第三，关于市场经济体制发展与政府规模调整的双向影响效应：市场经济体制发展与政府规模调整存在双向因果关系，且这种因果关系具有长期性；市场经济体制发展对政府规模调整的影响呈现地区差异，东部地区非公有制经济发展使政府规模缩减，而中西部地区非公有制经济发展却使政府规模扩张；金融要素发展对地方政府规模变动产生较强的短期影响；地方政府规模调整对市场经济体制发展存在反向影响，政府规模扩张对市场经济体制发展呈现负向的影响效应，表明政府干预不利于市场经济体制发展。

（4）市场经济体制对地方政府职能转变的影响路径。本书采用问卷调查获取第一手数据，对地方政府职能转变和市场经济体制进行了较为全面的衡量，通过结构方程模型定量分析了市场经济体制对地方政府职能转变的影响路径。结构方程模型拟合结果显示，市场主体成长、市场要素发育和市场环境优化均对地方政府内部优化与外部适应产生影响；市场主体通过微观机制对地方政府职能转变产生直接的影响；市场要素和市场环境是市场经济体制的宏观属性，通过社会组织和上级政府的中介作用，对地方政府职能转变产生间接影响。此外，从各个因素的影响效果来看，上级政府的战略调整仍是县级地方政府职能转变的重要影响因素，但市场经济体制与社会组织的作用也不容忽视。

7.2 政策建议

地方政府职能转变的终极目标是提升治理绩效，实现“善治”。市场经济体制对地方政府职能转变影响机理的理论剖析与实证检验证实了市场经济体制对地方政府职能转变的良性影响，发现了市场与政府相互影响、相互促进的动态关系，检验了“市场—社会—政府”的影响路径，为实现“政府—市场—社会”良性互动的可能性提供了理论基础。那么，如何实现市场、社会与地方政府的良性互动，进而实现治理绩效的提升？本书基于市场经济体制、社会组织对地方政府职能转变良性影响的研究结论，从激发市场经济活力、提升社会组织活力和明晰政府职能边界三个方面提出政策建议，最终实现“有效”市场、“能动”社会与“人民满意”政府的良性互动与共同发展。

7.2.1 激发市场经济活力，打造“有效”市场

改革开放 40 多年来，市场经济体制对中国经济社会发展的推动有目共睹，但同时也应该清醒地认识到，市场在资源配置中的决定性作用尚未充分发挥，市场扭曲、市场失灵的问题频频发生（钱路波、张占斌，2018）。当然，市场经济体制对地方政府职能转变的影响不容忽视，保障市场主体成长、促进市场要素成熟、推动市场环境优化有助于打造“有效”市场，进而推动市场、社会、政府的良性互动。

（1）保障民营经济地位，激发市场主体活力。民营经济创造了中国经济增长的奇迹，“民营经济的历史贡献不可磨灭，民营经济的地位作用不容置疑”，然而，在经济从高速发展向高质量发展转变的攻坚期，创新

能力欠佳、产品质量不高和竞争力不强等问题使民营经济发展出现了瓶颈。应该从以下两个方面推动民营经济发展。①坚持“两个不动摇”，保障民营经济地位。民营经济作为社会主义市场经济的重要组成部分，[①] 是经济社会发展的重要推动者，必须坚持“两个不动摇”，毫不动摇地保障非公有制经济发展。一是以法治建设保障民营经济合法权益，加快出台相关法规，清理现行法规中限制民营经济公平、自由发展的相关制度安排，消除民营经济发展的制度性壁垒。二是提升民营企业家社会地位，振奋企业发展信心，释放民营企业家创新创造的激情。②降低经济运行成本，减轻民营经济负担。减少政府对资源的直接配置，减少政府对微观经济活动的直接干预，让企业从烦琐事务中解脱出来，降低制度性交易成本；减轻企业税费负担，针对处于成长期、具有发展潜力的企业实施税收优惠政策，帮助企业渡过难关。

（2）完善市场机制，营造公平开放的市场环境。营造公平开放的市场环境必须做到以下三项。①完善产权制度。完善的产权制度有利于激发市场经济主体活力、保障市场健康运行（穆虹，2017）。应该从以下两个方面着手：在企业层面，加快现代企业制度建立，完善公司治理结构，改变产权模糊、权责不分的现状，科学管理，提升企业竞争力；在政府层面，完善产权界定的相关法律制度，健全产权保护制度体系，提高侵权成本，依法保护企业的经济产权和合法权益。②健全要素市场化配置机制。相对落后的资源配置手段阻碍要素自由流动，导致资源配置效率低下。健全要素市场化配置机制，一是要加速要素市场发展，打破要素流动屏障，实现要素自由流动；二是要发挥市场在要素资源配置中的决定性作用，减少政府对要素市场的干预。③营造统一开放、竞争有序的市场环境。一是坚持改革开放战略，完善国内市场环境的统一性与开放性，打破垄断与地方保护主义；适应全球化市场环境，积极应对国际化带来的挑战。二是健全公正平等的市场竞争机制，废除一切阻碍非公有制经济正常活动的制度壁垒和隐形壁垒，保障市场竞争的公正公平。三是完善市场信用体系，建立市场信用档案，健全守信“红名单”、失信“黑名单”制度，加强对企业诚信档案公开与共享，引导企业自律、守信，规范企业行为。

---

① 民营经济贡献了50%以上的税收、60%以上的国内生产总值、70%以上的技术创新成果、80%以上的城镇劳动就业和90%以上的企业数量。

7.2.2　提升社会组织活力，培育“能动”社会

改革开放以来，政府与社会的关系经历了“严密管控→局部发展→甄别性吸纳”三个阶段（陈天祥、杨蕊，2017），社会组织得到了较大发展，但在政府、市场和社会三大行动体中仍相对落后。培育“能动”社会，促进政府与市场的良性互动，必须提升社会组织活力，推动社会多元治理。

（1）拓展社会发展空间，激发社会组织活力。当前，社会组织的发育程度还不足以全面承接政府所转移的职能（苏曦凌，2016）。在政府主导型的社会组织发展形势下，拓展社会组织发展空间、激发社会组织活力显得尤为重要，需要从以下三个方面进行完善。①以法治建设为主保障社会组织合法性。建立社会组织发展、运行相关的法律制度体系，是提升其合法性、引导社会组织健康发展的治本之策。首先，建立健全社会组织相关法律体系，明确社会组织的法定权利、义务和责任，为社会组织发展提供法律保障；其次，建立社会组织信息披露机制，加大社会组织特别是公益性组织的信息公开力度；再次，建立社会组织信用体系，规范社会组织行为，加大对社会组织失信行为的披露与惩戒；最后，建立社会组织的考核与问责制度，增强社会组织的责任感，以考核促进社会组织的健康发展。②以激励为主提升社会组织自主性。政府应采取积极的激励机制拓展社会组织的发展空间：依法放宽社会组织设立的门槛，在法律、政策允许范围内放宽社会组织设立的准入资质；减少政府对社会组织的控制，激励民间力量参与社会组织建设，提升社会组织自主性；优化对社会组织人员的激励机制，提高社会组织工作者的经济地位、政治地位，吸引社会各界精英加入社会组织、参与社会建设。③以扶持为主促进社会组织健康发展。在社会组织发展初级阶段，政府对社会组织的扶持与帮助不可或缺，但这并不意味着政府可以直接参与社会组织的相关工作。政府应以政策扶持为主，助力社会组织发展；通过制定人才引进、资金投入等相关优惠政策，扶持社会组织发展；加强对社会组织人员的培训，提高社会组织人员素质，促进社会组织健康发展。

（2）积极推动社会参与，实现多元主体共治。政府向社会放权，让社会组织承担部分政府职能是政府职能转变的必然趋势。积极推动社会组织的有效参与，实现社会治理的多元化是社会发展的重要目标，主要从以

下两个方面进行完善。①畅通社会参与渠道。未来的地方治理需要政府、市场和社会走向互动式治理（郁建兴，2018），必须打通社会组织参与地方治理的渠道。一是保障社会组织与公众权利，调动其参与积极性。在一些敏感性问题参与过程中，社会组织或知情者往往迫于压力而导致公共参与失败。应加强对参与者的保护，使其无后顾之忧，调动其参与热情。二是创新社会参与机制，提升社会参与有效性。尽管网格化管理、民主恳谈制等地方自治与民主参与的地方经验颇具影响，但总体上推广力度不强，无法达成实际效果。应进一步创新公众参与形式，打开公众参与渠道，实现社会治理多元化。三是加强社会参与的宣传力度，通过社会参与的典型案例提升社会组织参与社会治理的能力与热情。②形成社会发展合力。社会组织作为连接政府与公众的纽带，在社会发展、社会安定等方面发挥积极作用（石亚军、高红，2015），同时还能承担一些政府职能，成为“公共服务助手”（黄晓春、周黎安，2017）。加强与社会组织的合作有助于提高政府对社会的适应性，可从以下三个方面入手：一是完善政府购买公共服务机制，使其与社会组织开展良性合作，提升公共服务质量；二是构建社会参与的多元化监管体系，发挥社会、公众的智慧与力量，共同参与对市场、社会、政府的监督，提高监管效率；三是创新政府与社会组织“伙伴型”合作模式，打造平等互助的合作氛围，让社会组织发挥更多的积极性与有效性。

7.2.3 明晰政府职能边界，建设“人民满意”的政府

地方政府是社会治理最重要的主体，政府职能转变就是持续优化社会、市场和政府互动关系的过程。打造人民满意的政府可以从简政放权、放管结合和优化服务三个方面展开，结合浙江省“权力清单建设”与“最多跑一次”实践经验，提出实现人民满意的政府建设的政策建议。

1. 全面推进权力清单制度，打造“有限”政府

如何才能做到让政府有为而不乱为亦非不为（王勇、华秀萍，2017）？必须明确政府该做什么、不该做什么，明晰政府、市场和社会的边界，明确政府向市场和社会转移什么职能，政府又需要对市场与社会提供什么样的帮助。

政府、市场、社会应该做什么？划清政府与市场、社会的边界是实现政府职能转变的逻辑起点（石亚军、高红，2015）。从资源配置角度来划

分，陈云贤（2019）将城市资源分为“可经营性资源”“非经营性资源”和“准经营性资源”。“可经营性资源”应由市场来进行资源配置；“非经营性资源”应由政府全面承担起资源提供、调配和管理事务；“准经营性资源”则是政府与市场的“交叉领域”，应根据效率原则来确定资源配置的主体。从事务边界角度来划分，政府、市场、社会应分别在政务、商务、社务领域起到决定性作用（石亚军、高红，2015）。

（1）地方经验。“权力清单”“负面清单”建设为实现政府“瘦身”、激发市场与社会活力提供了宝贵经验。一是以“权力清单”建设明确政府权力边界。权力清单制度是近年来政府简政放权、约束政府权力领域最重要的实践检验，并在全国全面铺开。2013 年浙江省首先在省级部门率先开展职权清理工作，推行权力清单，依照“清权、减权、制权”的基本程序（胡税根、徐靖芮，2015；张鸣，2015），通过“三报三审三回”，省级部门行政权力事项从 1.23 万项减少到 4236 项，将权力关进制度的笼子，让公众知晓政府权力边界，这是一场清权、确权、配权、晒权和制权为核心的权力革命。① 二是以“负面清单”建设激发市场、社会活力。负面清单以清单方式明确列出禁止和限制的企业投资经营的行业、领域，而对于清单以外的事项则完全由市场主体依法自行决定，即“法无禁止皆可为”。2018 年 12 月 21 日，《市场准入负面清单（2018 年版）》发布，标志着市场准入负面清单制度全面实施，市场主体皆可依法平等进入负面清单以外的任何领域，极大地激发市场与社会活力。②

（2）政策建议。权力清单与负面清单的全面推行有助于明晰政府、市场和社会的权力边界，实现简政放权，充分激发市场、社会活力。对于进一步深入推行“权力清单”与“负面清单”建设，本书提出三点建议。一是以法治为保障，构建权力清单、负面清单的制度体系。“权力法定”——“清权、减权、制权”都应有法律依据，对于一些边界模糊的权力，在对权力进行清理、修订的同时，应对相应法律规范进行修订，以减少制度间的矛盾与冲突，提升权力清单、负面清单的法治性与可行性。

---

① 任海军．“三张清单一张网”　一网收尽“政府权力”——浙江省以互联网思维创新政务服务方式［J］．紫光阁，2014（10）：18－20.

② 国家发展改革委和商务部．国家发展改革委　商务部关于印发《市场准入负面清单（2018 年版）》的通知［EB/OL］．（2018－12－21）http：//www.ndrc.gov.cn/gzdt/201812/t20181228_924070.html.

二是建立动态调整机制，建立动态型清单体系。政府、市场和社会的边界划分是一个动态互动的过程，在市场与社会的薄弱环节，政府需要承担一部分职能，而在发展过程中，这种职能与权力需要随时进行调整与转移，动态调整的清单体系能够保障权力清单、负面清单的先进性、时效性。三是以互联网思维确保权力阳光化。要保障政府减权、放权的力度与效用，必须确保权力清单与负面清单的公开性与透明性，用阳光政务来监督权力。

2. 深化“最多跑一次”改革，打造人民满意政府

（1）地方经验。如果说“权力清单”建设是从政府内部改革出发，厘定政府与市场、社会的边界，明确了政府该管什么问题，那么，“最多跑一次”改革则是从人民立场出发的一次以优化服务为核心的改革，解决的是“如何做好”的问题。“最多跑一次”改革充分体现了为人民服务的根本宗旨，以直截了当的结果为导向，倒逼政府部门简政放权、提高办事效率，切实降低制度性交易成本，提升人民满意度和获得感。“最多跑一次”全面铺开以来，涌现了“读秒办事”“零次跑”“无差别受理”“无证明城市”等实践案例，实现“企业跑、实地跑、跑13窗”向“政府跑、数据跑、跑一窗”的转变，切实做到了政府与市场、公众地位的对调，改革初具成效。

（2）政策建议。深化“最多跑一次”改革，可以从三个方面展开。①坚持以人民为中心，积极回应市场、社会需求。尽管“最多跑一次”改革起初是自上而下推动的，但其逻辑出发点在于公众，改革的主语由政府变为了公众、企业（郁建兴等，2018）。全面推进“最多跑一次”改革必须坚持以人民为中心。一是建立“以人民为中心”的工作机制，牢记改革初心，不做表面工作、形象工程，从群众办事角度出发开展工作，真正实现群众眼中的“最多跑一次”；二是建立需求调查与回应机制，以人民满意为终极目标，围绕市场、社会最关心的问题选择改革的重点方向，回应市场与社会需求；三是建立以群众满意为重点的考核机制，让政府及相关人员真正站在人民立场上解决实际问题，真正做到让群众说了算。②建立容错纠错机制，增强改革积极性和主动性。“最多跑一次”改革是一项目标明确、不留余地的改革，尽管在改革初期也受到一些质疑。建立健全容错纠错机制能够为改革保驾护航，有助于激发改革积极性和主动性。不是每一项改革都能够一次成功，“最多跑一次”改革是一项整体性

改革，难免出现失误或偏差。在改革过程中，既要宽容干部因缺乏经验等出现的失误错误，也要严惩明知故犯的行为，营造良好的改革氛围，激发改革激情、增强改革动力。③推动公共数据共享，深化数字政府建设。依托“互联网 + 政务服务”，大力发展数字政府是实现“最多跑一次”甚至是“零次跑”最核心的工作。目前尽管实现了“一窗办理”，但公众需要提供众多资料，无法真正实现部门联动。推动公共数据共享、加快数字政府建设可以从以下方面突破：一是加强信息化建设，建设“一键接入”的政府数字信息平台，真正实现公共数据共享，让数字跑腿代替群众跑腿；二是加强数字政府建设，建设“智慧政府”平台，让政务服务网更亲民、更透明，用技术革命撬动政府改革，建设高效政府。

7.3 不足与展望

本书将理论演绎与实证检验相结合，获取丰富、翔实的数据资料，沿着“时空演进—影响效应—影响路径”的研究思路层层深入，通过多种方法全面、细致地验证了市场经济体制对地方政府职能转变的影响机理。但因受到研究条件、研究经费的限制，仍然存在一些不足，需要从以下三个方面进行完善。

第一，测评量表有待完善。本书采用统计数据与问卷调查获取资料，开发了具有较高信度与效度的市场经济体制、地方政府职能转变的综合评价指标体系与调查问卷，能够适应本书的需要，但尚未能体现市场经济体制与地方政府职能转变的时代性。市场经济体制与地方政府职能转变的概念相对复杂，且具有动态特征，根据社会经济发展阶段不同，市场经济体制与地方政府职能的内涵有所不同。市场经济体制、地方政府职能转变的测评量表同样应根据发展阶段的不同进行动态调整，不断更新完善。未来研究可以考虑以五年为一个周期，对研究测量指标与评估问卷进行更新、调整，开展追踪调查，为市场经济体制与地方政府职能转变研究提供数据库。

第二，研究样本有待扩充。本书对象为地方政府，调查难度较大，选取县级区域作为研究单元，一方面确保问卷信息的可信度，另一方面也确保样本数量达到研究要求。由于研究条件的限制，本书选择 325 个县级单位作为研究样本，包括东部地区 165 个县级行政区域，中西部地区各 80 个县级行政区域，尽管达到了结构方程分析对样本容量的基本要求，但样本分布不够平衡，研究样本有待扩充。在以后的研究中，需要进一步扩大研究样本，采用分层抽样等方法，使研究样本更具科学性与代表性。

第三，政策建议有待进一步完善。本书围绕研究结果，为市场经济与地方政府的良性互动提供了政策建议，但所提政策建议能否真正转化为公共政策并切实发挥作用，仍需要通过政策模拟、政策实验等方法进一步检验、完善。

除此之外，本书对于市场经济体制改革对地方政府职能转变的影响机理研究还有一些未尽之处，可以作为后续研究的主要方向：一是开展系统的田野调查，通过对市场经济体制与地方政府职能良性互动的典型案例进行研究，对市场经济体制对地方政府职能转变影响机理的深层逻辑进行补充；二是采用系统动力学等政策实验方法，对市场经济体制对地方政府职能转变的影响进行仿真模拟，预测两者变化趋势，为进一步提出政策建议提供支撑。

参考文献

[1] Ahmad, M. Economic Freedom and Income Inequality: Does Political Regime Matter? [J]. Economies, 2017, 5 (2): 18.

[2] Alesina, A. & Perotti, R. The Welfare State and Competitiveness [J]. American Economic Review, 1997, 87: 921 – 939.

[3] Alford, J. & Hughes, O. Public Value Pragmatism as the Next Phase of Public Management [J]. The American Review of Public Administration, 2008, 38 (2): 130 – 148.

[4] Andersen, H. T. The Emerging Danish Government Reform – Centralised Decentralisation [J]. Urban Research & Practice, 2008, 1 (1): 3 – 17.

[5] Askim, J., Christensen, T. & Fimreite, A. L. *et al.* How to Assess Administrative Reform? Investigating the Adoption and Preliminary Impacts of the Norwegian Welfare Administration Reform [J]. Public Administration, 2010, 88 (1): 232 – 246.

[6] Athukorala, P. & Wei, Z. Economic Transition and Labour Market Dynamics in China: an Interpretative Survey of the "Tturning Point" Debate [J]. Journal of Economic Surveys, 2018, 32 (2): 420 – 439.

[7] Babetskii, I. & Campos, N. F. Does Reform Work? An Econometric Examination of the Reform – Growth Puzzle [J]. Social Science Electronic Publishing, 2007.

[8] Balle, F. & Vaidya, A. A Regional Analysis of Openness and Government Size [J]. Applied Economics Letters, 2002, 9 (5): 289 – 292.

[9] Bel, G., Hebdon, R. & Warner, M. Local Government Reform: Privatisation and Its Alternatives [J]. Local Government Studies, 2007, 33

(4): 507 -515.

[10] Bel, G., Hebdon, R. & Warner, M. Beyond Privatisation and Cost Savings: Alternatives for Local Government Reform [J], Local Government Studies, 2018, 44: 2, 173 -182.

[11] Bennett, D. L. & Nikolaev, B. Economic Freedom & Happiness Inequality: Friends or Foes? [J]. Contemporary Economic Policy, 2017, 35 (2): 373 -391.

[12] Bernstein, T. P. & Lu, X. Taxation without Representation: Peasants, the Central and the Local States in Reform China. [J]. China Quarterly, 2000, 163 (163): 742 -763.

[13] Bozeman, B. Public - Value Failure: When Efficient Markets May Not Do [J]. Public Administration Review, 2002, 62 (2): 145 -161.

[14] Cameron, D. R. The Expansion of the Public Economy: a Comparative Analysis [J]. American Political Science Review, 1978, 72 (4): 1243 - 1261.

[15] Chenery, H. B., Robinson, S. & Syrquin, M. *et al.* Industrialization and Growth: a Comparative Study [M]. New York: Oxford University Press, 1986.

[16] Christensen, T. & Lægreid, P. The Whole - of - Government Approach to Public Sector Reform [J]. Public Administration Review, 2007, 67 (6): 1059 -1066.

[17] Connor, P. E., Lake, L. K. & Stackman, R. W. Managing Organizational Change [M]. Englewood Cliffs, NJ: Prentice Hall, 1988.

[18] De Melo, M., Denizer, C. & Gelb, A. *et al.* Circumstance and Choice: The Role of Initial Conditions and Policies in Transition Economies [J]. World Bank Economic Review, 2001, 15 (1): 1 -31.

[19] De Peuter, B., Pattyn, V. & Wayenberg, E. Territorial Reform of Local Government and Alternative Strategies: a Comparative Inquiry into Evaluation Criteria Underpinning Decisions and Debate in Flanders [J]. Journal of Polymer Science Polymer Letters Edition, 2011, 11 (7): 487 -488.

[20] Duckett, J. The Entrepreneurial State in China: Real Estate and Commerce Departments in Reform Era Tianjin [M]. New York: Routledge, 1998.

[21] Dulbecco, P. & Renard, M. F. Permanency and Flexibility of Institutions: The Role of Decentralization in Chinese Economic Reforms [J]. The Review of Austrian Economics, 2003, 16 (4): 327 –346.

[22] Evans, P. B. Embedded Autonomy – States and Industrial Transformation [J]. Hispanic American Historical Review, 1995, 77 (2): 365.

[23] Evans, P. B. State – Society Synergy: Government and Social Capital in Development [R/OL]. http: //escholarship. org/uc/item/8MP05335.

[24] Frye, T. & Shleifer, A. The Invisible Hand and the Grabbing Hand [J]. Nber Working Papers, 1996, 87 (2): 354 –358.

[25] Fei, J. C. & Ranis, G. Growth and Development from an Evolutionary Perspective [M]. Malden: Blackwell Publishers Inc, 1997.

[26] Gilli, M. & Li, Y. A Model of Chinese Central Government [J]. Economics of Transition, 2013, 21 (3): 451 –477.

[27] Gilli, M. & Li, Y. Accountability in One – Party Government: Rethinking the Success of Chinese Economic Reform [J]. Journal of Institutional and Theoretical Economics, 2014, 170 (4): 616 –645.

[28] Greenwood, R. & Hinings, C. R. Understanding Radical Organizational Change: Bringing together the Old and the New Institutionalism [J]. The Academy of Management Review, 1996, 21 (4): 1022 –1054.

[29] Gwartney, J. D. , Lawson, R. A. & Clark, J. R. Economic Freedom of the World: 2017 Annual Report [R]. Fraser Institute, 2017.

[30] Hammer, J. S. Balancing Market and Government Failure in Service Delivery [J]. The Lahore Journal of Economics, 2013, 18 (special edition): 1 –19.

[31] Harding, C. Economic Freedom and Economic Rights: Direction, Significance and Ideology [J]. European Law Journal, 2018, 24 (1): 21 –35.

[32] Hoffmann, W. G. , Henderson, W. O. & Chaloner, W. H. The Growth of Industrial Economies [M]. Manchester: Manchester University Press, 1958.

[33] Islam, M. The Long Run Relationship between Openness and Government Size: Evidence from Bounds Test [J]. Applied Economics, 2004 (35): 995 –1000.

[34] Jackson, J. J. Economic Freedom and Social Capital: Pooled Mean Group Evidence [J]. Applied Economics Letters, 2017, 24 (6): 1 -4.

[35] Jiang, T. & Nie, H. H. The Stained China Miracle: Corruption, Regulation, and Firm Performance [J]. Economics Letters, 2014, 123 (3): 366 -369.

[36] Jacobs, G. , Van Witteloostuijn, A. & Christe - Zeyse, J. A Theoretical Framework of Organizational Change [J]. Journal of Organizational Change Management, 2013, 26 (5): 772 -792.

[37] Jora, O. D. , Butiseacă, A. & Iacob, M. Seeking Truth from Facts and Figures Only? The Logic of Economics and China's Miracles [J]. Revista de Management Comparat International, 2017, 18 (5): 545 -562.

[38] Kuznets, S. Modern Economic Growth: Rate, Structure, and Spread [M]. New Haven: Yale University Press, 1966.

[39] Kwon, O. Fiscal Decentralization: an Effective Tool for Government Reform? [J]. Public Administration, 2013 , 91 (3): 544 -560.

[40] Landry, P. F. Decentralized Authoritarianism in China: the Communist Party's Control of Local Elites in the Post - Mao Era [M]. Cambridge, Eng: Cambridge University Press, 2008.

[41] Lewis, W. A. Economic Development with Unlimited Supplies of Labour [J]. The Manchester School, 1954, 22 (2): 139 -191.

[42] Li, L. Political Trust in Rural China [J]. Modern China, 2004, 30 (2): 228 -258.

[43] Li, H. The Chinese Path of Economic Reform and Its Implications [J]. Asian Affairs: An American Review, 2005, 31 (4): 195 -211.

[44] List, F. & Colwell, S. National System of Political Economy [M]. Philade lphia: JB Lippincott & Company, 1856.

[45] Migdal, J. S. State in Society: Studying How States and Societies Transform and Constitute One Another [M]. Cambridge, Eng: Cambridge University Press, 2001.

[46] Miller, T. , Kim, A. B. & Roberts, J. M. 2018 Index of Economic Freedom [R]. Washington: The Heritage Foundation, 2018.

[47] Montinola, G. , Qian, Y. & Weingast, B. R. Federalism, Chinese

Style: The Political Basis for Economic Success in China [J]. World Politics, 1995, 48 (1): 50 -81.

[48] Moore, M. H. Managing for Value: Organizational Strategy in for - Profit, Nonprofit, and Governmental Organizations [J]. Nonprofit and Voluntary Sector Quarterly, 2000, 29 (1): 183 -204.

[49] North, D. C. Institutions, Institutional Change and Economic Performance [M]. Cambridge, Eng: Cambridge university press, 1990.

[50] Nee, V. The New Institutionalisms in Economics and Sociology [M] //Smelser, N. J. & Swedberg, R. The Handbook of Economic Sociology. Princeton: Princeton university press, 2010.

[51] Nee, V. Middle - Range Theories of Institutional Change [J]. Sociological Forum, 2018, 33 (4): 845 -854.

[52] North, D. C. Understanding the Process of Economic Change [M]. Princeton: Princeton University Press, 2005.

[53] Oi, J. C. Communism and Clientelism: Rural Politics in China [J]. World Politics, 1985, 37 (2): 238 -266.

[54] Oi, J. C. The Role of the Local State in China's Transitional Economy [J]. China Quarterly, 1995, 144: 1132 -1149.

[55] Olson, R. Using the Index of Economic Freedom: A Practical Guide [M]. Washington: The Heritage Foundation, 2014.

[56] Ostrom, E. A Diagnostic Approach for Going Beyond Panaceas [J]. Proceedings of the National Academy of Science, 2007, 104 (39): 15181 -15187.

[57] Ram, R. Openness, Country Size, and Government Size: Additional Evidence from a Large Cross - Country Panel [J]. Journal of Public Economics, 2009, 93 (12): 213 -218.

[58] Ray, B. Good Governance, Administrative Reform and Socio - Economic Realities: A South Pacific Perspective [J]. International Journal of Social Economics, 1999, 26 (1/2/3): 354 -369.

[59] Razin, E. Needs and Impediments for Local Government Reform: Lessons from Israel [J]. Journal of Urban Affairs, 2010, 26 (5): 623 -640.

[60] Razin, E. & Hazan, A. Attitudes of European Local Councillors Towards Local Governance Reforms: A North - south Divide? [J]. Local Gov-

ernment Studies, 2014, 40 (2): 264 -291.

[61] Rodrik, D. Why Do More Open Economics Have Bigger Goverments? [J]. Journal of Political Economy, 1998, 106: 997 -1032.

[62] Romero - Ávila, D. Is Physical Investment the Key to China's Growth Miracle? [J]. Economic Inquiry, 2013, 51 (4): 1948 -1971.

[63] Rosa, C. P. & Morote, R. P. The Control Function of Social Services in Spanish Local Government: A Contribution to Transparency and Performance Improvement [J]. Administration in Social Work, 2013, 37 (5): 471 -485.

[64] Rostow, W. W. The Stages of Economic Growth: A Non - Communist Manifesto [M]. Cambridge, Eng: The Syndics of the Cambridge University Press, 1961.

[65] Rostow, W. W. Theorists of Economic Growth from David Hume to the Present: With a Perspective on the Next Century [M]. Oxford: Oxford University Press, 1993.

[66] Sims, C. A. Macroeconomics and Reality [J]. Econometrica, 1980, 48 (1): 1 -48.

[67] Stoker, G. Public Value Management: A New Narrative for Networked Governance? [J]. The American Review of Public Administration, 2006, 36 (1): 41 -57.

[68] Talbot, C. Public Value—The Next "Big Thing" in Public Management? [J]. International Journal of Public Administration, 2009, 32 (3 -4): 167 -170.

[69] Tanzi, V. Government Versus Markets: The Changing Economic Role of the State [J]. Journal of Philosophical Economics, 2017, 6 (3): 403 -407.

[70] Walder, A. G. Local Governments as Industrial Firms: An Organizational Analysis of China's Transitional Economy [J]. American Journal of Sociology, 1995, 101 (2): 263 -301.

[71] Walker, R. M. Innovation Type and Diffusion: An Empirical Analysis of Local Government [J]. Public Administration, 2006, 84 (2): 311 - 335.

[72] Walker, R. M. & Boyne, G. A. Public Management Reform and Organizational Performance: An Empirical Assessment of the U. K. Labour Government's Public Service Improvement Strategy [J]. Journal of Policy Analysis and Management, 2006, 25 (2): 371 -393.

[73] White, L. T. Chinese Political Studies: Overview of the State of the Field [J]. Journal of Chinese Political Science, 2009, 14 (3): 229 -251.

[74] Wu, X. & Song, X. Ethnic Stratification amid China's Economic Transition: Evidence from the Xinjiang Uyghur Autonomous Region [J]. Social Science Research, 2014, 44: 158 -172.

[75] Yang, D. L. Governing China's Transition to the Market: Institutional Incentives, Politicians' Choices, and Unintended Outcomes [J]. World Politics, 1996, 48 (3): 424 -452.

[76] Yeo, Y. Remaking the Chinese State and the Nature of Economic Governance? The Early Appraisal of the 2008 "Super - Ministry" Reform [J]. Journal of Contemporary China, 2009, 18 (62): 729 -743.

[77] Zhao, S. The China Model: Can It Replace the Western Model of Modernization? [J]. Journal of contemporary China, 2010, 19 (65): 419 -436.

[78] 薄晓杰. 西方国家政府职能的历史演变及启示 [D]. 硕士学位论文，中国石油大学，2011.

[79] 包国宪和潘旭. "新三元结构"与公民社会发展——从政府体制改革的视角分析 [J]. 湘潭大学学报（哲学社会科学版），2007 (06): 27—31.

[80] 蔡昉. 中国农村改革三十年——制度经济学的分析 [J]. 中国社会科学，2008 (06): 99—110

[81] 蔡昉. 理解中国经济发展的过去、现在和将来——基于一个贯通的增长理论框架 [J]. 经济研究，2013 (11): 4—16.

[82] 蔡昉. 二元经济作为一个发展阶段的形成过程 [J]. 经济研究，2015 (07): 4—15.

[83] 蔡昉和王美艳. 从穷人经济到规模经济——发展阶段变化对中国农业提出的挑战 [J]. 经济研究，2016 (05): 14—26.

[84] 蔡长昆. 政府职能转变的制度逻辑：基于交易成本政治学视角

[M]. 北京：社会科学文献出版社，2018.

[85] 操世元. 论地方政府职能转变的动力与障碍——以杭州市为例 [J]. 理论导刊，2010 (02)：54—57.

[86] 曹文宏. 建国以来政府与市场关系：基于政治和经济的二维解读 [J]. 东南学术，2014 (06)：52—58.

[87] 曹正汉和史晋川. 中国地方政府应对市场化改革的策略：抓住经济发展的主动权——理论假说与案例研究 [J]. 社会学研究，2009 (04)：1—27.

[88] 曹伟. 经济转型中的政企耦合 [D]. 博士学位论文，浙江大学，2013.

[89] 曾维和. "整体政府"——西方政府改革的新趋向 [J]. 学术界，2008 (3)：285—290.

[90] 曾维和. 评当代西方政府改革的"整体政府"范式 [J]. 理论与改革，2010 (01)：26—31.

[91] 陈刚和金通. 经济发展阶段划分理论研究述评 [J]. 北方经贸，2005 (04)：12—14.

[92] 陈佳贵，黄群慧和钟宏武. 中国地区工业化进程的综合评价和特征分析 [J]. 经济研究，2006 (06)：4—15.

[93] 陈家喜和杨道田. 有限政府、有为政府与政府改革 [J]. 理论视野，2016 (01)：18—21.

[94] 陈庆. 转型期政府与市场的制度博弈——一个委托代理模型的中国案例分析 [J]. 南方经济，2013 (09)：17—26.

[95] 陈升，王梦佳和李霞. 有限政府理念下行政审批改革及绩效研究——以浙、豫、渝等省级权力清单为例 [J]. 公共行政评论，2017 (04)：80—94.

[96] 陈淑云和曾龙. 经济集聚与地方政府规模变动——来自中国省级面板数据的经验证据 [J]. 西安交通大学学报（社会科学版），2017 (05)：12—20.

[97] 陈天祥，郑佳斯和贾晶晶. 形塑社会：改革开放以来国家与社会关系的变迁逻辑——基于广东经验的考察 [J]. 学术研究，2017 (09)：68—77.

[98] 陈天祥和何荟茹. 从机构改革历程透视地方政府职能转变的轨

迹——基于广东省1983—2014年的实证分析［J］. 理论与改革，2016（01）：82—88.

［99］陈天祥和李倩婷. 从行政审批制度改革变迁透视中国政府职能转变——基于1999—2014年的数据分析［J］. 中山大学学报（社会科学版），2015（02）：132—151.

［100］陈天祥和杨蕊. 地方政府职能转变测量——基于广东省政府工作报告的文本分析（1981—2015）［J］. 华南师范大学学报（社会科学版），2017（01）：101—112.

［101］陈雨露. 金融发展中的政府与市场关系［J］. 经济研究，2014（01）：16—19.

［102］陈云贤. 中国特色社会主义市场经济：有为政府＋有效市场［J］. 经济研究，2019，54（01）：4—19.

［103］陈志斌和范圣然. 政府质量、市场化程度与现金—现金流敏感性——来自后金融危机时期的经验证据［J］. 审计与经济研究，2015（02）：52—60.

［104］陈宗胜，高连水和周云波. 基本建成中国特色市场经济体制——中国经济体制改革三十年回顾与展望［J］. 天津社会科学，2009（02）：73—80.

［105］陈诗一和陈登科. 雾霾污染、政府治理与经济高质量发展［J］. 经济研究，2018，53（02）：20—34.

［106］陈艳莹和游闽. 嵌入性与中介服务业的市场绩效：中国省份面板数据的实证研究［J］. 产业经济研究，2009（06）：22—29.

［107］邓雪琳. 改革开放以来中国政府职能转变的测量——基于国务院政府工作报告（1978—2015）的文本分析［J］. 中国行政管理，2015（8）：30—36.

［108］邓金钱和何爱平. 政府主导、市场化进程与城乡收入差距［J］. 农业技术经济，2018（6）：44—56.

［109］丁镭. 中国城市化与空气环境的相互作用关系及EKC检验［D］. 博士学位论文，中国地质大学，2016.

［110］杜创国. 西方发达国家的政府职能变革［J］. 生产力研究，2000（05）：15—17.

［111］樊纲，王小鲁和马光荣. 中国市场化进程对经济增长的贡献

[J]. 经济研究, 2011 (09): 4—16.

[112] 樊纲, 王小鲁和张立文等. 中国各地区市场化相对进程报告[J]. 经济研究, 2003 (03): 9—18.

[113] 范柏乃和金洁. 公共服务供给对公共服务感知绩效的影响机理——政府形象的中介作用与公众参与的调节效应 [J]. 管理世界, 2016 (10): 50—61.

[114] 范柏乃和张电电. 地方政府职能转变的制度红利及其生成机制——以行政审批流程为中介变量 [J]. 管理世界, 2018, 34 (04): 67—79.

[115] 范柏乃, 张电电和余钧. 政府职能转变: 环境条件、规划设计、绩效评估与实现路径——基于 Kast 组织变革过程模型的分析 [J]. 浙江大学学报 (人文社会科学版), 2016 (03): 180—200.

[116] 范柏乃, 张维维和贺建军. 我国经济社会协调发展的内涵及其测度研究 [J]. 统计研究, 2013 (07): 3—8.

[117] 方茜. 改革开放 40 年: 中国奇迹的内涵、归因与展望 [J]. 社会科学战线, 2018 (08): 1—9.

[118] 丰雷, 蒋妍和叶剑平. 诱致性制度变迁还是强制性制度变迁?——中国农村土地调整的制度演进及地区差异研究 [J]. 经济研究, 2013 (06): 4—18.

[119] 冯宗宪, 王青和侯晓辉. 政府投入、市场化程度与中国工业企业的技术创新效率 [J]. 数量经济技术经济研究, 2011 (04): 3—17.

[120] 符平. "嵌入性": 两种取向及其分歧 [J]. 社会学研究, 2009 (05): 141—164.

[121] 付光伟. 市场转型过程中地方政府角色研究的三大范式之比较 [J]. 山东行政学院学报, 2014 (10): 7—13.

[122] 冯烽. 内生视角下能源价格、技术进步对能源效率的变动效应研究——基于 PVAR 模型 [J]. 管理评论, 2015, 27 (04): 38—47.

[123] 付才辉. 市场、政府与两极分化——一个新结构经济学视角下的不平等理论 [J]. 经济学 (季刊), 2017, 16 (01): 1—44.

[124] 高凌云和毛日昇. 贸易开放、引致性就业调整与我国地方政府实际支出规模变动 [J]. 经济研究, 2011 (01): 42—56.

[125] 高翔和黄建忠. 对外开放程度、市场化进程与中国省级政府

效率——基于 Malmquist - Luenberger 指数的实证研究 [J]. 国际经贸探索，2017 (10)：19—35.

[126] 耿曙，庞保庆和钟灵娜. 中国地方领导任期与政府行为模式：官员任期的政治经济学 [J]. 经济学 (季刊)，2016 (03)：893—916.

[127] 顾杰和张述怡. 我国地方政府的第五大职能——生态职能 [J]. 中国行政管理，2015 (10)：43—46.

[128] 关爽. 国象主导的社会治理：当代中国社会治理的发展模式与逻辑 [D]. 博士学位论文，浙江大学，2015.

[129] 官永彬. 财政分权体制下的区域基本公共服务差距研究 [D]. 博士学位论文，西南财经大学，2011.

[130] 桂大一. 中国经济体制模式转换研究 [D]. 博士学位论文，武汉大学，2011.

[131] 郭凤林和严洁. 民众公共服务主体选择偏好：政府还是市场? [J]. 兰州学刊，2018 (05)：118—130.

[132] 郭明. 地方政府改革的动力机制分析——以广东省顺德区容桂街道为例 [J]. 社会主义研究，2014 (06)：78—84.

[133] 国际劳工局. 劳动力市场关键指标 [M]. 北京：中国财政经济出版社，2011.

[134] 韩福国. 地方政府创新与区域经济增长的关联性——基于中国区域间地方政府创新差异的跨案例分析 [J]. 浙江大学学报 (人文社会科学版)，2012，42 (02)：161—177.

[135] 韩晶，刘远和张新闻. 市场化、环境规制与中国经济绿色增长 [J]. 经济社会体制比较，2017 (05)：105—115.

[136] 郝娟. 中国区域市场化进程的新特点——基于市场化指数的聚类分析 [J]. 生产力研究，2006 (08)：123—125.

[137] 何显明. 市场化进程中的地方政府行为自主性研究 [D]. 博士学位论文，复旦大学，2007a.

[138] 何显明. 市场化进程中的地方政府角色及其行为逻辑——基于地方政府自主性的视角 [J]. 浙江大学学报 (人文社会科学版)，2007b (06)：25—35.

[139] 何显明. 政府转型与现代国家治理体系的建构——60 年来政府体制演变的内在逻辑 [J]. 浙江社会科学，2013 (06)：4—13.

[140] 何显明．区域市场化进程中的“有效政府”及其演进逻辑——“浙江现象”中的政府角色之40年回顾[J]．浙江社会科学，2018(03)：4—15.

[141] 何艳玲，汪广龙和陈时国．中国城市政府支出政治分析[J]．中国社会科学，2014(07)：87—106.

[142] 贺光烨和吴晓刚．市场化、经济发展与中国城市中的性别收入不平等[J]．社会学研究，2015(01)：140—165.

[143] 何铮，谭劲松和陆园园．组织环境与组织战略关系的文献综述及最新研究动态[J]．管理世界，2006(11)：144—151.

[144] 胡鞍钢，唐啸和鄢一龙．科学评价中国经济体制改革十年(2003—2012年)[G]//胡鞍钢．国情报告(第十六卷·2013年)．北京：党建读物出版社，2015.

[145] 胡宁生．国家治理现代化：政府、市场和社会新型协同互动[J]．南京社会科学，2014(01)：80—86.

[146] 胡税根和徐靖芮．我国政府权力清单制度的建设与完善[J]．中共天津市委党校学报，2015(01)：67—77.

[147] 黄少安．制度变迁主体角色转换假说及其对中国制度变革的解释——兼评杨瑞龙的“中间扩散型假说”和“三阶段论”[J]．经济研究，1999a(01)：68—74.

[148] 黄少安．中国经济制度变迁的事实对“制度变迁主体角色转换假说”的证实[J]．浙江社会科学，1999b(01)：14—22.

[149] 黄晓春和周黎安．政府治理机制转型与社会组织发展[J]．中国社会科学，2017(11)：118—138.

[150] 贾俊雪和宁静．纵向财政治理结构与地方政府职能优化——基于省直管县财政体制改革的拟自然实验分析[J]．管理世界，2015(01)：7—17.

[151] 江若尘，莫材友和徐庆．政治关联维度、地区市场化程度与并购——来自上市民营企业的经验数据[J]．财经研究，2013(12)：126—139.

[152] 江晓薇和宋红旭．中国市场经济度的探索[J]．管理世界，1995(06)：33—37.

[153] 姜国俊．转型期中国政党主导型行政改革的动力学分析——

目标、过程与执政逻辑［D］．博士学位论文，复旦大学，2009.

［154］姜扬．中国民生财政支出的经济社会效应研究［D］．博士学位论文，吉林大学，2017.

［155］姜付秀和黄继承．市场化进程与资本结构动态调整［J］．管理世界，2011（03）：124—134.

［156］姜异康，袁曙宏和韩康等．国外公共服务体系建设与我国建设服务型政府［J］．中国行政管理，2011（02）：7—13.

［157］蒋永甫和谢舜．有限政府、有为政府与有效政府——近代以来西方国家政府理念的演变［J］．学习与探索，2008（05）：73—76.

［158］蒋晓娟，王月菊和陈兴鹏等．中国人口—经济—空间—社会城市化耦合协调的时空演变分析［J］．兰州大学学报（社会科学版），2015，43（05）：63—71.

［159］金祥荣．多种制度变迁方式并存和渐进转换的改革道路——“温州模式”及浙江改革经验［J］．浙江大学学报（人文社会科学版），2000（04）：138.

［160］康继军，王卫和傅蕴英．中国各地区市场化进程区位分布的空间效应研究［J］．统计研究，2009（05）：33—40.

［161］赖先进和王登礼．社会组织发展影响因素的实证研究——基于2007年—2014年31个省级面板数据的分析［J］．管理评论，2017，29（12）：226—237.

［162］蓝煜昕．地方政府机构改革轨迹、阶段性特征及其下一步［J］．改革，2013（09）：13—19.

［163］李汉林，渠敬东和夏传玲等．组织和制度变迁的社会过程——一种拟议的综合分析［J］．中国社会科学，2005（01）：94—108.

［164］李娜，李秀婷和魏云捷等．财政支出的社会经济效应——基于面板随机森林的分析与优化［J］．管理评论，2018，30（10）：258—269.

［165］李枢川．财政制度、经济增长与国家治理［D］．博士学位论文，财政部财政科学研究所，2014.

［166］李挽霞．地方政府职能变迁：权力、利益与注意力的再分配［D］．博士学位论文，复旦大学，2011.

［167］李文钊．治道变革理论：一种分析地方政府改革的框架——

以石狮市政府改革方案为例［J］. 唯实，2007（07）：80—83.

［168］李文钊和蔡长昆. 政治制度结构、社会资本与公共治理制度选择［J］. 管理世界，2012（8）：43—54.

［169］李文钊和毛寿龙. 中国政府改革：基本逻辑与发展趋势［J］. 管理世界，2010（08）：44—58.

［170］李义超和王翔. 地方政府经济职能对银行业发展的作用——基于省际面板数据的实证研究［J］. 金融论坛，2013（03）：66—72.

［171］李友梅. "倒逼"机制与改革开放的推进［J］. 探索与争鸣，2018（09）：27—30.

［172］李艳. 适应性调整：新制度主义视角下的中国体制转型研究［D］. 博士学位论文，南开大学，2013.

［173］李永友. 我国财政支出结构演进及其效率［J］. 经济学（季刊），2010，9（01）：307—332.

［174］李政和杨思莹. 财政分权、政府创新偏好与区域创新效率［J］. 管理世界，2018（12）：29—42.

［175］连玉君. 中国上市公司投资效率研究［M］. 北京：经济管理出版社，2009.

［176］梁玉成. 市场转型过程中的国家与市场——一项基于劳动力退休年龄的考察［J］. 中国社会科学，2007a（05）：129—142.

［177］梁玉成. 现代化转型与市场转型混合效应的分解——市场转型研究的年龄、时期和世代效应模型［J］. 社会学研究，2007b（04）：93—117.

［178］廖重斌. 环境与经济协调发展的定量评判及其分类体系——以珠江三角洲城市群为例［J］. 广州环境科学，1996，11（01）：12—16.

［179］林红玲. 西方制度变迁理论述评［J］. 社会科学辑刊，2001（1）：76—80.

［180］林毅夫. 中国经验：经济发展和转型中有效市场与有为政府缺一不可［J］. 行政管理改革，2017（10）：12—14.

［181］林毅夫，蔡昉和李周. 中国的奇迹：发展战略与经济改革［M］. 上海：上海人民出版社，1994.

［182］刘瀓元和闫磊. 区域市场化测度意义与指标体系构建——基

于对国内市场化研究之述评［J］. 生产力研究，2005（01）：223—225.

［183］刘磊. 西方经济学发展中的政府职能转变及其实践意义［J］. 经济研究导刊，2010（01）：9—10.

［184］刘金科. 经济发展方式转变中政府角色转变研究［D］. 博士学位论文，财政部财政科学研究所，2012.

［185］刘耀彬，李仁东和宋学锋. 中国城市化与生态环境耦合度分析［J］. 自然资源学报，2005（01）：105—112.

［186］刘生龙和龚锋. 政府规模与经济增长：理论及实证［J］. 产业经济评论，2017（06）：43—59.

［187］刘雪华. 论服务型政府建设与政府职能转变［J］. 政治学研究，2008（04）：108—113.

［188］卢中原和胡鞍钢. 市场化改革对我国经济运行的影响［J］. 经济研究，1993（12）：49—55.

［189］罗峰. 渐进过程中的政府职能转变：价值、动因与阻力［J］. 学术月刊，2011（05）：23—30.

［190］罗能生和蒋雨晴. 地方政府竞争及对外开放对环境污染的影响——以中国270个城市为例［J］. 城市问题，2017（12）：46—55.

［191］罗卫东和许彬. 现代西方市场经济体制概述［J］. 学习与思考，1994（04）：9—12.

［192］吕冰洋. 从市场扭曲看政府扩张：基于财政的视角［J］. 中国社会科学，2014（12）：81—101.

［193］吕朝凤和朱丹丹. 市场化改革如何影响长期经济增长？——基于市场潜力视角的分析［J］. 管理世界，2016（02）：32—44.

［194］吕同舟. 政府职能转变的理论逻辑与过程逻辑——基于国家治理现代化的思考［J］. 国家行政学院学报，2017（05）：54—58.

［195］吕玉霞，刘明兴和徐志刚. 中国县乡政府的压力型体制：一个实证分析框架［J］. 南京农业大学学报（社会科学版），2016（03）：123—136.

［196］吕志奎. 改革开放以来中国政府转型之路：一个综合框架［J］. 中国人民大学学报，2013（03）：108—117.

［197］陆静超. 基于渐进式制度变迁的循环经济政策研究［D］. 博士学位论文，哈尔滨工业大学，2008.

[198] 陆永娟．我国地方政府职能优化工具研究 [D]．博士学位论文，苏州大学，2014.

[199] 何颖．中国政府机构改革30年回顾与反思 [J]．中国行政管理，2008 (12)：21—27.

[200] 何颖．我国政府职能转变问题的反思 [J]．行政论坛，2010，17 (4)：35—38.

[201] 黄庆杰．20世纪90年代以来政府职能转变述评 [J]．北京行政学院学报，2003 (1)：34—39.

[202] 马斌和徐越倩．地方政府职能转变的内在逻辑：权力配置的分析框架 [J]．中共杭州市委党校学报，2010 (06)：36—41.

[203] 马力宏．政府与市场关系的浙江模式——浙江30年变化的一个分析视角 [J]．中国行政管理，2008 (12)：33—37.

[204] 马亮．自上而下赋权激活政府体制改革 [J]．新理财（政府理财），2017 (11)：67—68.

[205] 马雪松．政治制度的变迁方式：基于新制度主义政治学的理论诠释 [J]．兰州学刊，2015 (11)：121—127.

[206] 马雪松和张贤明．政治制度变迁方式的规范分析与现实思考 [J]．政治学研究，2016 (02)：20—31.

[207] 马勇和陈雨露．金融发展中的政府与市场关系："国家禀赋"与有效边界 [J]．财贸经济，2014 (03)：49—58.

[208] 毛捷，管汉晖和林智贤．经济开放与政府规模——来自历史的新发现 (1850—2009) [J]．经济研究，2015 (07)：87—101.

[209] 梅冬州，王思卿和王志刚．资本账户开放对政府规模的影响机制研究——基于OECD国家与其他国家的比较分析 [J]．财政研究，2018 (05)：2—14.

[210] 梅冬州和龚六堂．开放真的导致政府规模扩大吗？——基于跨国面板数据的研究 [J]．经济学（季刊），2013 (01)：243—264.

[211] 孟祥旭．贸易开放与政府规模 [D]．硕士学位论文，山东大学，2018.

[212] 穆虹．加快完善社会主义市场经济体制 [J]．理论导报，2017 (12)：4—6.

[213] 潘凤．对外开放、政府规模与经济增长——基于1978—2015

年我国省域面板数据的实证分析［J］. 软科学，2018（04）：31—34.

［214］庞明川．转轨经济中政府与市场关系中国范式的形成与演进——基于体制基础、制度变迁与文化传统的一种阐释［J］. 财经问题研究，2013（12）：3—10.

［215］彭水军，张文城和曹毅．贸易开放的结构效应是否加剧了中国的环境污染——基于地级城市动态面板数据的经验证据［J］. 国际贸易问题，2013，368（8）：119—132.

［216］齐桂珍．国内外政府职能转变及其理论研究综述［J］. 中国特色社会主义研究，2007（5）：87—92.

［217］齐元静，杨宇和金凤君．中国经济发展阶段及其时空格局演变特征［J］. 地理学报，2013（04）：517—531.

［218］钱路波和张占斌．改革开放40年中国特色社会主义市场经济发展论析［J］. 经济研究参考，2018（13）：3—16.

［219］任保平和宋文月．经济发展方式转变中的政府与市场［J］. 政治经济学研究，2015，16：99—110.

［220］丘海雄和徐建牛．市场转型过程中地方政府角色研究述评［J］. 社会学研究，2004（04）：24—30.

［221］沈坤荣和金刚．中国地方政府环境治理的政策效应——基于"河长制"演进的研究［J］. 中国社会科学，2018（05）：92—115.

［222］盛丹和王永进．市场化、技术复杂度与中国省区的产业增长［J］. 世界经济，2011（06）：26—47.

［223］世界银行．1997年世界发展报告：变革世界中的政府［M］. 北京：中国财政经济出版社，1997.

［224］史晋川和沈国兵．论制度变迁理论与制度变迁方式划分标准［J］. 经济学家，2002（01）：41—46.

［225］石亚军和高红．政府在转变职能中向市场和社会转移的究竟应该是什么［J］. 中国行政管理，2015（04）：32—36.

［226］宋月明．市场化水平对区域经济发展的影响研究［D］. 博士学位论文，东北财经大学，2016.

［227］苏曦凌．激发社会组织活力的政府角色调整——基于国际比较的视域［J］. 政治学研究，2016（04）：81—90.

［228］孙晓华和李明珊．我国市场化进程的地区差异：2001—2011

年［J］. 改革，2014（06）：59—66.

［229］孙早，刘李华和孙亚政. 市场化程度、地方保护主义与 R&D 的溢出效应——来自中国工业的经验证据［J］. 管理世界，2014（08）：78—89.

［230］锁利铭. 基于制度变迁的政府转型动力与实施机制研究［D］. 博士学位论文，西南交通大学，2007.

［231］唐保庆，邱斌和孙少勤. 中国服务业增长的区域失衡研究——知识产权保护实际强度与最适强度偏离度的视角［J］. 经济研究，2018（08）：147—162.

［232］唐睿和刘红芹. 从 GDP 锦标赛到二元竞争：中国地方政府行为变迁的逻辑——基于 1998—2006 年中国省级面板数据的实证研究［J］. 公共管理学报，2012（01）：9—16.

［233］陶然，陆曦和苏福兵等. 地区竞争格局演变下的中国转轨：财政激励和发展模式反思［J］. 经济研究，2009（07）：21—33.

［234］童颖华和刘武根. 国内外政府职能基本理论研究综述［J］. 江西师范大学学报（哲学社会科学版），2007（03）：21—25.

［235］汪承亮. 转轨经济中地方政府角色定位及其演变机制研究［D］. 博士学位论文，浙江大学，2005.

［236］王诚和李鑫. 中国特色社会主义经济理论的产生和发展——市场取向改革以来学术界相关理论探索［J］. 经济研究，2014（06）：156—178.

［237］王珺. 增长取向的适应性调整：对地方政府行为演变的一种理论解释［J］. 管理世界，2004（08）：53—60.

［238］王天维. 公共需求偏好导向下的地方政府治理变革研究［D］. 博士学位论文，广西大学，2018.

［239］王晶. 农村市场化、社会资本与农民家庭收入机制［J］. 社会学研究，2013（03）：119—144.

［240］王军，郑玲和江若尘. 民营企业慈善捐赠与财务绩效的因果关系研究——基于政治关联性与市场化程度调节效应的分析［J］. 山西财经大学学报，2016（11）：103—114.

［241］王琨和闫伟. 从贫困到富裕的跨越——经济发展阶段理论的研究进展［J］. 当代经济管理，2017（12）：8—15.

[242] 王小刚和鲁荣东．库兹涅茨产业结构理论的缺陷与工业化发展阶段的判断［J］．经济体制改革，2012（03）：7—10.

[243] 王小鲁，樊纲和余静文．中国分省份市场化指数报告（2016）［M］．北京：社会科学文献出版社，2017.

[244] 王永兴和景维民．转型经济体国家治理质量监测指数研究［J］．经济社会体制比较，2014（01）：115—126.

[245] 王勇和华秀萍．详论新结构经济学中"有为政府"的内涵——兼对田国强教授批评的回复［J］．经济评论，2017（03）：17—30.

[246] 王玉珍和王李浩．治理现代化背景下社会组织省域发展差异分析［J］．中国行政管理，2016（10）：45—50.

[247] 韦倩，王安和王杰．中国沿海地区的崛起：市场的力量［J］．经济研究，2014（08）：170—183.

[248] 韦森．再评诺斯的制度变迁理论［J］．经济学（季刊），2009（02）：743—768.

[249] 万如意．对中国政府职能转变的定量观测——以财政支出结构为视角［J］．现代经济探讨，2011（2）：34—38.

[250] 温忠麟，张雷和侯杰泰等．中介效应检验程序及其应用［J］．心理学报，2004（05）：614—620.

[251] 翁列恩．地方政府创新的动因及其作用机制研究［D］．博士学位论文，浙江大学，2014.

[252] 吴建南，马亮和杨宇谦．中国地方政府创新的动因、特征与绩效——基于"中国地方政府创新奖"的多案例文本分析［J］．管理世界，2007（8）：43—51.

[253] 吴明隆．结构方程模型（第2版）［M］．重庆：重庆大学出版社，2010.

[254] 辛向阳．西方学者关于政府职能的主要理论［J］．国外社会科学，1995（01）：69—73.

[255] 薛胜利．制度的根植与异化：经济发展中的制度变迁与经济绩效［D］．博士学位论文，吉林大学，2012.

[256] 徐晨光和王海峰．中央与地方关系视阈下地方政府治理模式重塑的政治逻辑［J］．政治学研究，2013（04）：30—39.

［257］徐勇．农民理性的扩张："中国奇迹"的创造主体分析——对既有理论的挑战及新的分析进路的提出［J］．中国社会科学，2010（01）：103—118.

［258］许经勇．论以理顺城乡关系为主轴的中国经济体制改革演变历程［J］．浙江社会科学，2018（01）：10—18.

［259］薛澜和李宇环．走向国家治理现代化的政府职能转变：系统思维与改革取向［J］．政治学研究，2014（05）：61—70.

［260］薛曜祖和张平．诱致性制度变迁：城乡统筹实现的重要途径——一个基于演化博弈的制度变迁分析框架［J］．软科学，2013（09）：43—46.

［261］闫磊和刘澈元．欠发达地区市场化进程的测度及与经济增长关系的实证分析［J］．新疆社会科学，2008（02）：14—19.

［262］闫坤和于树一．中国的市场化改革与公共财政职能转换［M］．北京：社会科学文献出版社，2016.

［263］杨灿明和孙群力．外部风险对中国地方政府规模的影响［J］．经济研究，2008（09）：115—121.

［264］杨瑞龙．我国制度变迁方式转换的三阶段论——兼论地方政府的制度创新行为［J］．经济研究，1998（01）：5—12.

［265］杨瑞龙和杨其静．阶梯式的渐进制度变迁模型——再论地方政府在我国制度变迁中的作用［J］．经济研究，2000（03）：24—31.

［266］杨述明．现代社会治理：地方政府职能转变的历史使命［J］．江汉论坛，2014（02）：14—21.

［267］杨雪冬．压力型体制：一个概念的简明史［J］．社会科学，2012（11）：4—12.

［268］姚林香和欧阳建勇．我国农村公共文化服务财政政策绩效的实证分析——基于 DEA - Tobit 理论模型［J］．财政研究，2018（04）：86—97.

［269］姚先国．浙江经济改革中的地方政府行为评析［J］．浙江社会科学，1999（03）：22—28.

［270］姚锐敏．政府职能之概念解析［J］．学习论坛，2011，27（09）：52—55.

［271］叶克林和侯祥鹏．综论中国地方政府职能转变与机构改革［J］．

学海，2011（1）：15—25.

[272] 叶托．中国地方政府行为研究的两种途径［N］．中国社会科学报，2013－01－01，B02.

[273] 于峰和齐建国．开放经济下环境污染的分解分析——基于1990—2003年间我国各省市的面板数据［J］．统计研究，2007（01）：47—53.

[274] 于蔚．规模扩张和效率损失：政治关联对中国民营企业发展的影响研究［D］．博士学位论文，浙江大学，2013.

[275] 余钧．地方政府职能转变的动力机制及实现路径研究［D］．博士学位论文，浙江大学，2016.

[276] 俞可平．中国的治理改革（1978—2018）［J］．武汉大学学报（哲学社会科学版），2018（03）：48—59.

[277] 郁建兴．中国地方治理的过去、现在与未来［J］．治理研究，2018（01）：65—74.

[278] 郁建兴和高翔．地方发展型政府的行为逻辑及制度基础［J］．中国社会科学，2012（05）：95—112.

[279] 郁建兴和沈永东，调适性合作：十八大以来中国政府与社会组织关系的策略性变革［J］．政治学研究，2017（03）：34－41.

[280] 袁瑞．基于政府改革的市场化进程测度及其地区差异分析：2003—2015［D］．硕士学位论文，浙江财经大学，2018.

[281] 詹新宇．市场化、人力资本与经济增长效应——来自中国省际面板数据的证据［J］．中国软科学，2012（08）：166—177.

[282] 张电电．地方政府职能转变绩效的实证测评及影响机理研究［D］．博士学位论文，浙江大学，2016.

[283] 张薇．压力型体制下县级政府职能转变存在的问题及对策研究［D］．硕士学位论文，湘潭大学，2014.

[284] 张宇．论公有制与市场经济的有机结合［J］．经济研究，2016，51（06）：4—16.

[285] 张瑀．新常态下中国经济结构性改革研究［D］．博士学位论文，吉林大学，2017.

[286] 张凤阳．政府职能转变的三重梗阻及其疏通［J］．上海行政学院学报，2015，16（2）：4—11.

[287] 张杰．把握好政府和市场关系是建设现代化经济体系的关键[J]．南京财经大学学报，2018（02）：1—8.

[288] 张洁珺和陈国权．西方政府职能：转变历程、模式选择及其制约因素 [J]．中共浙江省委党校学报，2000（04）：35—39.

[289] 张婧和段艳玲．市场导向组织变革的动力机制研究 [J]．科研管理，2013（10）：109—117.

[290] 张鸣．省级政府部门推进权力清单制度研究：基于浙江实践的考察 [J]．电子科技大学学报（社科版），2015，17（01）：18—22.

[291] 张锐昕和杨国栋．电子政务与政府职能转变的逻辑关联 [J]．甘肃社会科学，2012（2）：220—223.

[292] 张同斌和刘琳．政府干预、市场化进程与经济增长动力——兼论“简政放权”如何动态释放改革红利 [J]．浙江社会科学，2017（01）：17—27.

[293] 张维维，我国经济社会协调发展的动态监测、影响机理及实现路径研究 [D]．博士论文，浙江大学，2014.

[294] 张勇和古明明．政府规模究竟该多大？——中国政府规模与经济增长关系的研究 [J]．中国人民大学学报，2014，28（6）：88—98.

[295] 赵晨．地方政府、制度创新与经济发展方式转型 [D]．博士学位论文，华中科技大学，2012.

[296] 赵静，陈玲和薛澜．地方政府的角色原型、利益选择和行为差异——一项基于政策过程研究的地方政府理论 [J]．管理世界，2013（02）：90—106.

[297] 赵楠．劳动力流动与产业结构调整的空间效应研究 [J]．统计研究，2016（02）：68—74.

[298] 郑小强．政府职能转变动力机制研究——系统动力学观点 [J]．上海行政学院学报，2013（3）：55—63.

[299] 郑方辉和邱佛梅．法治政府绩效评价：目标定位与指标体系 [J]．政治学研究，2016（02）：67—79.

[300] 中国行政管理学会课题组，张定安和鲍静．深化“放管服”改革 建设人民满意的服务型政府 [J]．中国行政管理，2019（03）：6—12.

[301] 周其仁．中国农村改革：国家和所有权关系的变化

（上）——一个经济制度变迁史的回顾［J］．管理世界，1995a（03）：178—189.

［302］周其仁．中国农村改革：国家和所有权关系的变化（下）——一个经济制度变迁史的回顾［J］．管理世界，1995b（04）：147—155.

［303］周光辉．构建人民满意的政府：40年中国行政改革的方向［J］．社会科学战线，2018（06）：10—21.

［304］周黎安．中国地方官员的晋升锦标赛模式研究［J］．经济研究，2007（07）：36—50.

［305］周黎安．“官场+市场”与中国增长故事［J］．社会，2018（02）：1—45.

［306］周黎安和陶婧．政府规模、市场化与地区腐败问题研究［J］．经济研究，2009（01）：57—69.

［307］周雪光和艾云．多重逻辑下的制度变迁：一个分析框架［J］．中国社会科学，2010（04）：132—150.

［308］周业安，冯兴元和赵坚毅．地方政府竞争与市场秩序的重构［J］．中国社会科学，2004（01）：56—65.

［309］周业安和赵坚毅．市场化、经济结构变迁和政府经济结构政策转型——中国经验［J］．管理世界，2004（05）：9—17.

［310］周颖．改革开放以来地方政务服务范式的跃迁——基于“双螺旋”模型的研究视角．广东行政学院学报［J］．2019（02）：1—9.

［311］周志忍．论行政改革动力机制的创新［J］．行政论坛，2010（02）：1—6.

［312］周志忍和徐艳晴．基于变革管理视角对三十年来机构改革的审视［J］．中国社会科学，2014（07）：66—86.

［313］朱光磊和于丹．建设服务型政府是转变政府职能的新阶段——对中国政府转变职能过程的回顾与展望［J］．政治学研究，2008（06）：67—72.

［314］朱小会和陆远权．开放经济、环保财政支出与污染治理——来自中国省级与行业面板数据的经验证据［J］．中国人口·资源与环境，2017，27（10）：10—18.

［315］竺乾威．政府职能的三次转变：以权力为中心的改革回归

[J]. 江苏行政学院学报，2017（06）：91—98.

[316] 庄子银和邹薇. 制度变迁理论与中国经济改革的方式选择[J]. 武汉大学学报（哲学社会科学版），1996（01）：12—18.

[317] 左然和左源. 40年来我国机构改革的经验和启示 [J]. 中国行政管理，2018（09）：52—57.

附　　录　市场经济体制对地方政府职能转变影响机理的调查问卷

尊敬的先生/女士：

您好！我们正在开展"市场经济体制对地方政府职能转变影响机理"研究工作，本问卷旨在了解现阶段您对您所在地区市场经济体制发展与地方政府职能转变状况的看法。问卷采用匿名方式，所获数据仅供研究。烦请您百忙之中抽出宝贵时间，根据真实感受作答。

未尽事宜，您可通过电子邮件随时与我们联系。感谢您的支持与协助！

联系人：金洁　　E-mail：

浙江大学中国组织发展与绩效评估研究中心

2019 年 4 月

背景信息

1. 性　　别：□男　□女

2. 所在地区：_______省/直辖市_______市/区_______县/县级市/区

3. 您的年龄：□30 岁及以下　□31—40 岁　□41—50 岁　□51—60 岁　□61 岁及以上

4. 您的学历：□高中及以下　□专科　□本科　□研究生及以上

5. 工作单位：□政府　□事业单位/院校　□企业　□自由职业　□离退休　□其他

如您来自政府部门，请填写以下信息（6—7 题）

6. 职务级别：□厅级及以上　□处级　□科级　□科员及以下　□无

7. 您是否有担任一级政府领导的经历：□是（类型　□党委　□政府）　□否

如您来自事业单位/院校，请填写以下信息（8 题）

8. 您的身份：□研究人员　□行政人员　□学生

如您来自企业单位，请填写以下信息（9—10 题）

9. 企业性质：□国有（控股）企业　□外资　□集体　□民营　□个体　□其他

10. 您的职务：□高层管理者　□中层管理者　□基层管理者　□基层员工

【填写说明】问卷中问题所描述的是您所在县级政府所辖区域的情况。请您根据对您所在区域（县级政府所辖区域）3—5 年的观察，依据自己的实际体会对下列表述作出判断，并请在合适的数字上打“✓”，1 表示极不赞同，7 表示极其赞同。

【地方政府职能转变】

根据您对所在县级区域近 3—5 年的观察……	1（极不赞同）→7（极其赞同）						
	极不赞同	不赞同	较不赞同	中等程度	比较赞同	赞同	极其赞同
1）政府行政权力范围不断缩减	1	2	3	4	5	6	7
2）政府行政审批事项逐渐减少	1	2	3	4	5	6	7
3）在政府部门办事变得更加快速、便捷	1	2	3	4	5	6	7
4）政府提供了更加优质、便捷的公共服务	1	2	3	4	5	6	7
5）政府更多地依法办事	1	2	3	4	5	6	7
6）政府事务更加公开、透明	1	2	3	4	5	6	7
7）政府对于企业更多是服务者，而非管理者	1	2	3	4	5	6	7
8）政府逐渐退出了市场	1	2	3	4	5	6	7
9）市场在资源配置中越来越占据主导地位	1	2	3	4	5	6	7
10）政府与社会的关系逐渐转变为合作关系	1	2	3	4	5	6	7
11）社会问题逐步通过协商等方式解决	1	2	3	4	5	6	7
12）公共政策更加受到公民的认可	1	2	3	4	5	6	7

【区域市场经济体制发展】

根据您对所在县级区域近 3—5 年的观察……	1（极不赞同）→7（极其赞同）						
	极不赞同	不赞同	较不赞同	中等程度	比较赞同	赞同	极其赞同
1）民营经济等非公有制经济得到持续较快发展	1	2	3	4	5	6	7
2）企业越来越独立自主地参与市场经济活动	1	2	3	4	5	6	7
3）企业越来越积极地履行社会责任	1	2	3	4	5	6	7

续表

根据您对所在县级区域近 3—5 年的观察……	1（极不赞同）→7（极其赞同）						
	极不赞同	不赞同	较不赞同	中等程度	比较赞同	赞同	极其赞同
4）企业有更多精力去参与社会事务（如公益）	1	2	3	4	5	6	7
5）资本要素流动性不断增强	1	2	3	4	5	6	7
6）人力资源流动性不断增强	1	2	3	4	5	6	7
7）技术流动性不断增强	1	2	3	4	5	6	7
8）市场要素总体配置效率不断提高	1	2	3	4	5	6	7
9）市场竞争越来越激烈	1	2	3	4	5	6	7
10）市场竞争越来越遵循“优胜劣汰”的市场规则	1	2	3	4	5	6	7
11）对外贸易规模不断扩大	1	2	3	4	5	6	7
12）市场开放程度越来越高	1	2	3	4	5	6	7
13）企业、消费者合法权益的保护力度得到不断提高	1	2	3	4	5	6	7
14）产权保护力度不断提高	1	2	3	4	5	6	7

【区域社会组织发展】

根据您对所在县级区域近 3—5 年的观察……	1（极不赞同）→7（极其赞同）						
	极不赞同	不赞同	较不赞同	中等程度	比较赞同	赞同	极其赞同
1）社会组织活跃性不断提升	1	2	3	4	5	6	7
2）社会组织专业服务水平不断提高	1	2	3	4	5	6	7
3）社会组织对政府资源依赖程度不断降低	1	2	3	4	5	6	7
4）社会组织活动受政府控制程度不断减小	1	2	3	4	5	6	7
5）社会组织更加积极推动社会发展	1	2	3	4	5	6	7
6）社会组织更加频繁地参与公共事务决策	1	2	3	4	5	6	7

【上级政府指导】

根据您对所在县级区域近 3—5 年的观察……	1（极不赞同）→7（极其赞同）						
	极不赞同	不赞同	较不赞同	中等程度	比较赞同	赞同	极其赞同
1）上级政府对政府职能转变提出了明确要求	1	2	3	4	5	6	7
2）上级政府对政府工作重点作出了较大调整	1	2	3	4	5	6	7
3）地方政府考核评价指标体系发生了较大变化	1	2	3	4	5	6	7